U0948444

启真馆 出品

搞笑诺贝尔奖那些事 1

笑什么笑，我们搞的是科学

IG NOBEL PRIZES

The Annals of Improbable Research

[美]马克・亚伯拉罕斯
（Marc Abrahams） 著

李旭大 译
果壳 校订

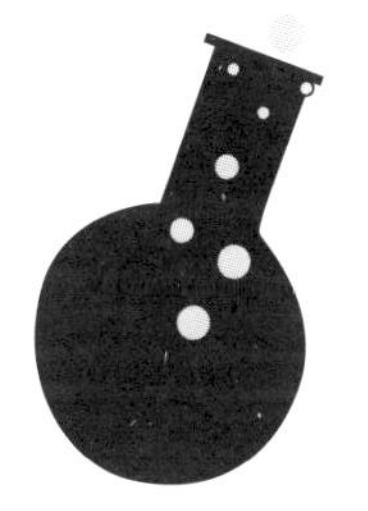

ZHEJIANG UNIVERSITY PRESS
浙江大学出版社

Contents

目录

chapter 1

搞笑诺贝尔奖始末

"搞笑诺贝尔奖"到底是啥？/002
获这个奖，你高兴吗？/004
能获奖的都是何方神圣？/005
传说中欢乐无边的颁奖典礼 /006
无意冒犯，亲情提醒 /010
过滤器先生的来信 /011
来自过滤器先生的警告 /012
欢迎争议，继续进步 /012
万事开头难 /014
欢迎提名 /016
请大声朗读本书 /018

chapter 2

非常规的医学和心理学报告

1 对付响尾蛇咬伤的电击疗法：失败！/022
2 充气娃娃造成的难言之隐 /026
3 年轻人抠鼻子也要认真对待 /029
4 电梯背景音乐和免疫球蛋白 A/034
5 利用离心力加速分娩 /038
6 一个刺破手指并因此被恶臭折磨了 5 年的人 /042
7 爱情和强迫症的相似之处 /045
8 在此深入 /049
9 小朋友们欢乐多 /055
10 吐痰、嚼口香糖、喂鸽子的惩罚机制 /059
11 无知者真的无畏 /062
12 徒手父亲 /065

chapter 3

让人震惊的经济学报告

1 堂而皇之毁灭世界 /070
2 榨干橘子郡，搞垮巴林银行 /073
3 最谨慎的保险灾难 /077
4 为减税而亡 /080

contents

目录

chapter 4

复杂的和平

1 飘浮着打击犯罪 /086
2 甘地般的警察局长 /089
3 带火焰喷射的防盗爆炸装置 /093
4 海军放炮，大家一起来喊“砰” /097
5 用武器促进和平的炸弹之父 /101
6 用热核弹纪念原子弹爆炸 50 周年 /104

chapter 5

勇敢而独特的发明与发现

1 耳朵里的螨虫实验 /108
2 百忧解和蛤蜊的幸福 /112
3 见人所未见的敏锐目光 /115
4 自由转换化学元素的小鸡 /119
5 迷你恐龙和迷你公主 /123
6 水有记忆力，还能传播 /129
7 坠椰砸人请注意 /134
8 烤面包涂黄油的一面先落地 /138
9 格拉斯哥马桶崩塌研究 /142
10 用磁力让青蛙飘浮 /146
11 坚固的灰熊盔甲的研发 /150
12 最善发明的推销员 /158
13 “猫爪感应”软件 /163
14 边开车边看电视的安全设备 /166
15 车轮的专利所有者 /170
16 自来香西装 /174
17 自动过滤臭味的内裤 /178
18 粉红塑料火烈鸟的热销 /182
19 鸽子会认画，而且喜欢毕加索 /186
20 把壁画当涂鸦洗掉的好人们 /190
21 地狱技术研究 /192
22 麦田里的怪圈 /199
23 规模宏大的集体婚礼 /203

contents

目录

chapter 6

严肃而有爱的食物研究

1 三秒点火的世界纪录 /208
2 跳跃的蓝色肉冻 /211
3 让猪排出沙门氏菌的兜风实验 /214
4 含水量对早餐麦片压缩状况的影响 /218
5 对蝌蚪味道的比较 /221
6 麦芽啤酒、大蒜与酸奶油对水蛭胃口的影响 /226
7 人不需要吃饭的证据 /232
8 英国官方泡茶标准 /238
9 小动物排出的咖啡豆 /243
10 加拿大甜甜圈店的社会学 /248
11 饼干的最佳泡法 /251

chapter 7

各有千秋的教育体系

1 触摸疗法：摸摸就好了 /256
2 实验室玻璃器皿控制法 /261
3 身高、阴茎长度和脚尺寸 /265
4 量子健康，量子意识和量子营养学 /269
5 动物国王的阴茎 /273
6 致力于科学教育的美国前副总统詹姆斯·丹佛斯·奎尔 /278

chapter 8

百花齐放的文学

1 较真的“撇号保护协会”会长 /282
2 一篇论文的 976 名联合作者 /287
3 直肠里也有异物 /294
4 10 年发表 948 篇科学论文的人 /302
5 外星太空人 /305
6 放屁以应对无法言表的恐惧 /309
7 垃圾邮件之父 /313

附录：历届“搞笑诺贝尔奖”获奖名单 /318
跋：先发笑，后思考 /332

chapter 1
搞笑诺贝尔奖始末

“搞笑诺贝尔奖”到底是啥？

有人觊觎它，有人则敬而远之。有人把它视为文明的标志，有人则觉得它是自暴缺陷。许多人赞扬它，也有人诋毁它，还有人不明所以。与此同时，许许多多人疯狂爱上了它。它就是“搞笑诺贝尔奖”。

获奖者与他们的成就，类似福尔摩斯在收集剪报时的感叹：

“他日复一日地收集伦敦出版的各类刊物，然后把寻人启示、离婚通告类的专栏剪下归档，并装订成书。‘天哪！’每当他翻阅这类书时都情不自禁地感叹，‘真是一片呻吟、叫喊、哭诉！真是一大堆离奇之事！但也必然是好奇的学习者们收获最丰的狩猎地。”

当然了，福尔摩斯是虚构的；“搞笑诺贝尔奖”可不是。

每年，十项“搞笑诺贝尔奖”都要授予那些取得了“无法也不应该被复制”成就的人。获得了这项荣誉的人，有些人的成就简直可笑之极，有的则让人钦佩，当然也有其他。但每一项被“搞笑诺贝尔奖”选中的成就，都能够让人或开怀大笑，或惊讶地摇摇头。

许多成就是纯科学方面的。挪威生物学家评估了麦芽啤酒、大蒜及酸奶油对水蛭的胃口产生的影响；一位美国教授用百忧解喂蛤；一位纽约兽医把从猫耳朵上抓到的螨虫塞进了自己耳朵，并且详细记载了之后的症状；一位法国生物学家所做的实验表明，水是有记忆的；一位加拿大教授做的品尝实验，则让被试品尝哥斯达黎加不同种类的蝌蚪。

有些成果是关于味觉的。一位英国物理学家确定出浸泡饼干的最佳方式；一位澳大利亚激励式讲演者解释说，人其实不需要进食；一位韩国宗教领袖则带领集体婚礼行业稳步发展。

有些成果则关于经济。一位男士让英国最脆弱的银行垮掉；一位智利商人凭一己之力使自己国家的国内生产总值损失了0.5%；美国经济学家向人们展示，死亡与纳税之间有着十分奇特的密切关系；垃圾债券之父的历程；伦敦劳合社投资者们的好奇与迷惘。

有些成果涉及发现与丧失。一位科学爱好者发现，在月亮背面有10英里高的建筑物；法国的男童子军擦去了古老的洞中壁画，他们认为这些同涂鸦没什么两样；外科医生们把在病人直肠中掏出来的东西汇编成册。

有些成果涉及医学。一位男士刺破了手指，持续5年弥漫着一股腐烂的气味，最后医生们终于解决了这个问题；加拿大的医生们研究了身高、阴茎长度与双脚尺寸之间的关系；印度精神病医生发现，抠鼻子在青少年中间是一种很普遍的行为；英格兰医生记录了英国格拉斯哥马桶的倒塌。

有些成果涉及到种族的繁衍。一个荷兰的研究小组首次成功为一对夫妻“正使用中”的生殖器拍摄了核磁共振图像；一对膝下无子的老年夫妇发明了一种机器，可利用离心力来帮助孕妇分娩。

有些成果涉及艺术。有人制造出粉色塑料火烈鸟；有人画出了标准的解剖学图解“动物王国的阴茎”；一些心理学教授发现，听背景音乐有助于预防疾病；日本心理学家成功地训练鸽子区分毕加索和莫奈的作品。

有些成果关于文学。976位作者共同写了一份只有10页的科学报告；一位意大利心理学家撰写了一份名为“放屁可应对难以言表的恐惧”的报告；一位费城商人让垃圾邮件无处不在；一位退休的编辑创立了“撇号保护协会”。

有些成果赢得“令人垂涎”的搞笑诺贝尔和平奖。有些国家领导人在别国的后院放原子弹；英国海军让他们的水兵高声喊

“砰”来代替真的发射高射炮；一对南非夫妻发明了备有火焰喷射器的汽车防盗警报器。

如此例子不胜枚举。这些事情可能让人难以相信，所以“搞笑诺贝尔奖”管理委员会发布通告表示，任何人都可以来核实及品味细节。

也因此，获奖者被邀请出席每年十月在哈佛大学举办的“搞笑诺贝尔奖”颁奖典礼。虽然旅费自付，可许多人觉得自己花钱显然是值得的。1200 多人站在一个豪华的大厅里，用热烈掌声和漫天飞舞的纸飞机，隆重地迎接获奖者。

在别具一格的典礼上，颁奖嘉宾可是真正的诺贝尔奖获得者们。这是一个十分神奇的时刻，整个世界仿佛由真正的诺贝尔奖获得者们，和“搞笑诺贝尔奖”获得者们两部分组成。在颁奖过程中，他们互相凝视，每个人眼中都充满了喜悦与惊讶。

获这个奖，你高兴吗？

毫无疑问，获奖是幸运的。有些人多年来一直为获得一项“搞笑诺贝尔奖”而奋斗，可最后还是一无所获。对大多数获奖者来说，荣誉是悄然降临的。

在一个好日子里获奖通知来了，有关负责人再商谈几次，最终正式的“搞笑诺贝尔奖”获奖者名单发布了，算作对获奖者所做那些令人好奇而又让人目瞪口呆的事情的官方肯定。事实上，大多数获奖者在听到获奖消息的那一刻，会感到喜悦。是的，它是一个稀奇古怪的荣誉，但人的一生短暂如过眼云烟，为什么不好好接受它呢？

大多数奖项，要么赞颂优胜者，要么嘲弄失败者。总的来说，这个世界似乎喜欢把事情划分为非此即彼的两类。奥林匹克奖牌被授予非常优秀的运动员，“最差着装奖”则被授予着装方面最差劲的名流。诺贝尔奖被授予科学家、作家和其他领域的出类拔萃者。评选过程中偶尔也会出现错漏，但总体来说，大多数奖项都旨在把荣誉授予人类中的极端者，他们的成就或表现要么异常优秀，要么异常差劲。

“搞笑诺贝尔奖”却与此不同，它旨在表彰那种伟大的困惑。要知道，我们大多数人许多时间都处在困惑之中。生活很容易让人感到迷惑，好坏掺杂在一起，黑白难辨。有些时候，人们往往一叶障目，不见森林。

大多数人总会做成点什么事，却从未获得过什么让人春风得意的奖项。这就是为什么我们要颁发“搞笑诺贝尔奖”：这是向你及所有人表明，你已经做成了一件事情。那件事情本身，可能比较难解释，甚至可能完全无法解释。要解释下你的成就是否能够造福公众都很困难，甚至是，很痛苦。但事实是，你做成了这件事，并且也为此得到认可。其他人爱怎么解释就怎么解释好了。

能获奖的都是何方神圣？

“搞笑诺贝尔奖”的获奖者极其成就的真实性，是不容置疑的。

有一次，“搞笑诺贝尔奖”颁奖典礼就要宣布结束的时候，一位来自英国的女记者走上领奖台，和一位刚刚颁完奖的真正诺贝尔奖获奖者聊了起来。

“这是你第一次来颁发这个奖，对吧？”她问这位著名的科学家，“你喜欢这项工作吗？”

“噢，喜欢，”他兴高采烈地回答，“那些人太有意思了！你能想像他们真的做成了那些事吗？”

“他们的的确确做了啊！”记者咯咯笑道。

获奖者由谁选出？由搞笑诺贝尔奖管理委员会选出。那么搞笑诺贝尔奖管理委员会由那些人组成的呢？它由《不大可能的研究年报》[1]（我主编的一本科学幽默杂志）的编辑们、科学家们（是的，包括几位诺贝尔奖获得者）、记者们和来自多个国家各个领域的精英们组成。这些成员以前从未搞过聚会。至于谁是提名者，或者谁被列入委员会之中，我们没作过记录。关于最终决议我们还有个传统：从马路上随机选出几位路人，以多角度考量。

这些提名都打哪来的？来自全世界，来自每个犄角旮旯。每个人都可以提名任何人做“搞笑诺贝尔奖”的侯选者。很多人都亲身参与过，每年我们会收到几千个提名，其中有一些属于毛遂自荐（时至今日，只有一项“搞笑诺贝尔奖”被授予毛遂自荐者——挪威的贝尔哈姆和桑德维克小组，该小组研究了麦芽啤酒、大蒜及酸奶油对水蛭的胃口产生的影响）。

通常，如果当选者真心认为获这个奖可能增加他们与老板、政府之类的对象打交道的难度，他们也可以把它拒之门外。但是在“搞笑诺贝尔奖”十多年的颁奖历史中，拒绝的人屈指可数。近年来，大多数获奖者都会参加颁奖典礼；倘若因为经济状况或其他情况而难以成行，他们至少会以书面的形式，向委员会表达自己十分乐意接受“搞笑诺贝尔奖”。

那些亲自到现场领奖的人们，总会受到热烈欢迎。如果某位获奖者非常善于表演，当众演示他那傻得可爱的成就，那么在场的观众和组织者除了开怀大笑之外，还会向他脱帽致意。

传说中欢乐无边的颁奖典礼

如果你获奖，最大好处就是成为“搞笑诺贝尔奖”颁奖典礼上一颗耀眼的明星，而且在热热闹闹的宴会上，成为当红炸子鸡。

最初的颁奖典礼是在 MIT（麻省理工学院）举办的。在一个

---

[1] *The Annals of Improbable Research.*

沉静的夜晚，350 人挤在该学院的一个博物馆，隆重的典礼让每个人都眼花缭乱。第一次颁奖典礼是在 1991 年，我们邀请了 4 位诺贝尔奖获得者来颁奖。这 4 个人都来了，戴着有夸张眉毛胡子的小丑眼镜，系着腰带，头带土耳其圆帽（通常为红色，并饰有长黑缨的圆筒形无边毡帽），其他人则身穿流行的运动装。我们邀请了一些普通民众来参加典礼，结果门票瞬间被抢光。记者也来了，而且在那个晚上，每个人都偷偷摸摸有些与平日形象大相径庭的行为，这种场面真是让人目不暇接。而且重点在“偷偷摸摸”上，因为我们都觉得，似乎某位权威人物迟早会匆匆忙忙地跑进来，要求我们停止闹剧，回家睡觉。然而，最后也没有什么人进来搅局，典礼举办得相当成功，第二年我们不得不转到 MIT 最大的会议场地举行颁奖典礼。

从那时起，提名就像滔滔洪水一样涌来，而且观众、获奖者和真的诺贝尔奖获得者，每年都不远万里，赶到现场参加颁奖典礼。

1994 年，在第四届“搞笑诺贝尔奖”颁奖典礼举办之后，MIT 一位性情阴郁的管理人员试图禁止这项活动，搞不清楚怎么回事，活动场地就被神奇地移到同一条路往北 2 英里的哈佛大学桑德斯剧场举行——该剧场可谓哈佛大学最古老、最开阔、最为庄严的场地。这次的颁奖由几个哈佛学生团体和《不大可能的研究年报》共同赞助。时至今日，许多哈佛大学和 MIT 的教职员工、学生、管理人员，还有不少其他人，都在为一年一度、完全自愿的组织工作做着不懈努力。

典礼本身也变得越来越丰富，组织者信心十足地召开一系列庄重严肃的筹备会，多方协调，并举行许多其他有趣的活动，如加冕礼、马戏表演、橄榄球赛、歌剧，“疯人院”“实验室事故”，上演旧的百老汇剧目“Hellzapoppin”，等等。每一年，在“搞笑诺贝尔奖”颁奖典礼举办之前和期间，都会增加新的引人注目的活动。每逢场内站满各具才华的狂人，而每个人都要在独立空间内进行自我展示的时候，作为典礼的主管，我就跟科米蛙（《芝麻街》里的记者，经常要控制一大群活蹦乱跳的木偶——译者注）似的，得竭力控制场面，保持正常。

第二年开始，我们形成了一种传统：在场的所有观众——1200 人——当天晚上，都要不停地把叠好的纸飞机往领奖台上扔，而站在领奖台的人，则要把飘过来的纸飞机再扔回去。飘往领奖台上的纸飞机数量巨大，我们不得不专门安排人清理，不然在领奖台上就完全寸步难行。

活动晚上开始，通常先由气质高雅的年长女性负责传统的“欢迎，欢迎”致辞，你会听到从头到尾都充满了热情的“欢迎，欢迎”。在盛大的观众入场式上，各种名称的代表团，诸如“劣质艺术博物馆”、“赞成与反对复杂性的律师”、“保留计算尺协会”（计算尺，一种用于数学计算的尺）、“小科学家俱乐部”（所有成员大约都只有七岁）、“水果蛋糕让明天更好协会”、“留须男人团”、“哈佛官僚主义俱乐部”、“反重力祖母（Grannies agaist Gravity）”、“非极端地抗议芬兰适度变革团体”……一个接一个列队进入。

晚上的活动还包括“赢得和诺贝尔奖获得者约会机会”的比赛，将会有一位幸运观众，能和诺贝尔奖获得者进行一次约会。

1994 年的典礼包括一个前所未有的节目，名为“阐释电子之舞”，这是一场芭蕾舞剧，由尼古拉·霍金斯（Nicola Hawkins）舞蹈公司表演，由诺贝尔奖获得者理查德·罗伯茨（Richard Roberts）、达德·赫什巴思（Dudley Herschbach）及威廉·利普斯科姆（William Lipscomb）担任主演。

1996 年开始，每一年我们都编写一个迷你剧，由专业的歌剧演唱家和几位诺贝尔奖获得者共同演出。这种剧目得以成功演出的关键，在于让各种各样的表演者参与其中，这些表演者要么技艺精湛、富有才华，要么人气很高。我们推出的第一个剧目名为“蟑螂剧”。第二年，公演剧目包括首演的“卡布姆·格罗索 II”（*IL Kaboom Grosso*，讲述的是宇宙大爆炸的故事，在该剧的结局中，五位诺贝尔奖获得者扮演亚原子粒子）、“锡德之剧”[由五位男高音主演，他们扮演“搞笑诺贝尔奖”获得者、打算克隆自己的物理学家理查德·锡德（Richard Seed）]，以及一些其他轻松快乐的音乐表演。

每年的典礼还包括一些特殊活动，来自科学界、文学界和艺术界的名人们，展示他们出人意料的才艺。

“海森堡测得准演讲”（根据著名的“海森堡测不准原理”命名）则由许许多多大名鼎鼎的科学家、大学校长、演员、政治家和音乐家就他们乐意选择的任何话题进行讲演。每一次演讲的时间被严格限制为 30 秒，且由一位专业的足球裁判来判断执行。任何一位超时的演讲者将被扔到台下。这项规则深受听众喜爱。

有一年，我们选出一批著名的思想家进行“谁是世界上最机敏的人”比赛，需要通过一系列的辩论选出获胜者，在每次一对一、长度为 30 秒的辩论中，双方必须同时说话。同时，裁判约翰·巴雷特会盯着时间。

在第六届和第七届 “搞笑诺贝尔奖”颁奖典礼上，我们拍卖了按照诺贝尔奖获得者的左脚做的石膏脚模，收益捐给当地学校的科研项目。

第十一届颁奖典礼的气氛，在两位科学家的婚礼——一次真正的婚礼中达到了高潮。这个婚礼仅有 60 秒，现场的 1200 名观众，包括 4 位激动得泪流满面的诺贝尔奖获得者和 40 位戴着约瑟夫·斯大林面具的人参加（这是一个很长的故事，与当年的诺贝尔和平奖获得者有关），整个活动在互联网上直播。“搞笑诺贝尔奖”获得者巴克·韦默（Buck Weimer）发明了轻松内裤，它内置木炭，可以在令人掩鼻的气体外泄之前，把它们吸收并处理掉。他把两个轻松内裤赠送给两位新人，并指导他们如何使用这种内裤。晚些时候，新娘的妈妈离开桑德斯剧场时，喜气洋洋地告诉每一个人：“这根本不是我原先为女儿设计的那种婚礼……不过这样办更好。”

每年，在颁奖典礼过程中要执行如此多事项，而且有那么多人要发言，这使我们面临一个严峻问题：对那些一说起来就没完，或一说就不愿意停下的人，如何能优雅地劝阻他们，使其言简意赅。后来，我们成功地实施了时间长度为 30 秒钟的“海森堡测得准演讲”，得以一举攻破这个问题；而 1999 年，我们采用了一种被称为“甜便便小姐”（Miss Sweetie Poo）的更伟大的技术创新。

甜便便小姐其实是一个特别可爱的八岁小姑娘。每逢甜便便小姐觉得某位演讲者超过了时限，她就会走到演讲台旁边，盯着这位演讲者说：“请停下。我讨厌。请停下。我讨厌。请停下。我讨厌。” 甜便便小姐会一直说到演讲者停止。

这一招十分奏效。自从她入职以来，整个颁奖典礼要比以前简练 40%。甜便便小姐这招是我们最了不起的发明。

实际上，世界各国对“搞笑诺贝尔奖”的报道都日渐增多，而且我们也努力让无法亲历的身在他乡的人们，能够一睹“搞笑诺贝尔奖”颁奖典礼的风采。1993 年起，美国国家公共电台每年都会在北美地区转播颁奖盛况，而且从 1995 年举办的第五届颁奖典礼起，我们通过互联网络进行实况转播。几年来，我们的电视转播工程师都由哈佛大学毕业生、被宣判重罪的罗伯特·塔潘·莫里斯（Robert Tappan Morris）担任。他的蠕虫程序给整个互联网络带来了极大的灾难，这让他成为第一位远近闻名的网络罪犯。

万一你碰巧觉得某人值得获取下一年的某项“搞笑诺贝尔奖”，那我们诚邀你赶紧上我们的网站提名。

无意冒犯，亲情提醒

在举办“搞笑诺贝尔奖”颁奖典礼期间，我们竭诚保持尊重和适宜的气氛。

观众们必有敏感处，尽管我们从未确知敏感点在哪。在观看、倾听颁奖典礼的人们中，既有年少的孩子，又有年长的祖父，既有牧师，又有比较敏感的科学家。有人坐在现场，有人观看网上直播，还有人则聚精会神地收听电台转播。

为确保大家眼、耳、指尖（上网的人们）都不会触及到任何带侵犯性的内容，我们也聘请了专门人才把关。

威廉·马洛尼先生（Mr William J.Maloney）是纽约一位非常著名的律师。每年他都会从繁忙的工作中抽出一天时间，驱车 250 英里，前往马萨诸塞州的剑桥，他深知自己的职责就是暴力色情节目的过滤器。他品格高尚，总爱握一把便宜的锡制喇叭，一面小旗，身穿剪裁得体的职业装，尽心尽力地把他认定可能会冒犯他人的任何内容给过滤掉。

过滤器先生的来信

“作为颁奖典礼的过滤器，你们要称监控员也行——不让观众看到或听到他们最想看到或最想听到的内容，是我的职责和乐趣。我偶尔的介入，会让少数人对我产生敌意，他们就像是被夺走了糖果的婴儿一样，用尖刻的言语对我进行攻击。他们认为我让他们错失了一些非常奇妙的乐趣。

“然而，在 1996 年的颁奖典礼上，如果我不采取预防措施，阻止某些人展示如何用充气美女传播淋病，那么他们是真的体验到乐趣呢，还是招人憎恶呢？难道参加 2001 年颁奖典礼的观众们，都要亲自嗅一嗅巴克·韦默的轻松内裤，看看它们是否真的吸收并处理掉那些难闻的气体了？看到大名鼎鼎的科学家、诺贝尔奖获得者用巨大的假肢去抓自己的鼻子，或者用匪夷所思比例的假肢，来展示身高、阴茎长度和脚的尺寸之间的关系，你们真的会感到开心吗？为了纪念 1997 年的诺贝尔和平奖，原计划是现场用不同的方式处决生灵以观测它们的痛苦，一个文明社会真的要从此种残酷中获得快乐吗？我们真的需要观察一个胖子把马桶压塌，才相信这种事情确实会发生吗？

“我会尽力过滤那些不合适观看的内容。我相信即便是对我批评最激烈的人们也会认同，为了维护“搞笑诺贝尔奖”颁奖典礼的尊严，这种警惕是完全有必要的。尽管科学是纯洁的、有益健康的，但那些寻求它的人，尤其是那些在搞笑诺贝尔奖领域里取得成就的人们，似乎越来越倾向于不纯洁的思想和行为。值得庆幸的是，本过滤器时刻严阵以待，全力阻止任何侵犯性内容去玷污你的眼睛、耳朵和上网时用的指尖。”

来自过滤器先生的警告

“我粗略地检查了本书，得出这样一个结论：它并非适合各个年龄段的读者。它里面充满了侵犯性的、容易引起反感的图片、词汇、短语和观点。我力劝你不要购买它。如果你已经购买了的话，千万别读。万一被人知道你有这样一本书，你肯定会受到奚落和排斥。经过一番不懈的修改，这本书可能已经无伤大雅，尽管它仍然不是一本优秀的书。你应该完全删掉以下■■■这几页，而■■■■页上的图片，应当用胶带贴起来。我喜欢把胶带用在个人的藏书室——它不透明，若想把胶带揭去，必然把下面遮着的图片毁掉。”

欢迎争议，继续进步

没有争议，就没有“搞笑诺贝尔奖”。

罗伯特·梅先生（Sir Robert May）是英国政府的科学顾问，他曾请求组织者别再把“搞笑诺贝尔奖”颁发给英国科学家，即使这些科学家本人很想获奖。梅先生给管理委员会写了两封充满愤怒的信，还接受了媒体采访。媒体的反响并非他所期望的。下面这篇评论，发表在1996年10月7日出版的英国科学杂志《化学与工业》之上。在得到杂志许可后，本书重刊如下。

我们很开心

英国的首席科学顾问罗伯特·梅先生是一个华而不实，令人扫兴的人吗？“搞笑诺贝尔奖”已然很好地确立了诺贝尔奖的“戏说者”地位，他最近对这个戏说者的公开批评，显然只是说明英国科学机构太过严肃了。

在接受《自然》杂志的采访时，梅警告说“搞笑诺贝尔奖”有把“真正的”科学项目搞成无效闹剧的危险。他们应该对反科学和伪科学保持警惕，而且梅还建议说：“让认真严肃的科学家做好自己的工作。”去年英国研究食品的科学家由于对浸水的谷类薄片有独到研究而荣获一项“搞笑诺贝尔奖”，梅的愤怒源于媒体对此进行的让人难堪的报道。

这种恼怒抱怨自有几分缺陷。首先，哪些科学家是“认真严肃的”并不是像梅先生那样的官僚说了算，也不该由他们来要求忽略某些科学家，因为他们被人嘲笑（他们其实没有被嘲笑，好的坏的都一样）。

其次，“搞笑诺贝尔奖”是由学术界办给学术界的。它并不同于美国臭名昭著的“金羊毛奖”，但梅先生却很不恰当地把两个奖相提并论。“搞笑诺贝尔奖”只是让科学自嘲。

再者，真正“认真严肃的”科学家们的工作，将能经得起电视喜剧节目和街头小报造成的暂时尴尬；当然了，假定他们的工作的确被其他科学家们认可为“真正严肃的”工作。如果在万众瞩目之下，有些科学家不得不花些时间与精力，向大家解释为何他们从事的工作值得资助，那这也是一件好事，这种事情应该多多益善。

最后，报道称梅曾建议“搞笑诺贝尔奖”的举办者应该首先征得获奖者的同意。然而，英国科学家们去年的确同意接受颁发给他们的“搞笑诺贝尔奖”，这让梅先生的一通埋怨显得无的放矢。此外，那个奖项证明，即使先取得获奖者的同意，也不能避开媒体的恶作剧。作为“搞笑诺贝尔奖”的举办者，马克·亚伯拉罕斯已向梅指出：“几乎没有任何事情，无论是好是坏，能逃得过英国街头小报及电视喜剧人员的嘲笑。”

梅先生没能切中要害的做法，非但不能让人相信“搞笑诺贝尔奖”会产生有害的效果，而且也让他自己（和英国科学）看起来非常肤浅，缺乏幽默感。他误把不适当作灾难，误把一本正经当作严肃认真。而且他误解了该奖项的宗旨、过程和乐趣。在这一点上，科学家及其他人都应该拒绝接受这位顾问的不良意见。

祝愿英国科学家们能够永远在“搞笑诺贝尔奖”的光荣榜中占据他们应有的一席之地。

让梅抱怨不已的 1995 年“搞笑诺贝尔奖”把荣誉给了三位英国科学家，他们对潮湿的早餐谷物进行了严谨分析， 结果以“对早餐谷物薄片浸水后的紧压表现效果进行的研究”为名发表了论文。那一年，尼克·利森因（Nick Leeson）和其他人一起搞垮巴林银行的壮举而获得“搞笑诺贝尔奖”经济奖。

罗伯特·梅的打压，并没有能够吓阻“搞笑诺贝尔奖”管理委员会全面考虑英国那些取得了巨大成就的人，也没有能够吓阻未来的获奖者们，在世界舞台上接受他们非同寻常的位置。

1996 年，埃斯顿大学的罗伯特·马修斯（Robert Matthews）并没有被本国主要科学官员的公开姿态所阻挡，他因展示“烤面包抹了黄油的那一面会先着地”而荣获“搞笑诺贝尔奖”物理学奖，他非常高兴地接受了这一奖项。1998 年，三位来自皇家格温特医院的医生们，与一位没有透露姓名的病人一起分享了“搞笑诺贝尔奖”医学奖。他们以这位病人为研究对象，慎重地写了一份 “一位男士刺破了手指，该手指连续 5 年散发腐烂气味”的报告。实际上，自 1992 年起，英国每年至少产生一位（而且大多数时候是多位）获奖者。在英国，“搞笑诺贝尔奖”提名者源源不断，每年推选十位获奖者简直轻而易举。不过，其他国家也一样人才济济。在“搞笑诺贝尔奖”不停息的竞争中，名声根本是过眼云烟，没有哪个国家可以（或者应该）只靠昔日成就坐吃山空。

万事开头难

《不可复制的研究》这本杂志由亚历克斯·科恩（Alex Kohn）和哈里·利普金（Harry Lipkin）这两位杰出而滑稽的科学家于

1955 年在以色列创办。但这本杂志最终落入他人手里，几乎停刊。1990 年，我寄去一些文章，看看这本杂志是否还存在（我自己几乎没看过），如果还在的话，是否能发表。不久有自称该杂志出版人的人给我电话，问我要不要做杂志的编辑。

作为一本科学杂志——即使是一本有点搞笑的科学杂志——的编辑，我整日被人包围，他们想让我帮助他们获得诺贝尔奖。我总是解释说，我没有这么大的神通，但他们都会事无巨细地说明自己的工作，为什么自己有资格获奖。有时候，他们说得对，他们有资格获奖，但并不是诺贝尔奖。

就这样，我和每一位我能说服前来助一臂之力的人一起，开始办“搞笑诺贝尔奖”。亚历克斯·科恩建议把这一奖项依照“Ignoble Prize”（不光彩奖）来命名。“Ignoble Prize”是一项他和哈里·利普金以前描述过的虚构奖项。

“搞笑诺贝尔奖”将被授予那些做过某件不可思议却又能启发思想的事情的人，“他们取得的成就无法也不应该被盗取。”这些成就中有一些看上去可能令人发笑，还有一些则骇人听闻，有些结果无人可以判定——它可能非常好，甚至至关重要。部分奖项为科学成就而设，其他则为经济、和平及其他领域而设。当时我们选出了七位获奖者，并邀请他们前来参加典礼（万事开头难，刚开始我们只能联系到一部分人）。第一年，我们还选出了三个编造出来的研究。

1991 年 10 月，我们举办了第一届“搞笑诺贝尔奖”颁奖典礼。看看十位获奖者，人们立即就明白无论从哪方面看，真正的获奖者都要比那些编造出来的获奖者更优秀。这样一来，之后的“搞笑诺贝尔奖”总是授予作出真正的、有记录可查的研究的研究者了。

另外，那本杂志所属的出版公司出现混乱，出版商明确表示他们不欣赏科学幽默杂志。我们没有看着那本杂志逐渐走向没落，而是立刻转身开始经营一本名为《不大可能的研究年报》的新杂志。如今我仍能高兴地回忆起有一天，四位诺贝尔奖获得者分别笑着告诉我说，很荣幸担任《不大可能的研究年报》的总编。《不大可能的研究年报》是“搞笑诺贝尔奖”骄傲的家园。

欢迎提名

赢得奖项的官方标准：

“搞笑诺贝尔奖”授予“取得了无法也不应该被复制的成就的人”。

赢得一个奖项的非官方标准：

一项获奖成就必须既令人发笑又启发新知。

谁有权进行提名：

任何人。

谁有资格获奖：

任何地方的任何人。那些只要有奇思妙想，并能付诸实践的人。注定要赢得“搞笑诺贝尔奖”的人，常常有非常奇异的想法，而且不只有信念，还能迅速地采取行动。鞋和船，洋白菜与国王，离心助产机和水蛭胃口刺激物，泡一杯茶的综合技术说明，病人直肠里的外来物合集——这些都可能是搞笑诺贝尔奖的基础。而且大部分也真的获奖了。你可以提名一为陌生人，一位同事，老板，赞助商，或你自己。个人或集体都行。

谁没有资格获得此奖：

那些虚构的人物，或者其存在但成就无法被查证的人。

奖项范围：

一旦获奖者被选定，该特定领域的奖项就是他的了。有些领域——如生物学、医学、物理学、和平、经济等，每年都有获奖者；其他领域（安全工程、环保等）则会为奖励某一具体成就而专门设立。事实上，要把“搞笑诺贝尔奖”获得者完全圈定在特定范围内是不可能的。（然而，把获奖者“圈”住还是有可能的。例如，许多经济奖项的获得者都未能参加“搞笑诺贝尔奖”颁奖典礼，这是因为他们在遵守一项 5 到 15 年的约定呢。）

好或坏

每一年，在新评选出来的各奖项中，大约有一半被授予大众喜闻乐见的研究，前提是它并非愚不可及。另一半则授予那些个别人会如鲠在喉的内容。至于涉及“好”与 / 或“坏”的判断，完全取决于观察者自己。

如何通过邮寄方式进行提名

想要提名的话，请收集尽可能多的信息，被提名者的个人信息和所做的研究是必需的。信息丰富，裁判才能立刻对这位候选人的获奖资格一目了然。同时你也要注明被提名人的联系方式，方便我们找他来领奖。你可以通过邮寄或发电子邮件的方式进行提名，寄至：

Ig Nobel Nominations（搞笑诺贝尔奖提名）

c/o Annals of Improbable Research（交《不大可能的研究年报》）

PO Box 380853（信箱：380853）

CAMBRIDGE MA 02238 USA（美国马萨诸塞州剑桥市　邮编 02238）

E-mail：air@improbable.com

如果邮寄文件并想得到回复的话，请在材料中注明你的电子邮箱，或者付上一个已写好回邮地址并贴足邮票的信封。如果你想以匿名方式寄出，当然可以。在每次评选活动中，“搞笑诺贝尔奖”管理委员会都会丢失或扔掉很大一部分材料呢。

你可以在《不大可能的研究年报》的网站（www.improbabe.com）找到更多信息。

请大声朗读本书

这本书适合大声朗读，尤其适合在电梯中大声朗读，以便那些和你同乘电梯的人都得到启迪。火车、公共汽车、地铁及候车室也都是阅读此书的好地方。如果你在一个团体中工作，而这个团体每周都要开一次冗长乏味的会议，那么你可以在每周开会时读一段，作为“请提早结束会议”的提醒手段。每个人在听到你朗读的内容之后，都不会想、也不再能专心讨论工作安排与财务预算。如果你是一位人民教师，那么你可以在教室里朗读一些章节，作为对学生的一种激励，或是现实生活中的劝诫。

不要坐下来把这本书从头到尾一次看完，那会让你兴奋过度或疲倦过度的，在接下来几天里你就没法休息了。

把本书最后一部分［关于布什（Busch）和斯塔令（Starling）的“直肠中的外来物”］放在最后阅读，尤其是你打算把它大声朗读给围观群众听的话。

每位“搞笑诺贝尔奖”获得者的完整故事中，都可能要比本书中简要讲解的更深刻、更引人入胜。你可以在参考书上获取更多信息。

浏览我们的网站（www.improbabe.com），（在大多数时候）你可以找到以下链接：获奖者主页、出版著作以及／或者报纸剪辑。你也可以找到几届“搞笑诺贝尔奖”颁奖典礼的录像片，以及“搞笑诺贝尔奖”电台转播的录音资料。每年，美国国家公共电台的“周五与艾拉·弗莱托聊谈国事／科学”（*Talk of the Nation/Science Friday with Ira Flatow Program*）节目，都会对“搞笑诺贝尔奖”进行转播。

在《不大可能的研究年报》杂志和每月出版的免费电子简报中，我们还刊登昔日“搞笑诺贝尔奖”获奖者向着新的目标继续奋斗的新闻。

阅读完此书后，你将有两件趣事可做。第一，把你对某些“搞笑诺贝尔奖”获奖者的印象，和与你判断一致的其他人对他们的印象加以比较。“它们中哪些是值得点头，哪些是要诅咒的呢？”这个问题，可以反映出观点与个性之间出人意料的差异。

第二，细读附录中过去每年的获奖者名单，随便选一年的。围绕颁奖典礼上展示的获奖研究，人们会七嘴八舌，饶有兴趣地讨论，你可以认真想想他们的观点。1999 年颁奖典礼上进行的讨论，尤其鼓舞人心。

在你开始阅读这本书之前，我还有最后一句话要交代：这些人和他们的研究都是真的。如果你很难相信这一点——确实会有点难度——那么你可以查询专业资料，还是自己去看看吧！

chapter 2

非常规的医学和心理学报告

对付响尾蛇咬伤的电击疗法：失败！

“治疗毒蛇的毒液螫入而采用的高压电击疗法，近来在美国变得越来越普遍。我们的案例记录了一位被大盆地响尾蛇咬了的病人，面部接受危险而无效的电击疗法的过程。”

——摘自达特和古斯塔夫森发表的报告

正式宣布

兹将“搞笑诺贝尔医学奖”授予：

这个奖项分为两部分颁发，一半颁发给病人甲。病人甲是前美国海军陆战队队员，他被自己养的宠物响尾蛇咬了一口后，勇敢地决定接受电击疗法。在他自己的坚决要求下，连接汽车火花塞上的电线被夹在他的嘴唇上，汽车发动机以每分钟 3000 转的速度，连续转了 5 分钟。奖项的另一半，颁发给了洛基山中毒救治中心的理查德 · 达特（Richard C. Dart）医生，以及亚历桑那大学健康科学中心的理查德 · 古斯塔夫森（Richard A. Gustafson）医生，以肯定他们所写的有充分根据的医学报告：“对被响尾蛇毒液螫入的病人进行电击疗法的失败”。

他们的报告刊登于《急诊医学年报》（*Annals of Emergency Medicine*），20 卷第 6 期，1991 年 6 月，659—661 页。

一位前美国海军陆战队队员学到了重要一课：书上的东西不可尽信。

这一课涉及他的宠物响尾蛇，一辆汽车，一位过于合作的朋友，一辆救护车，一架直升机，几公升与血液具有相同浓度溶质的静脉注射液，许多医疗药品，多得数不胜数的医疗人员。

遇到麻烦的这位先生在已刊登的医学报告中被称为“病人甲”，我们也这样称呼他好了。病人甲以前已经被他那条剧毒宠物蛇咬过 14 次，他觉得他已经尽全力做好完备的防护来避免第 15 次惨剧了。

尽管响尾蛇咬一下可以让你一命呜呼，但已有一种比较规范的治疗方法：向被咬者体内注射一种名为“抗蛇毒素”的药。这种药疗效甚好，只要病人在遭咬之后迅速注射足量药剂。出于一些病人甲一时说不明白的原因，他在遭遇第 15 次惨剧时，坚持换一种新疗法。

他以前曾在一本男士杂志上，读过一篇介绍了有效的替代疗法的文章：采用稳定、强有力的电击。高压据说是这种疗法的关键。一些博学者推荐使用电击枪，而且至少有一家公司提供治疗蛇咬病人的这种专业电击枪。病人甲和他的朋友达成共识，将来万一他们两人中有谁遭咬，那另外一个将采用电击疗法抢救他。

预防比解药重要，但是这种预防——简直不是一般糟糕。

有一天，病人甲在逗他的蛇玩，毒蛇把尖牙刺进了他的上嘴唇。病人甲的朋友立即采取行动。按照他俩事先达成的协议，他把病人甲放在靠近一辆汽车的地方，他借用一小块金属片，把连接汽车火花塞上的电线接在病人甲的嘴唇上，这样一来，就等于把病人甲与汽车的发电系统连接一起。

这位朋友随后让汽车发动机以每分钟 3000 转的速度运转。为了保证病人甲获得足够的电量，他让发动机在这种转速下连续转了 5 分钟。下面是最终刊登出来的医疗报告上的描述：

“病人遭到第一次电击时便失去知觉。大约 15 分钟后一辆救护车赶到了现场，医生发现病人甲已经昏迷不醒，且大便失禁。”

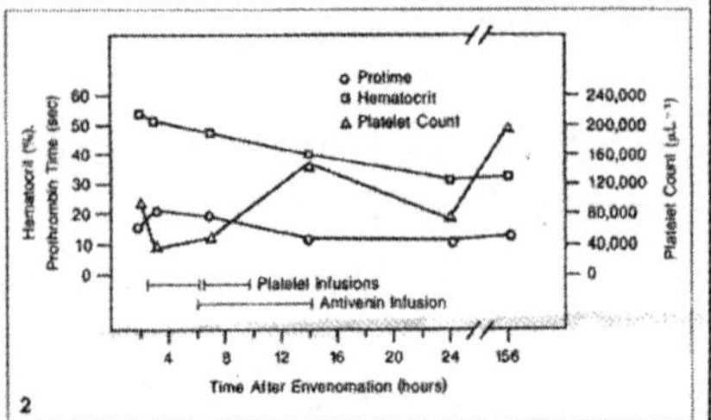

FIGURE 1. *Photograph of patient taken shortly after admission showing massive swelling of face extending onto chest and ecchymosis of periorbital and upper chest regions.*

FIGURE 2. *Time profile of coagulation studies, platelet infusions, and antivenin infusion.*

noted. The patient was paralyzed and nasotracheally intubated because of

sion was performed.

The patient was later extubated without difficulty. After four days of hospitalization, he developed serum sickness. At discharge, the patient had some facial edema and tissue loss of his upper lip. He has subsequently undergone reconstructive surgery of the lip.

DISCUSSION

This case highlights the concepts of electric shock treatment and man-

least 7,000 stun guns modified to reduce voltage to 20 to 25 kV had been sold in the United States for the treatment of snakebite.[8]

Despite many attempts, investigators in the United States have been unable to demonstrate any beneficial effect from electric shock treatment, even when applied under ideal conditions. Studies in small animals of the use of electric shock to treat different snake venoms, including several indigenous to the United States, have

获奖者报告。

救护车上的人员联系来一架直升机。其间病人甲的意识稍微有所恢复，并抗拒医生的救治行动。他被送到医院之后，很快拍了片子。片子显示“肿胀一直从脸部延伸至胸腔，而且胸部以上出现了瘀斑”，他整个人看起来就像是被烤糊了的土豆。

理查德·达特医生和理查德·古斯塔夫森医生，当时在亚历桑那大学健康科学中心下属的中毒与毒品信息中心工作。病人甲出现这种严重情况后，他们俩都被紧急召集到医院。治疗过程既复杂又耗时。

谈及他们的病人这次选择的治疗方法时，达特医生和古斯塔夫森医生评论道：“尽管多次尝试，美国的研究人员未能展示出电击疗法的任何良好效果，即使这种疗法在很理想的情形下使用……此外，这种疗法可能还有反作用。”

最终，靠着大量的医疗救助，以及病人甲自己与病魔的顽强斗争，他总算得以完全恢复。达特医生和古斯塔夫森医生就这件事写了一份指导性的技术说明，它被刊登在《急诊医学年报》上。

因为让大众了解了治疗蛇咬的方法，病人甲和两位挽救了他生命的医生，分享了1994年度“搞笑诺贝尔医学奖”。这几位获奖者没有能够亲自前去“搞笑诺贝尔奖”颁奖典礼现场领奖，但达特医生寄来了一盘说明他们乐意接受该奖项的录像带。他说：“能荣获此奖项，我感到非常高兴，尽管可能没有病人甲那么高兴。”

达特医生和古斯塔夫森医生的医学报告，改变了响尾蛇活动多发区的公共卫生官员们的处理方式。如今他们在做公共卫生信息宣传时，总会在上面列出“不要”条款。俄克拉何马州毒物控制中心发布的一份报告比较具有代表性，这份报告包括下列条目：

* 不要把时间浪费在捕捉或杀死咬人的毒蛇上面。确定毒蛇种类是有用，但并非必要。
* 不要使用止血带。
* 不要冰敷伤口，也不要热敷。
* 不要给受害者止痛药或酒精。
* 不要使用电击枪或其他电击疗法。

充气娃娃造成的难言之隐

“祝贺玩具娃娃们”——挪威的一家名为VG的报纸，在艾伦·克雷斯特（Ellen Kleist）和哈罗德·莫伊（Harald Moi）被授予“搞笑诺贝尔奖”之后的第二天，以这样的标题进行了头版报道。

正式宣布

兹将“搞笑诺贝尔公共健康奖”授予：

来自格陵兰岛努克镇的艾伦·克雷斯特和来自挪威首都奥斯陆的哈罗德·莫伊，以表彰他们警诫性的医学报告“通过一个充气娃娃而造成的淋病传播”。

他们的研究报告被刊登在《生殖泌尿医学》（*Genitourinary Medicine*）上，69卷第4期，1933年8月，332页。[注：这本杂志的名字已经改变，现在叫做《经性行为传播之感染》（*Sexually Transmitted Infections*）]

哈罗德·莫伊博士决定暂别他的祖国挪威，前往格陵兰岛努克镇的一个性病诊所工作。当时，他和这个诊所的护士艾伦·克雷斯特对充气娃娃都没有太多了解。

然而，一位沉默寡言的海员来到他们的诊所，他知道自己患了性病，却仍然隐瞒患病途径，这让艾伦·克雷斯特和哈罗德·莫伊很为难，但是他们敢于迎接挑战。经过认真的医疗探索，他们发现充气娃娃有时在传播性病方面扮演着主要角色。

这位病人是船长，到性病诊所就诊时，身上已出现淋病症状，血液测试也证实了医生的诊断。他把自己得病经过说得很简单，这让医生和护士深感困惑，他们催促他把经过讲得更加详细一些。

他们这种刨根问底，并非仅因为好奇。和世界许多其他地方一样，在格陵兰，医务人员需要调查任何一起淋病病例，追查其传染源，以便及时防治。涉及其他性传播疾病时，也有类似的要求。

这个船长出海长达三个月，但他的症状是在这次出海即将结束时出现的。很明显，他是在船上染上淋病的。船员是清一色的男性，而这位船长坚持声称他从未有过同性恋行为，那他是如何染病的呢？在艾伦·克雷斯特和哈罗德·莫伊一再严厉的追问下，这位船长最终道出了事情的真相。有天晚上，他在没有得到许可的情况下，偷偷到一位船员的房间拿了船员的私人用品——一个充气娃娃。几天之后，他注意到自己身上出现了淋病的最初症状。

在这位船长把充气娃娃偷偷拿去使用之前，充气娃娃的真正主人才刚享用过。他（这位真正主人）出海之前，曾和一位女孩发生过性关系。他到医院接受淋病检查时，被查出患了严重的淋病。

医学在这个有些侦探色彩的故事中扮演的角色可谓非常独特。艾伦·克雷斯特和哈罗德·莫伊决定写一篇文章，并把它寄给一家医学杂志。

鉴于艾伦·克雷斯特和哈罗德·莫伊在医学及文学方面所取得的成绩，他们俩在1996年被授予“搞笑诺贝尔公共健康奖”。莫伊医生自掏腰包，参加了“搞笑诺贝尔奖”颁奖典礼。在领奖时，他说：

“女士们，先生们，我非常荣幸，也十分高兴地接受著名的搞笑诺贝尔奖。我在这个事情上遇到的最大问题，就是如何及时通知可能被传染上性病的人，并让他们得到治疗。关于治疗充气娃娃性病的抗生素，我们在药物动力学中找不到任何可以参考的内容。除了一针把她扎破之外，我们还能再做些什么呢？”

第二天，莫伊医生在哈佛大学给一群全神贯注地站着听讲的医生们举办了一次讲座。当雷鸣般的掌声停下之后，一位坐在前排的哈佛大学教授告诉自己的同事说：“今天我真的学到些东西。”

几周后，“搞笑诺贝尔奖”管理委员会收到一位纽约居民写来的信件，这位居民刚读完报纸上的一篇报道莫伊医生工作的文章。“这件事，”来信中写道，“提醒我们大家，当你和一个充气娃娃亲热时，你就相当于和所有染指过那个充气美女的人亲热。”

搞笑诺贝尔之

现代医学中的充气娃娃

在现代医学和护校的课程中，充气美女至多被一带而过。我们很少能够见到连续几页谈论这个话题的医学课本。医学文献中的确包含一些饶有兴趣的研究报告——“由波士顿地区教授们撰写的《假人在解剖学上的应用》”(1992)、“痴呆的洋娃娃”(1990)、“难道解剖学上用的假人的生殖器被扭曲了吗？”(1990)，很有刺激意味的“解剖学上恰当应用的假人：研究与临床实践”(1988)，以及让人眼花缭乱的报告“让假人的眼睛转运的技巧”(1979)。但这些报告没有一个能让莫里医生和护士克雷斯特借鉴的。

年轻人抠鼻子也要认真对待

"背景：强迫性抠鼻症（Rhinotillexomania）是近期英语中出现的一个新词，它被用来描述禁不住抠鼻子的现象。放眼全球文化，也很少有谈及广泛存在的抠鼻子行为的内容。

方法：我们在四所学校中随机抽取了 200 位青少年作为抠鼻子行为的研究对象。

结果：几乎所有的研究对象都承认自己有过抠鼻子行为，且抠鼻子的频率为平均每天四次。这些人中，每天抠鼻子越过 20 次的人的比例为 7.6%。几乎 17% 的人都认为自己存在严重的抠鼻子问题。"

——摘自安德雷德和斯里哈瑞发表的报告

正式宣布

兹将"搞笑诺贝尔公共健康奖"授予：

印度班加罗尔班加罗尔国家心理健康与神经科学学院的奇塔拉尼加·安德雷德（Chittaranjan Andrade）与 B. 斯里哈瑞（B.S.Srihari），以表彰他们寻根究底的医学发现：抠鼻子在青少年中相当普遍。

他们的报告以《青少年抠鼻子现象的初步调查》（A Preliminary Survey of Rhinotillexomania in An Adolescent Sample）为标题，发表在《临床精神病学期刊》（*Journal of Clinical Psychiatry*），62 卷第 6 期，2001 年 6 月，426—431 页。

21世纪来临之时，两位杰出的精神病学家为人类证明——以书面形式证明——大多数青少年都抠鼻子。

美国威斯康星州的科学研究显示，成年人中经常抠鼻子的人所占比例高于90%，但它并没有说明青少年中经常抠鼻子的人有多少，比成年人更高、一样高还是更低？奇塔拉尼加·安德雷德与B. 斯里哈瑞，同时就职于印度班加罗尔国家心理健康与神经科学学院，被这个报告所激励，下决心找到答案。事实上，人的任何行为，如果发展到极端，都可以被视为一种精神错乱，连抠鼻子这样的小事也不例外，因而他们的追求是相当严肃的。“尽管一般来说，抠鼻子的行为是普遍的、正常的习惯，”他们写道，“但是，有必要确定出青少年中有多少人总是忍不住地抠鼻子，以致到了神经轻微错乱的地步。”

为了做好准备，他们查阅了其他相关的医学报告，但这些报告几乎毫无例外地描述某一特定挖鼻者的情况，而且他们中大多数人都患有精神病。他们了解到，精神错乱的挖鼻者，抠鼻子的时间可能持续得比较长，动作猛烈，而且还会流鼻血。两位精神病学家研究了1968年吉利奥蒂（Gigliotti）和韦林（Waring）发表的报告“自己导致的鼻子与上腭部位的伤害：病例报告”（Self-Inflicted Destruction of Nose And Palate: Report of Case），浏览了阿克塔（Arhtar）和哈斯汀斯（Hastings）1978年所写的报告“可危及生命的鼻子自我毁伤”（Life -Threatening Self-Mutilation of the Nose），还惊奇地翻阅了塔拉乔（Tara chow）1966年发表的报告“食粪行为及同类现象”（Coprophajia and Allied Phenomena），并从中摘抄了“有些人的确吃鼻内残留物，而且发现味道还不错”这句话。

那些病例都各有针对，但都只能作为奇塔拉尼加·安德雷德与B. 斯里哈瑞研究的背景资料。为了研究一个群体中的抠鼻子现象，确定行为主体、时间、地点、原因、行为特征这几大要素，研究者必须对大量的抠鼻子行为进行抽样统计。威斯康星州的研究人员们已在成年人中进行过这类调查，现在，两位精神病学家则必须对青少年进行抽样。

2001年搞笑诺贝尔公共健康奖得主奇塔拉尼加·安德雷德在颁奖典礼上。

他们设计了调查问卷，其中包括一些相对立的问题。（你可能自己喜欢作这种调查，或者乐意让朋友及同事接受这种调查。）

* 你觉得你周围的人中，爱抠鼻子的人占了多大比例?
* 你平均一天抠鼻多少次?
* 你有时当众抠鼻子吗?（请回答“是”或“不是”）
* 你为什么要抠鼻子?（选择合适你的项）
  A．让鼻孔更畅通
  B．消除不适感或搔痒
  C．出于美容考虑

D．讲究个人卫生

E．出于习惯

F．为了追求乐趣

* 你如何抠鼻子呢？（选择合适你的项）

A．用手指

B．用镊子一样的东西

C．用铅笔之类的物品

* 你偶尔会把从鼻子内挖出来的东西吃下去吗？（请回答“是”或“不是”）

* 你认为自己存在严重的抠鼻子问题吗？（请回答“是”或“不是”）

200 位学生填写了这次调查问卷。结果着实有些让人吃惊：

* 社会各阶层抠鼻子的做法都是一样的。

* 声称自己从未抠过鼻子的学生还不到 4%。

  半数学生每天抠鼻子的次数为 4 次或更多。

  大约 7% 的学生声称他们每天要抠 20 多次鼻子。

* 80% 的学生只用手指抠鼻子。而其余的学生，喜欢用镊子和喜欢用铅笔抠鼻子的人数基本相同。

* 越过一半的学生之所以抠鼻子，是想让鼻孔更畅通，或消除不适感和搔痒；大约 11% 的学生是出于美容考虑，而为了取乐的学生数量与此相近。

* 4.5% 的人声称他们偶尔会把从鼻子内抠出来的东西吃下去。

这些数字只是比较显著的部分，还有大量其他的数据。

鉴于奇塔拉尼加·安德雷德与 B. 斯里哈瑞本着科学研究的态度，一丝不苟、充满爱心地投入到抠鼻子现象的研究中，他们俩被授予 2001 年度的“搞笑诺贝尔公共健康奖”。

安德雷德医生自己出资，专程从印度的班加罗尔赶到颁奖典礼现场。领奖时他说："我代表我本人，同时也代表每一位为我高兴的人，非常高兴地接受今年的搞笑诺贝尔公共健康奖。我的工作还在继续……你们可能不相信，只要屏住呼吸，你很可能也会忍不住抠鼻子。

"现在你们了解了，在青葱岁月里，大家都会有一些自己的生活习惯，但我真心希望你们没有患上拔毛癖那种精神病学意义上的习惯。因为那意味着你会忍不住拔自己的头发、咬自己的指甲或抠自己的鼻子。

"有人喜欢打听别人的八卦（poke their nose into other people's noses），我则把研究别人的鼻子问题作为自己的事业（poke my business into other people's nose）。谢谢大家！"

两天后，安德雷德医生在"搞笑诺贝尔奖"非正式演讲中，发表公开演讲，并进行现场演示，以阐明他研究工作的要点。在回答满心焦虑的观众们提出的问题时，他向他们保证，适度地抠几下鼻子是"完全正常的"。

该国最著名的报纸《印度时代》（*Times of India*），在头版报道了"搞笑诺贝尔奖授予挖掘最深的印度科学家"的获奖新闻。

电梯背景音乐和免疫球蛋白 A

“目前的研究至少表明，有一种非常有趣的预防多种疾病（如感冒）的新方法。”

——摘自卡内特斯基、布里南和哈里森的一份初步报告

正式宣布

兹将“搞笑诺贝尔医学奖”授予：

威尔克斯大学的卡尔·卡内特斯基（Carl J. Charnetski）和小弗朗西斯·布里南（Francis X. Brennan Jr），以及西雅图背景音乐有限公司的詹姆斯·哈里森（James F.Harrison），以表彰他们发现听公共场所播放的背景音乐，可以刺激体内免疫球蛋白 A 的产生，从而预防感冒。

在获得“搞笑诺贝尔奖”一年之后，他们的报告以“音乐与听觉刺激对可分泌的免疫球蛋白 A 产生的影响”（Effect of Music and Auditory on Secretory Immunoglobulin A）为题，发表在《知觉与运动技巧》（*Perceptual and Motor*）上，87 卷第 3 期，1998 年 12 月，1163—1170 页。

音乐能让人体的免疫系统活跃吗？频繁的性行为能做到这一点吗？几年前，心理学教授卡尔·卡内特斯基在一次会议上听到一种名为“免疫球蛋白A”的化学物质，然后立即开始了一项雄心勃勃的研究项目，目前为止，该项目的关键词有：免疫球蛋白A、音乐、记者、性行为及遭多人唾弃。

可以预料，对卡内特斯基教授而言，免疫球蛋白A也可以被叫做“搞笑A”（简称都是IgA）。这种化学物质，是许多不同“抗体”中的一种，它会在人体免疫系统受到感染或遇到危险时产生。卡内特斯基教授推断说，如果他能够找到某种大家都喜闻乐见的活动，让人体产生更多这种化学物质，那么他就可以找到一把通向健康大门的金钥匙。

他和他的同事小弗朗西斯·布里南教授开始寻找可能有效的某种欢乐活动。测量本身并不复杂，因为每个人的免疫球蛋白A的水平只需要做一次唾液测试就可知道。他们测验出来的第一种欢乐活动就是：听音乐。这个研究比较容易，他们召集一些志愿者听音乐，然后再收集他们的唾液来测试。

早期的试验中，他们让大学生们听了30分钟积极乐观的欢快曲调，接着再来30分钟消沉悲观的忧郁曲调。结果是，听欢快曲调时，被试唾液中的免疫球蛋白A水平较高；听忧郁曲调时，唾液中免疫球蛋白A的水平就比较低。

两位教授发现了这一令人欢欣鼓舞的结果之后，就和背景音乐有限公司——制作了大部分世界流行的背景音乐的——詹姆斯·哈里森携手，用相似的音乐作了新的实验。

他们对以下四组人进行了测试：

* 第一组人听30分钟录音带中的“环境音乐”，也叫“流行爵士”(Smooth Jazz)。
* 第二组人听同样的音乐，但是由广播电台播放，而非由录音机现场播放。
* 第三组人听30分钟的尖叫声和滴答声。

* 第四组人，用研究者的话来说，是“沉浸在30分钟的静寂中”。

研究者测试了每一位被试的唾液。那些听录音带上流行爵士乐的人，其唾液中免疫球蛋白A的水平有所提高，但那些通过广播电台听的人，该水平并没有提高。

听尖叫声和滴答声的人员，其唾液中免疫球蛋白A的水平反倒有所下降。

那些“沉浸在30分钟的静寂中”的人员，其唾液中免疫球蛋白A的水平和那些通过广播电台听平和爵士乐的人员一样，并没有发生什么变化。

卡内特斯基、布里南和哈里森共同宣布，这些发现“非常重要”，为防治疾病开辟了一个崭新的时代。鉴于他们在防治感冒方面的共同努力，他们被授予1997年“搞笑诺贝尔医学奖”。但经过一段时间的深思熟虑后，这三位获奖者认为他们无法前去参加“搞笑诺贝尔奖”颁奖典礼。

这个小组的研究工作仍在不断地进展，尽管哈里森已悄然引退。

卡内特斯基教授和布里南教授接下来开始探索音乐如何影响新闻记者唾液中免疫球蛋白A的水平。他们选择了10位新闻记者，在威尔克斯和巴里（Wilkes-Barre）的《时代领袖》（*Times Leader*）新闻编辑室中进行了实验。结果振奋人心，至少也是发人深省的，尽管或许并不是无可置疑。

之后，这两位教授把研究重点从音乐转到性行为上面。1999年，他们声称性行为比较频繁的大学生的免疫系统，比那些性行为不太频繁的大学生的免疫系统功能更强。

两年后，他们出了一本名叫《感觉好才是真的好》（*Feeling Good is Good for You*）的书，书中概括了他们全部的研究成果。出版商在做推广宣传时把内容很好地归纳如下：

“媒体喜欢报道性生活、欢笑和其他一些简单乐趣，对你如何有益，你看着也很受用，然而这些充满刺激的快乐，是增强人们免疫功能的、合法的医疗手段吗？你真的能够靠微笑消除感染吗？研究者卡尔·卡内特斯基和小弗朗西斯·布里南给了我们肯定的回答。”

5 利用离心力加速分娩

“这项发明利用离心力来加速孩子的诞生。”

——摘自美国专利 3216423 号

正式宣布

兹将搞笑诺贝尔公共卫生奖授予：

已故的纽约市夫妇乔治和夏洛特·布隆斯基（George and Charlotte Blonsky）以及加州的桑·乔西（San Jose），他们发明了一种装置（美国专利号 3216423），帮助妇女分娩；孕妇被固定地躺在一张圆桌上，桌子则以高速进行旋转。

分娩确实是一个漫长而痛苦的过程。受大象的启发，一对没有孩子的纽约夫妇设计了一种大型的电动机械，可以显著加速分娩过程。

乔治·布隆斯基是一名经验丰富的工程师——事实上是采矿工程师——他也喜欢冒险和搞发明。在定居纽约之前，他和妻子曾在世界上好几个地方拥有并开采过金矿和钨矿。乔治一辈子都在构思新玩意，虽然不是所有想法都能变为现实。乔治和夏洛特自己膝下无子，但都很喜欢小孩，他们创作了好几本童书，不过都没有正式出版。

他们还喜欢逛布隆克斯动物园。有一天，乔治恰好看到一头怀孕的母象缓缓地旋转着自己的身体，显然她正在为生下重达 250 磅的宝宝做准备。这里面蕴涵的解剖学原理启发了乔治，他进行了简单的技术分析，明确了基本原理后，他开始运用工程师的洞察力思考，这种技术能不能造福人类？他认为能。事实的确如此。

这就是他发明装置的由来。在申请专利的时候，夫妇俩也解释了原因：

“以前的女性大多拥有强健的肌肉，在怀孕过程中也拥有足够的体力，所以大自然赐给她们的本能和力量就足以使她们正常而快速地分娩。但是现代社会的女性却没有机会锻炼分娩时所需的肌肉力量。”

因此他们要发明“一种装置来帮助先天准备不足的妇女，这个装置将会提供温和、均匀、方向合理、精确控制的力度，当然还要孕妇自身努力的配合”。他们用十个字概括了这个发明的核心点：“胎儿需要一定的推动力”，他们知道怎么提供这个推动力。专利申请报告的余下部分——整整 8 页的详细介绍——阐述了具体的操作步骤。这个发明包括 125 个基本零件，包括螺钉、制动装置、蝶型螺母、一块实心厚底板、一个垂直变速发动机、一个减速器、更多的蝶型螺母、滑轮、撑杆、轴、固定大腿物、一块夹板、一个铝制水箱、更多的蝶型螺母、枕头夹钳、腰部固定物和更多的蝶型螺母。

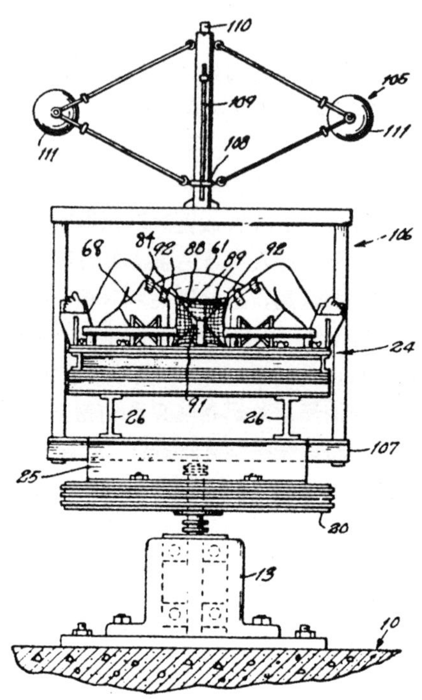

布隆斯基装置的侧面图。留意用来接住婴儿的那张网。有些工程师认为这一部分不够保险，但仅此一处不足，其余都无可挑剔。

专利申请报告用文字和图表详细解释了如何组装各部分零件。每一个零件都标上了号码，防止混淆。比如：

“在脚部固定物（73）、大腿固定物（68）、腰部固定物（61）、手部固定物（79）以及各条保险带（82）、（83）、（84）所产生的力的作用下，运动中的孕妇身体仍能被牢牢固定住。”

布隆斯基将完整的专利申请寄往华盛顿。1965 年 11 月 9 日，美国专利局同意了他们的申请，这项发明有了正式的名字，叫做“离心力分娩加速器”。因为这项最伟大的省力装置，乔治和夏洛特·布隆斯基获得了 1999 年搞笑诺贝尔公共卫生奖。

乔治·布隆斯基于 1985 年去世，而 1998 年，搞笑诺贝尔组委会决定授予他们奖项的前一年，夏洛特也告别了人世。布隆斯基夫妇的外甥女，吉尔·斯德特旺（Gale Sturtevant）自费从3000英里外的加州北部乘飞机来到哈佛，代表她的阿姨和姨父出席颁奖典礼。她说夫妇两人遗留下来的所有文字材料以及各种模型都保存在她的车库里。据她所知，布隆斯基夫妇并没有装配过一个完整的分娩加速器。

“理论上来说，这是可行的，”她对一名记者说。“乔治姨父毫无疑问是我见到过最聪明的人”，她的丈夫唐补充说，“他的思维十分活跃”。

几天后，哈佛医学院妇女健康促进中心的主任安德丽亚·杜纳伊芙（Andrea Dunaif）博士在医学院举行了一次演讲，介绍布隆斯基装置。尽管她对仪器的技术方面持保留意见，她总结说布隆斯基夫妇“愿望是美好的”。

之后几个月，搞笑诺贝尔奖组委会收到了好几封正处怀孕后期的妇女的来信。她们都表达了同样的意思。“我知道有的人认为这个装置很搞笑，我也是这么想的，”其中一个人说，“但是这九个月来我实在已经厌倦了，想到分娩的漫长过程我就觉得累。如果真的有这么个机器，我愿意试一下。”

搞笑诺贝尔之

安全第一

布隆斯基夫妇小心谨慎地设计了这个装置，以保证孕妇和新生儿的安全。这个装置还包括一个名为“速度调节”的部分，以防止母子在离心力过大的情况下出现危险。这个装置以最大速度运转时可提供7g——也即地球重力七倍——的力。（注：喷气式歼击机飞行员在承受5g左右力时就会晕厥。）

6 一个刺破手指并因此被恶臭折磨了5年的人

“我们向那些曾遇到过同样病例的同行寻求援助或者建议，以减轻这个病人的痛苦。”

——摘自由米尔斯、卢埃林、凯利和霍尔特撰写的医学报告

正式宣布

兹将搞笑诺贝尔医学奖授予：

英国威尔士纽波特自治区格温特郡皇家医院病人Y和救治病人Y的医生卡罗琳·米尔新（Caroline Mills）、麦里奥·卢埃林（Meirion Llewelyn）、戴维·凯利（David Kelly）和彼得·霍尔特（Peter Holt），因为他们撰写了一份很像是忠告的医学论文：《一个刺破了手指并因此被恶臭折磨了5年的人》。

该研究发表在1996年11月9日的《柳叶刀》（*The Lancet*）上，第1282页。

4 名医生碰到了一个放在医学史上都棘手的病例，一切都是由一只鸡引起的。

1991 年 9 月，一名 29 岁的男子在宰一只鸡时，被一根鸡骨头刺破了手指。这一刺可不打紧，他的手指很快开始变红，并散发出难闻的臭鸡蛋气味。于是，他来到了英国威尔士纽波特自治区格温特郡皇家医院就医。当时，卡罗琳・米尔斯、麦里奥・卢埃林、戴维・凯利和彼得・霍尔特这 4 位医生对他的病症进行了诊断，并对症下了药。

这几位医生给他开了抗生素氟氯西林，但是，他的手指伤口仍然散发出难闻的气味。

接着，这几位医生改用环丙沙星治疗，但是，伤口依旧散发出难闻的气味。

然后，医生们又改用红霉素来治疗，结果手指还是散发出难闻的气味。

再然后，医生们又用甲硝唑来治疗，臭味依旧。

医生们又对这只手指进行了外科手术，进行了更深入的观察与研究，结果还是没有发现特别之处。他们还进行了一次皮肤活体解剖，对皮肤上的微生物进行培养，期望从中发现某些有害细菌，结果什么也没有发现。

就在医生们进行紧张的救治与研究工作的同时，这位病人的疼痛还在继续，创口依然散发出难闻的气味。医生们并没有放弃努力，仍在探索救治的方法，但并没有找到解决之道，病人的手指依旧熏人。

就这样，5 年过去了，恶臭伴随了病人 5 年。于是医生们将这个奇特而神秘的病例写成报告，发表在杂志上，希望某地某位医生也遇到过同样的病例，能提供解决办法帮病人脱离痛苦。

这位刺破了手指并饱受恶臭折磨长达 5 年的不幸病人，以及卡罗琳・米尔斯、麦里奥・卢埃林、戴维・凯利和彼得・霍尔特这 4 位治疗并不得不忍受恶臭的医生，在 1998 年一起获得了搞笑诺贝尔医学奖。获得者没有参加颁奖典礼。不过，米尔斯医

THE LANCET

Case report

A man who pricked his finger and smelled putrid for 5 years

Caroline M Mills, Merion B Llewelyn, David R Kelly, Peter Holt

A 29-year-old man came to hospital with an erythematous finger (figure) that had a distinct odour. The cellulitis and odour developed after he pricked his finger with a chicken bone in September, 1991, while at work dressing chickens. The erythema failed to settle with flucloxacillin, ciprofloxacin, erythromycin, and metronidazole. Surgical exploration showed no foreign body, and no pus or soft tissue damage was seen. A skin biopsy sample was normal but culture of the sample yielded a *Clostridium novyi* type B-like organism which could not be eradicated by prolonged courses of antibiotic therapy (despite exquisite

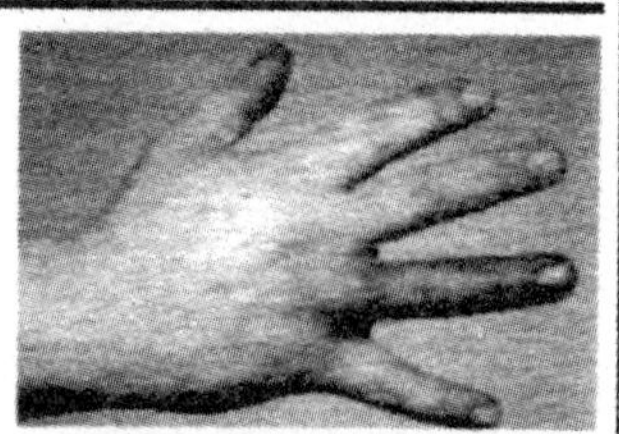

Figure: The patient's hand

showed IgM antibody staining of sebaceous units. 5 years after the injury, in January, 1996, our patient still carried three clostridial species in his skin. This illness is unique and has caused chronic disability and social isolation because of his overpowering odour caused not by

这就是那篇获得搞笑诺贝尔奖的医学论文。

生派她的表兄马修·爱德华（Matthew Edwards）兹前往哈佛出席颁奖典礼，并代表 4 位医生和病人宣读了获奖感言：

“感谢你们把医学奖颁发给我们撰写的那篇不同寻常的医学论文。我们刊登这个病例的目的在于寻求帮助。尽管当今的通信业如此发达，但到目前为止，没人遇到同样的病例，一些建议也都无效。不过，我们的故事终于有了一个好结尾：病人的手指已经不再散发出恶臭了。谢谢！”

7 爱情和强迫症的相似之处

“爱情的演化是如此重要，使我们相信其背后一定有一种长期的生物机制在调节。最近的研究认为5-羟色胺（5-HT）载体同神经质、性行为以及强迫症（OCD）都可能有关。恋爱早期的典型表现和强迫症之间也有相似之处，这促使我们去研究这两种情况是不是有共同的5-羟色胺载体变异的原因。”

——摘自马拉兹提、罗西、卡萨诺和阿基斯卡拉的报告

正式宣布

兹将搞笑诺贝尔化学奖授予：

比萨大学的多纳特拉·马拉兹提（Donatella Marazziti）、阿莱桑德拉·罗西（Alessandra Rossi）、乔瓦尼·卡萨诺（Giovanni B. Cassano）和加利福尼亚大学圣地亚哥分校的哈戈普·阿基斯卡拉（Hogop S. Akiskal），他们从生物化学的角度证明，热恋和严重的强迫症并没有什么区别。

他们的研究报告，题为“恋爱中的5-羟色胺变异”（Alteration of the Platelet Serotonin Transporter in Romantic love）发表在《心理医学》（*Psychological Medicine*）杂志上，29卷第3期，1999年5月，741—745页。

数以百计，也许数以千计的歌曲、诗歌、小说和电影都曾探讨过爱情和无法自拔的强迫感之间的关系。多纳代拉·马拉兹提、阿莱桑德拉·罗西、乔瓦尼·卡萨诺和哈戈普·阿基斯卡拉第一次对这个复杂而棘手的问题进行了生物化学方面的研究。

像所有优秀的科学家一样，他们作起研究来有条不紊。首先，他们说明了研究的动机："既然坠入情网是一种自然现象而且显然有其进化过程，我们就有理由假设它由某一种确定的生物机制控制。"接着，他们阐明了实验目的："在这篇研究报告中，我们研究了5-羟色胺载体、恋爱状态和强迫症三者之间的关系。"

我们先简单介绍一下相关专业知识：他们提到的这种化学物质——5-羟色胺，影响着人类的各种行为，包括进食、睡眠、觉醒和抑郁。宾夕法尼亚州葛底斯堡的葛底斯堡大学教授彼得·冯（Peter Fong）也对这种物质颇有兴趣，他作过给蛤喂食抗抑郁药百忧解的实验，并因此获得了1998年的搞笑诺贝尔奖。

本次的四位医生将整个恋爱/不能自拔/强迫难题分解成为两个简单的问题：

（1）浪漫是植根于人的血液的吗？如果是的话，那么，
（2）这和强迫症患者血液里的物质相似吗？

他们已经知道，不能自拔和强迫这两样状态从某种角度来说，确实源于血液。其他科学家已经证明患有强迫症的人，其血液中的5-羟色胺含量与常人不同。这样他们的任务就简单一点了：同时观察强迫症患者和热恋中的人们，将这两组人的血液与普通的既没谈恋爱也没强迫症的人的相对中性、平静的血液进行比较。

他们决定每组测试20人。要找20个强迫症患者和20个普通人都不难，但要找20个热恋中人可有点麻烦，因为"爱情"

还没有准确的科学定义呢。为了研究需要，4位科学家自己设定了标准。以下是他们报告原文：

“我们通过刊登广告，从医学院的学生中选了20个（平均年龄为24岁的17名女性和3名男性）最近坠入爱河的人。挑选标准如下：

（a）恋爱关系确立不超过6个月；

（b）没有与恋人发生过性接触；

（c）每天起码会花4个小时想念另一半。”

这个标准后来引起了争议。

四位医生认为血液测试结果十分明显：

“恋人们和强迫症患者的血液状态存在着明显的相似性……这意味着恋爱会引发一种非正常状态——其实几百年来，各国对这种现象都有着特定表达，人们都会说‘为爱痴狂’或者说得了‘相思病’之类的话。”

马拉兹提和他的同事们还研究了热恋过后的状态。进行第一次血液测试的一年之后，他们又对这批恋人进行血液分析。其中六个人仍然和当时的对象保持着恋爱关系，但已经不会时时刻刻思念对方了。这六个人的血样接近老夫老妻们的血样，也就是正常的血样。科学又一次证明了古代诗人早已吟诵过的真理。

因为他们在化学的浪漫和浪漫的化学方面的贡献，多纳特拉·马拉兹提、阿莱桑德拉·罗西、乔瓦尼·卡萨诺和哈戈普·阿基斯卡拉获得了2000年搞笑诺贝尔化学奖。多纳特拉·马拉兹提原先打算自费前往颁奖典礼现场，但是她的丈夫突然生病，于是她将得奖感言录下来传到现场，她说：

“研究爱是十分重要的，因为爱是整个人类生活和宇宙的推动力。但是不论怎样努力，大自然中仍有许多我们无法理解之处。我们只是在爱情——这种人类主要情感的生物机制方面作了些小小尝试。研究的主要不足在于实验对象都是意大利人，意大利人的恋爱方式可能与其他国家，比如说美国的民众大大不同。不能亲临现场我感到很遗憾，我谨向这个快乐的典礼呈上最美好的祝福和问候。让我们继续享受生活吧，将恋爱进行到底。”

性是必要的吗？

四位科学家知道，有些人认为性是爱情的必要部分。他们自己也许也持这一观点，但是为了严谨的科研目的，他们决定将实验对象限制在“刚刚坠入情网，还处在恋爱初级阶段，没有进行过亲密接触的人”。他们在报告中是这么解释的：

“我们并不认为性生活是爱情的必要组成部分。法国作家司汤达认为爱是一种未曾破灭的激情，我们认为这一点恰恰是爱意初现时那种迷恋和不可自拔的生动写照（当然也有特例，对爱情理想的终生执着正是情诗和情歌的灵感所在）。”

8 在此深入

“项目目标：研究在两性性交时记录其生殖器图像的可行性；研究过去和当今关于性交和女性性兴奋时解剖意义上的观念是基于猜想还是现实。

“研究方法：用核磁共振来研究女性性反应和两性性交时的生殖器。针对8对情侣和3名单身女性一共作了13项实验。

“研究结论：在两性交媾时进行图像记录是完全可行的，也对理解解剖学大有裨益。”

——摘自舒尔茨，安德尔、穆伊阿特和萨贝利斯共同撰写的报告

正式宣布

兹将搞笑诺贝尔医学奖授予：

来自荷兰格罗宁根的威利博罗·舒尔茨（Willibrord Weijmar Schultz），佩克·安德尔（Pek van Andel）和爱德华·穆伊阿特（Eduard Mooyaart）和来自阿姆斯特丹的艾达·萨贝利斯（Lda Sabelis）共同撰写的富于启发的报告《利用核磁共振拍摄两性性交

及女性性兴奋时的生殖器》（Magnetic Resonance Imaging of Male and Female Genitals During Coitus and Female Sexual Arousal）。

该研究被发表在《英国医学期刊》（*British Medical Journal*）上，1999 年，第 319 期，1596—1600 页。基于艾达经验的第一手资料完整版被发表在《不大可能的研究年报》上，7 卷第 1 期，2001 年 1/2 月，13—14 页。

一个来自荷兰的研究小组第一次让人类真实目睹了那些正在工作的生殖器。

如果一对情侣没有幽闭恐惧症的话，把他俩一起放进核磁共振的圆筒仪器里就不是什么问题，那么让他们在里面做爱，同时拍摄核磁共振图像也就完全可能办到了。

研究小组招募了几对愿意并且能在科技相对隐蔽的环境下再现做爱场景的情侣。当然了，他们得有些必要的“设备”才能被选中，比如女性的子宫和卵巢。科学家向参与者保证这项研究的保密性、保护隐私权和匿名性。（尽管当爱侣们在实验结束穿上衣服以后，有那么几对表示乐意放弃他们的匿名权）

实验设备看上去是不折不扣的临床研究风格：“给情侣们做爱用的圆筒就放在房间中，旁边的屋子是监控室，研究者们站在屋里的控制台旁，对着屏幕观看。两个房间中间的窗户用一张简易的布给盖了起来，对讲机于是成了唯一的沟通工具。

这样的布置看着倒是有点像 NASA 那些在太空舱里的宇航员们，他们用无线电交换指令、确认信息。不过从某些动作的角度来看，这两种情况又很不一样了。

实验过程非常直接：

“第一张图像拍的是女方仰面躺下。然后男方被要求爬进圆筒，采用男上位与女方面对面进行性交。拍下这张图像后——不论成功与否——该男子会被要求离开仪器，留下女子用手刺激自己的阴蒂，并在快到达高潮的时候用对讲机告知研究员。然后她得停下自慰活动，由机器拍下第三张图像。这张图像拍好后，女子再次进行自慰到达高潮，20 分钟后拍下第四张图像。”

全部过程就是这样了。

六对情侣都起码部分地完成了动作，成功完成了实验。研究人员邀请两对情侣在男方服用伟哥一小时后重复整套流程，他们都接受了这个方案，而且效果还不错。

整体结果让人印象深刻，研究员们在其发表的报告里是这么形容的：

“这些图像成功显示了男子的阴茎在‘指定体位’的性交过程中呈现了飞去来镖的形状，其中三分之一的长度是阴茎根部。在女性处于非性交引起的性兴奋时，子宫会抬高，前段阴道壁会伸长。相应的，子宫在性兴奋时却不会增大。

科学家暗暗感到欢欣鼓舞，因为他们达到了预期的目标。他们研究确定了在两性性交时记录图像是可行的；另外，尽管没有什么更多的发现，他们也确实验证了过去和当今关于性交时和女性性兴奋时的解剖意义上的观念是基于猜想还是现实。

由于对解剖学和生理学的贡献，四人获得了 2000 年搞笑诺贝尔医学奖。

安德尔自费从荷兰的格罗宁根抵达了搞笑诺贝尔奖的颁奖典礼现场。接受奖项时他说：

“为了发现那些全新的事实，你需要一些不可预知的因素：奇特的观察、想法和实验。然后新玩意儿才会出现——和其定义一样——出其不意。当我看到一个歌手在唱‘啊……’音时拍的一张奇异的喉部扫描图时，我就想：为什么不扫描下爱的动作呢？

“硬件设备不是什么问题。把桌子从扫描筒移开就有足够做爱的空间里。软件呢，也没问题，我们可以重新设计让机器可以给‘三百磅’的‘病人’做扫描。被试方面呢，我们有够瘦的志愿者。唯一的问题是官方的制约，所以我们不得不秘密地进行实验。

“我们的初步扫描就展示了令人惊讶的解剖结构。一个飞去来器形状的有着硕大根部的阴茎。一个没什么变化的子宫和一个快速充盈的膀胱！

“我们的文章曾三次被拒绝发表，两次是被《自然》，一次是被《英国医学期刊》。最终《英国医学期刊》背着我们在荷兰确认了文章的真实性后，接受了它。这事教给我们的事，要珍惜你的那些傻念头，并着手实践——如果有必要的话，还得说服你的老板们。”

在颁奖典礼以后，安德尔教授去哈佛医学院教课，将技术信息和建议传授给了那些可能会继续此项研究的人。那些教授观众们纷纷安静下来，被镇住了。

如应试者一样做爱

艾达·萨贝利斯是荷兰海姆斯泰德的一位组织人类学家。在获得搞笑诺贝尔奖的时候，她正在准备一份实验的记录报告。以下是一个缩略版，被平克斯特由荷兰语翻译成了迷人的英语。（注：为了教育或其他用途而大声朗读这篇文章，效果会格外好。）

“1991 年秋天，佩克打电话给我的伴侣朱佩。他每次打电话都是因为有了什么特别的点子。这次的主要内容是，要用现代扫描仪器将男女交欢的状态视觉化，这些图像应该会很美的。佩克建议我们试试，因为我们很瘦，而且还有特技表演的背景。

“我曾参与过女权运动，这种经历让我不太有理由相信搞医学的男性有什么人类情感，特别是那些内科专家。另外，可想而知，这些爱的图像应该会用在我看不到的场合。但在第一次和舒尔茨及其他“医学绅士”交谈后，气氛很快就变得很好。

“通过一面镜子，你可以从监控室看到核磁共振仪被放在一大片白色空间中。在这个超大的蛋糕烤盘中是一个圆筒，人们能借助推床滑进滑出。这圆筒大约 60 公分长，最高点的高度大约是 35 公分。从观测镜望进去我总觉得我们大概完全搞不定这个机器，但我们都决定试试。

“在现在我们得面对这个实验前最最重要的疑惑了：在这么

个无菌的白圆筒里要怎么搞？我们能不能把周围环境都给屏蔽了，好好享受一下剩下的部分？万一我们其中一个在“那玩意儿”里没法兴奋可怎么办？怎么帮对方达到高潮？我们会一直被困在那个圆筒里还是会有什么‘游乐室’呀？

“我们脱掉衣服，躺倒在推床上，被爱德华滑送进去：我们躺在自己的位置，面对对方……姿势是我们自己决定的，应该也会比较有效：摄影机在我俩的上方，男在上，女在下。我们拒绝了彼此上位、拧在一起的想法，那太沉了，再者那样我兴奋不起来。

“圆筒里挺窄的——没什么别的可期待的——但是仍然在进行着……我把左手放到我希望他碰到的位置，然后核磁共振仪在我们上面运转起来。

“然后有一小会儿什么都没发生。有碍于狭小的空间我们尽力做着，倒也挺舒服的。忽然麦克风里传来声音：‘清楚看到勃起了，连根部也是。’然后又有一会儿什么情况都没有。我们跟监控室报告说他们得把麦克风开着，要不然我们不知道到底要干嘛。他们拍了第一张图像：‘现在躺着别动、屏住呼吸，正在拍呢。’头顶的磁体发出 40 个节拍的小声响后，我们俩其中一个终于松了口气。

“我们老在笑，因为兴奋，更不用说在最明显的时候屏住呼吸好多秒的话，勃起就很容易缩成一把弓……然后我们继续进行。

“让人高兴的是圆筒里变暖和了，所以我们不时觉得真的在用熟悉的方式享受彼此。当他们从麦克风里告诉我们说快到了——目前看来很有可能——如果可以拍照了就跟他们说一声时，我俩忍不住狂笑了起来，片刻后我们完成了任务。在报告说想出去之前我们又窃笑着躺了一会儿，然后我们像两个出炉的小圆面包一般出舱了。

“到处都热情洋溢，真的成功了。我们赶紧穿好衣服去监控室看那些图像。当然有几张因为动作给拍糊了，但是另一些却惊人的美：是我们呐！虽然不像护照照片那样是日常都会用的，但是那样的照片颇有意味，我都不知该说什么好了。

“那儿，是我的子宫，那儿当然——凭我自己的感觉，就是朱佩那话儿了——在宫颈下面。我俩的内部细节都被清晰地视觉化了，包括彼此肚子间平平常常的界限也是。

“仅仅两天后我就觉得有一种骄傲感：我们尝试了，并且成功了！”

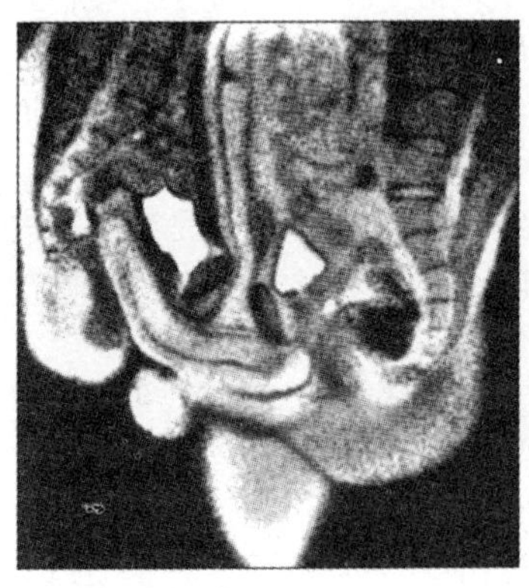

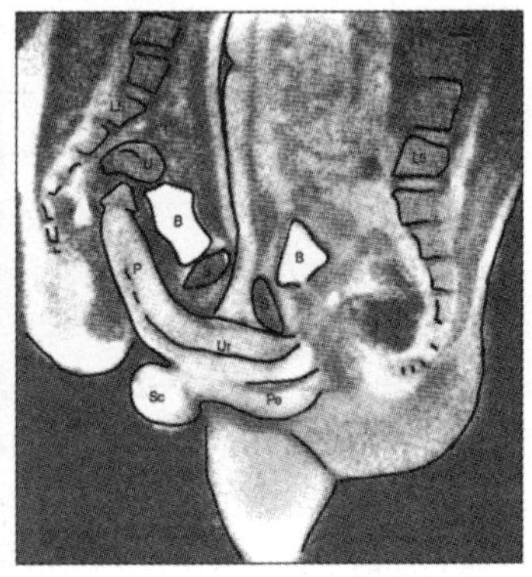

一张发表在《英国医学期刊》的核磁共振原始图像，以及一张被研究者标识出特别部位的复印件。

9 小朋友们欢乐多

就群体欢乐现象的主题，我对一所幼儿园的 596 次课堂录像进行了研究。群体欢乐的表现包括开心的尖叫、大笑和剧烈的身体动作，有时这些行为同时爆发，有时则是连锁反应，由一个孩子传染给另一个孩子。实验证实了多种会导致群体欢乐的因素……大多数情况下，人数比较多（7—9 个孩子）且男女都有的群体中比较容易出现群体欢乐现象。后一种研究结果与达尔文的"人和动物间的声音信号差异理论"有关。

——劳伦斯·谢尔曼

正式宣布

兹将搞笑诺贝尔心理学奖授予：

俄亥俄州迈阿密大学的劳伦斯·谢尔曼（Lawrence W. Sherman），因为他撰写了一份出色的研究报告《学龄前儿童小群体欢乐现象的生态研究》（*An Ecological Study of Glee in Small Groups of Preschool Childen*）。

他的研究结果发表在《儿童发展》（*Child Development*），46 卷第 1 期，1975 年 3 月，53—61 页上。

劳伦斯·谢尔曼是第一位严格且系统研究、记录并分析群体欢乐现象的科学家。

为什么要选择小群体的学龄前儿童作为研究对象呢，因为劳伦斯发现这个群体最容易出现集体欢乐现象。

为什么要研究欢乐呢？因为其他心理学家未尝试过这种主题，因为他需要确定一个博士论文的题目，也因为他本身就是一个欢乐的人。

谢尔曼花了两年的时间，拍摄了一所幼儿园里三四岁孩子的活动，研究这些录像带，对记录下来的欢乐进行分类、描述和研究。他为“群体欢乐”下了一个正式的、学术上的定义：群体中大部分（半数或半数以上）的人都显示出的一种强烈欢乐的状态。

他的研究很有技术含量，还引入了一个专业参数——行为表现。从专业角度说，行为表现综合了三种群体欢乐中所表现出来的明显行为，分别为大笑、尖叫和剧烈的身体动作。这三种行为可以单独出现也可以同时以组合的方式出现。有六种基本的组合：

（1）大笑

（2）尖叫

（3）大笑＋尖叫

（4）大笑＋剧烈的身体动作

（5）尖叫＋剧烈的身体动作

（6）大笑＋尖叫＋剧烈的身体动作

谢尔曼提出了几个每个严肃的研究者都会涉及的关键问题，包括：

（1）这种欢乐是否被打断？

（2）这种欢乐是传递性的吗？（即“是不是以线性或连锁反应的方式由一个人传递给另一个人？”）

（3）这种欢乐是同时爆发而不是连锁反应吗（即“孩子们是以爆发的方式同时接受到信号或信息的吗？”）

（4）欢乐会持续多久？（谢尔曼对每一次欢乐计时：“从第一个明显信号开始一直计算到欢乐停止。”）

他得出了 14 种会导致欢乐的因素。其中包括：

* 老师提出了一个问题，比如“谁愿意出去把约翰找回来？”
* 一些不协调的声音或者是“搞笑的词”，比如“吱吱呀呀、嘀嘀嗒嗒”这种声音。
* 违反了某种禁忌，或是提到了某些禁语，比如说“臭便便”“该死”这种。
* 他人出了洋相——比如说“一个小孩打翻了牛奶盒”。
* 什么事也没发生。相当一部分欢乐是莫名其妙发生的。

最后谢尔曼对欢乐进行了统计分析并得出了几个引人注目的结论。

孩子们聚在一起的时候，40% 的情况会出现群体欢乐。欢乐的持续时间通常很短——一般仅为 4—9 秒钟。

最普遍的欢乐方式是欢乐的尖叫而没有大笑；最罕见的是高兴的尖叫混着大笑。最常导致欢乐的是诸如“谁愿意出去把约翰找回来”这样的简单问题。

对于年幼的孩子来说，其他孩子的洋相或是尴尬很少会让他们感到高兴，我们现在知道这一点已有科学事实证明。此外，多亏了谢尔曼，我们知道男孩女孩在一起的时候比分开的时候更容易发生群体欢乐。

在这个安眠药盛行的时代，谢尔曼教授仍然致力于研究欢乐，正因为如此，他获得了 2001 年搞笑诺贝尔心理学奖。在参加 2001 年搞笑诺贝尔奖的颁奖典礼时，他被一群天真活泼的孩子团团围住。他发表得奖感言说：

“能在职业生涯的尾端得到这个奖，我感到很荣幸，同时也庆幸我不是在一开始就得到这个奖。”

谢尔曼教授没能出席接下来几天的相关活动，因为他要赶回家乡，参加俄亥俄州葫芦协会的会议，他是该协会的副主席。他出发去机场时，一些崇拜者问他“你喜欢葫芦的什么呢？”谢尔曼高兴地回答：“什么都喜欢！”

吐痰、嚼口香糖、喂鸽子的惩罚机制

“我曾在英国求学，那是个循规蹈矩的地方，人们非常有礼貌，诚实待人，给我留下深刻的印象。地铁站外的马路上有报摊，没人看管，只有一个放硬币和纸币的盒子。你取走一份报纸，就把硬币放在盒子里。这真是世界一流城市的标准。我们也努力做到那样。”

——1999年12月18日，李光耀接受日本NHK电视台接受采访

正式宣布

兹将搞笑诺贝尔心理学奖授予：

李光耀，前任新加坡总理及负面强化心理效应的实践者，他做了长达 30 年的“心理实验”，研究对 300 万新加坡公民随地吐痰、嚼口香糖或喂鸽子施以惩罚的效果。

一般的专业心理学家一直都只能将小范围的人群作为研究对象。有人提出，如果将标准放宽，那么非专业的心理学家等于是同时在 400 万人身上测试他的理论。

新加坡发起了一场致力于改变人们生活细节的运动，其中重点就是所有公民都不得随地吐痰、嚼口香糖或者是喂养鸽子。实施这一场运动的方式正是心理学家们用在小白鼠身上的方式——处以惩罚而非劝说。

这些禁令是由新加坡前总理李光耀构思并推行的，他曾自豪地发表演讲说："我认为一个国家更需要的是规则，而不是民主。"在新加坡，这种规则已经覆盖了生活的许多方面。

李光耀向一位记者解释说，大部分在公共场合吐痰的新加坡人都是中国人的后裔（李光耀自己也是）："中国人习惯随地吐痰。我们认为这个习惯一点也不好，随地吐痰会传播结核病，以及其他各种各样的细菌和疾病，所以我们很早就开始抓这个问题，而且是从儿童开始抓起，对他们进行这方面的宣传教育，再由孩子把这种信息传递给父母。然后我们对违禁的公民处以罚款。如果他们教之不改，就会再受罚。慢慢地，这种习惯就消失了。"

从全球范围来说，这种反对随地吐痰的举措并不是开创性的，但新加坡的情况却有两个特点。

19 世纪末 20 世纪初的时候，美国和其他一些国家也曾发起过反吐痰的运动，但是目的是阻止结核病的传播，而且主要是依靠公共宣传，而不是颁布法规禁令。李光耀所颁布的禁痰法规却并不是以公共健康为目的，而是关乎人们的行为礼仪。上层社会人士是不会随地吐痰的。此外，其他国家宣布随地吐痰是一项十分可耻的行为，但是李光耀则说这是犯罪。

1992 年开始，新加坡政府禁止生产、进口或销售口香糖。官方称这一法令是为维护公共场所的卫生，但有记者发现，这一法令的出台是因为有人用口香糖封住了地铁车门的传感器。

对李光耀及其政府来说，鸽子也不讨人喜欢，就像老鼠一样人人喊打。新加坡建设发展局给出了这样的官方解释："城市会之所以会出现鸽子和乌鸦，就是因为居民们给它们喂食。这些鸟类会给人们带来健康威胁，也会造成其他麻烦，如食品污染。此外，鸟粪也会污染人们的衣服、汽车、建筑墙壁和地面，还会破坏屋顶。”现在的新加坡，鸽子不仅不受欢迎，而且是不允许进口的。

“前面提到过的那次日本电视台的采访中，李光耀解释说他正试图将这个第三世界国家改造成第一世界的绿洲。要建造一流的房屋和道路并不难，但是‘要将第三世界的生活习惯改造成第一世界的生活习惯却很难，所以我们需要一个长期教育的过程’。”

李光耀当政期间，在实现了新加坡经济的迅速腾飞和推进了社会结构的调整之后，他又着手改善传统教育理念。可以说世界上的其他国家还未曾将教育同罚款、监禁或者鞭笞（许多新加坡法律都涉及这项惩罚）联系在一起。

在新加坡总理这个头衔下，他不仅发起了反对随地吐痰、嚼口香糖和喂养鸽子的运动，还禁止乱扔垃圾、在公共场所吸烟和说粗话脏话。他还强烈推广了几项他最为倡导的行为：微笑、礼貌待人以及在公共厕所主动冲水。

因在指导公众行为方面所做的管理性研究，李光耀获得了1994年搞笑诺贝尔奖的心理学奖。但是获奖者无法，也许也并不愿意出席搞笑诺贝尔奖的颁奖典礼。

11 无知者真的无畏

"我们认为，如果人们对自己所选择的奋斗之道力不从心的话，他们就承受着双重困难：不仅选择失当，结论错误，还对此毫无认识。

"1995年，麦克阿瑟·惠勒走进两家匹兹堡的银行，光天化日之下实施抢劫，没有任何明显的伪装措施。当晚11点新闻中播出了银行的监控录像，不到一小时他就被逮捕了。当警方向他展示监视录像时，惠勒瞪大眼睛，表示难以置信：'可是我往脸上抹了柠檬汁呀！'他喃喃道。显然惠勒以为在脸上涂了柠檬汁后，摄像头就拍不到他了。"

——摘自唐宁和克鲁格的报告

正式宣布

兹将搞笑诺贝尔心理学奖授予：

康奈尔大学的大卫·唐宁（David Dunning）和伊利诺依大学的贾斯汀·克鲁格（Justin Kreuger），他们严谨的研究报告名为《无能且意识不到：没有正确认识自己的无能是如何导致自我膨胀的》（Unskilled and Unaware of It:How Difficulties in Recognizing One's Own Incompetence Lead to Inflated Self-Assessments）。

他们的研究结果发表在《性格与社会心理学期刊》（*Journal of Personality and Social psychology*）上，77卷第6期，1999年12月，1121—1134页。

每个人都有无知的时候。大卫·唐宁和贾斯汀·克鲁格用科学证明：无知的人有福了。

唐宁和克鲁格希望能够研究出人类无知的深度与广度。他们在康奈尔大学进行了涉及不同群体的系列实验。实验之前，他们有一些预测，其中主要包括：

1. 无知的人会在很大程度上高估其能力；

2. 无知的人并不能意识到无能——无论是他们自己的或是其他人的无能。

其中一个实验是，唐宁和克鲁格测试实验对象能否辨别笑话是不是好笑——特别是他们能否辨别别人会不会认为笑话好笑。

他们准备了一系列笑话，包括一般认为不太好笑的笑话（“问：什么和人一样大但是却没有分量？答：他的影子。”）和一般认为十分搞笑的笑话（“如果一个孩子问雨是从哪里来的，我也许会俏皮地回答说因为‘上帝在哭’，而如果他又继续问上帝为什么哭的话，我会俏皮地说‘也许是因为你做了什么事’。”）

唐宁和克鲁格要求65个被试衡量这些笑话的搞笑程度，也将同样的笑话拿给由8位专业喜剧演员组成的评审团看（这8个人的生活就是判断什么好笑，再把好笑的事情传达给观众）。然后他们将被试的结果同专业喜剧演员的结果进行比较。

部分人辨别别人的幽默感的能力很低——但是大部分人都认为自己幽默感很好。

研究者意识到幽默感是很难衡量的，所以他们后面的实验采取了相对易测量的方式：法学院入学考试中的逻辑题。逻辑题的测试结果大致与笑话测试结果相同。逻辑能力较低的人反而容易认为自己和伯特兰·罗素（Bertrand Russell）或者史波克（Spock）（《星际迷航》中的外星人，有很强的逻辑能力）一样聪明。

总之，研究结果显示，无知的结果比人们想的还要糟糕。大卫·唐宁解释了他为什么会选择进行这样的研究：“我很好奇为什么人们会高估什自己的能力、天赋和道德水平，而这种高估其实明显站不住脚？比如说，94％的大学教授都认为他们的工作表现高于平均水平，但从统计学上来说，显然不可能几乎所有人都超过平均水平。”

唐宁和克鲁格两人也是大学教授，他们公布最终的研究报告时，使用的结语是相当诚恳的：“如果这篇文章存在瑕疵的话，这也是我们无意识犯的错。”

他们获得了 2000 年搞笑诺贝尔奖的心理学奖，也算是庆祝人们的无知和无意识吧。

获奖者无法，也许是不想——反正他们没有——出席颁奖典礼。直到现在人们仍然不清楚他们是不是故意的。

搞笑诺贝尔之

免费赠送的小贴士：

如果你的同事也很无知而且还不自知的话，你不妨试试唐宁和克鲁格简单而有效的研究成果：你可以将这份报告复印一下，给你的同事每人寄一份——必要的话得匿名寄。如果确实必要，还可以重复寄。

12 徒手父亲

"得到他精子的人都很幸运。"

——语出塞西尔·雅各布森的妻子乔伊斯
在《人物》(*People*)杂志的专访谈话

正式宣布

兹将搞笑诺贝尔生物学奖授予：

不懈的慷慨的精子捐赠者、多产的精子银行创始人塞西尔·雅各布森（Cecil Jacobson），为其发明的简单的单人质量控制法。

摘自《婴孩制造者：论生育欺诈和塞西尔·雅各布森教授的倒掉》(*The Babymaker: Fertility Fraud and the Fall of Dr.cecil Jacobson*)，里克·尼尔森（Rick Nelson）著，Bantam Books 出版社 1994 出版。该书讲述了塞西尔·雅各布森教授和他的冒险故事。

塞西尔·雅各布森是有家室的男人，这件事得分情况看，有时候令人愉快，有时候则不见得。一边说着恭喜您怀孕了——雅各布森教授曾这样告诉数以百计的女性，但实际上她们那时并未怀孕。另一边，雅各布森教授从未告诉那些真正怀孕的病人，他本人才是许多人，包括她们自己的孩子的父亲。雅各布森教授的结发妻子却声称她挺快乐，并以此为傲。

塞西尔·雅各布森教授在华盛顿一隅繁荣的郊区——弗吉尼亚州的维也纳开了一家生育诊所，主要帮助女性们怀孕。

这家诊所的员工包括唯一的医生雅各布森教授、一些不固定的低技术含量劳工——包括他的妻子乔伊斯（Joyce），他们那一大群孩子中的几个，在能发工资的情况下就再加几个行政人员。

病人们倒是成群结队地来光顾这家诊所。借着早年的一些成就和后来经年累月的吹牛功力，雅各布森教授攒到了很不错的名声。他曾是使用羊膜穿刺术判断发育中胎儿健康状况的先驱之一。不过那之后，他便不停地更换工作，从一个医院跳槽到另一个医院，老板们纷纷断定雅各布森教授说的比做的成功多了。在被悄悄裁员以后，他仍声称与这些单位来往密切。

那些怀孕有困难的夫妇往往会变得很绝望。在华盛顿地区，如果你到了最焦虑、最无助的时候，就会想要找雅各布森教授帮忙。

不似其他处理生育问题的医生，雅各布森教授很少给他的新病人作什么检查。相反，他倒总是问他们很多问题。他的治疗就是聊天。

雅各布森教授能言善辩，他会告诉一名妇女他能让她怀孕，有时还信誓旦旦地保证。他指示女病人要努力常和丈夫做爱，并坚持让一些夫妇连续数周每天做爱。

雅各布森教授的天才之处不止于此，他给女性注射一种叫做人绒毛膜促性腺激素（HCG）的荷尔蒙激素，这种激素总体来说对人体无害。这么做有两个好处，首先这让雅各布森教授赚了不少钱，因为他总是一打一打地给病人开这种针剂，每次注射都会收取相应费用。他购买这种激素的数量多到使他这小小的个体医院成为该激素世界上最大的购买商之一，他会以低价购入然后标上惊人高价销售。

人绒毛膜促性腺激素注射同时也给病人们带来欣喜，尽管这种快乐只是暂时的。进入血液循环的激素使妇女们在简易的怀孕测试中显示有孕。在其中一则案例中，雅各布森教授告诉一名49岁的已闭经女性说她能怀孕，并给她注射了很多HCG激素，然后瞧瞧，怀孕测试表明她真的怀了个孩子！

公布这个“好消息”后，雅各布森教授会用超声波扫描制作一张模糊的——极其模糊的——“照片”来展示他所指的那个胎儿。这无疑带给了那些急迫的夫妇令人眩晕的狂喜。然后他会在之后的几周甚至几个月之内制作新的图片，每次都是一张模糊到不可辨认的超声波图，假模假样地展示一个正在发育的胎儿。

雅各布森教授会警告那些看来已经怀孕的女人不要去看他们原来的产科医生，威胁说这会危及到妊娠。一些病人们不顾警告，仍然去看自己的医生并得知了让人痛心的消息——她们根本没有怀孕！沮丧的女人们转头问雅各布森教授这到底是怎么回事，他解释说是妊娠自主中止了，胎儿也已经被母体完全“吸收”了，一点儿痕迹也没有留下。接下来他会建议再注射新一轮的激素，同时建议待孕夫妇要经常进行性交。许多病人确实遵循了他的建议，却又一次次心碎。

这一切已经足以让塞西尔·雅各布森名垂青史了，也足以使媒体和警察都兴致盎然。但是雅各布森教授最伟大的名声却来自于他提供给病人的另一项小小的额外服务。

一些女性在雅各布森教授的关注之下确实怀孕了，教授会立即将她们送回到原来的产科医生那儿，让他们监控整个妊娠过程。在这些成功的妊娠中，有一些是自然发生的，另一些则始于塞西尔·雅各布森建议和实施的人工授精。

雅各布森教授告知每个接受人工授精的病人说他采用的是匿名的捐精者，这些人在生理特征上与病人的丈夫相似。但实际上，所有的精子都来自雅各布森教授本人。

1991年，塞西尔·雅各布森因53件欺诈案被起诉。起诉人明确指出这里所展示的只是冰山一角。他们估计由雅各布森教授亲自提供的精子所培育的孩童多达 75 人。塞西尔·雅各布森的一小拨拥趸，包括来自他家乡犹他州的美国参议员奥林·哈奇（Orrin Hatch）在内，都坚称教授是一个被不公平地诽谤和迫害了的圣徒。雅各布森教授最终在所有案件中都被认定有罪，并锒铛入狱。但他仍然获得了 1992 年的搞笑诺贝尔生物学奖。

得奖者无法，或是不愿去参加颁奖典礼，因为他得坐五年牢。

《婴孩制造者》的作者是里克·尼尔森，他是第一个揭露塞西尔·雅各布森真实故事的记者。尼尔森也在故事中扮演了一个小小的好奇的角色：在他得知雅各布森教授给女性们注射荷尔蒙激素，使她们错误地在妊娠测试中得到阳性反应后，他也去注射了相同的激素，然后去验孕。结果表明尼尔森先生也怀孕了。

chapter 3

让人震惊的经济学报告

1 堂而皇之毁灭世界

“我不得不向你们介绍一个新词：达维拉尔（davilar）。这个词的意思就是，不经意间顺手用电脑把事情搞糟。这个词来自胡安·帕布罗·达维拉，在一些不幸的事情发生后，该位先生已在智利圣地亚哥被捕。”

——查尔斯·赖特（Charles Wright）发表在澳大利亚杂志《年代》上的文章

正式宣布

兹将搞笑诺贝尔经济学奖授予：

胡安·帕布罗·达维拉（Juan Pable Davila），曾供职于智利国有科德拉科公司，是一位勤奋工作的期货交易员，他在本来应该“售出”期货的时候却操作成了“购入”，为了弥补这一错误，他又继续进行了一系列交易，俱告失败。这一行为最终导致智利的国民生产总值损失了0.5%。达维拉的这种“坚持不懈”让智利人想到要发明一个新词：“达维拉尔”，意即“堂而皇之地搞砸”。

胡安·帕布罗·达维拉使他所在的公司蒙受巨额损失，但用他自己的话来说，他不过是点错了电脑上的键，然后惊惶失措地想要挽回损失，但最终运气不好罢了。这种运气使得智利的国民经济增长损失惨重，于是整个智利乃至全世界都被卷入这宗经济犯罪的诉讼案中。

胡安·帕布罗·达维拉曾是智利国企的一名职员，资历不深。他的工作是买卖期货，主要是伦敦矿产交易所的期货合同。凭借技巧和运气，人们从铜、金、银、铅及其他矿产的价格落差中获取巨额利润，但是达维拉从1993年年末开始就运气不佳——非常非常倒霉。

在1994年2月12日之前，可能没有一个智利之外的人听过达维拉这个名字，直到《经济学家》（*The Economist*）披露这个故事："胡安·帕布罗·达维拉声称去年九月他犯了一个错误。他在应该"购入"的时候点击了"售出"，还有几次则把"售出"错点成"购入"。达维拉是智利国有大型铜矿公司科德拉科一名相当年轻的员工，他负责该公司所有的矿产期货合同。他意识到错误的时候，已经损失了4000万美元。于是他接着进行交易：终于，1月份的时候，他的信用额度达到极限，而损失已达到2.7亿美元。

这个数字差不多是整个智利国民生产总值的0.5%。

一家报纸曾于1994年3月撰文，把达维拉描述成"一个尽责尽职却疲惫不堪的34岁男子，主要爱好就是烟和黑咖啡。"这种调侃语气后来越来越少，因为有消息说这个事件其实是一场大骗局，而不是粗心之错。

人们不再相信达维拉只是个倒霉蛋了，最后政府以非法交易的罪名逮捕了他。据称，他不仅为科德拉科工作，同时也受雇于一家私人铜矿公司，两家公司互为竞争对手，本次科德拉科的损失都入了对手的口袋。媒体还报道说达维拉从其他公司那里获得了高额回扣，其中包括总部在伦敦的Sogemin金属公司和一家德国金属集团公司。

之后的几个月，大部分的报道都在达维拉的名字前加了个定语：“骗子”。在智利，“达维拉”这个名字则变成了一个日常用语“达维拉尔”，这个词最初的意思是“堂而皇之且代价巨大地搞砸”，过了几个月，这个词的意思更加复杂，加上了狡诈、精明和老谋深算的味道。

胡安·帕布罗·达维拉因为其不断累积、扩大的损失而获得了 1994 年的搞笑诺贝尔奖的经济学奖。获奖者无法，也许是不愿意参加颁奖仪式。他当时正忙于应付法律制裁。

达维拉的律师将这一切都归咎于科德拉科公司的高级经理们。“是他们授权进行期货交易的”，他对智利当地的《时代报》（*LaEpoca*）说，“让人无法理解的是他们自己却能脱身，就好像本来是‘拿这些钱去赌马吧’，而现在却成了‘拿着智利的工资去赌吧，’这里的工资指的就是铜，‘去赛道上赌一把’，而本来输赢就都有可能。”

达维拉这宗错综复杂的案件涉及到智利、英格兰和美国三地的法院，并牵涉到一大批公司和个人。从 1997 年开始，达维拉以逃税罪名服刑三年。他争取到提前获释，之后一直保持低调。

2 榨干橘子郡，搞垮巴林银行

"对于给你们造成的困境，我由衷地表示道歉。"

——摘自尼克·利森传真给巴林银行的辞职信

正式宣布

兹将搞笑诺贝尔经济学奖授予：

联合授予尼克·利森（Nick Leeson）及其在巴黎银行的上级主管，以及加州橘子郡的罗伯特·塞琼（Robert Citron），他们在金融衍生产品方面所进行的交易向我们揭示了一个道理：任何一家金融机构都不是无所不能的。

利森的书《骗子交易者：我是如何搞垮巴林银行并震动整个金融界的》（*Rogue Trade: How I Brought Down Baring Bank and Shook the Financial World*），1996 年由小布朗出版社出版。

菲利普·裘瑞恩的《豪赌成空：金融衍生品与橘子郡破产》（*Big Bets Gone Bad: Derivatives and Bankruptcy in Orange County*）由学术出版社出版。

1. 风险会带来利润!

2. 风险会带来刺激!

3. 风险会带来危险!

……

86. 风险会带来毁灭!

以上差不多就是罗伯特·塞琼和尼克·利森在监狱里打发时间时所得出来的一连串结论吧。两个人都用别人的钱进行了赌博游戏，并都最终发现幻想的背后就是毁灭。

这是两桩相似的近乎不可思议的丑闻。橘子郡这个美国最富有的小镇之一（如果把它当作一个国家来算，它无疑是世界上最富有的30个国家之一），就因为塞琼，一夜之间就囊中空空。而英国最古老的银行，就因为利森，一夜之间即宣告破产。

罗伯特·塞琼和尼克·利森进行了大胆的投资，买卖所谓的“金融衍生产品”。

金融衍生产品到底是什么？定义并不重要——因为无论是塞琼或是利森似乎都不完全明白这到底是什么，重要的是他们都无比自信——自信正是金融天才的特点。两人也确曾被视为天才，因为他们一度相当成功。

罗伯特·塞琼曾是加州橘子郡财政局投资总管。他将橘子郡的钱投资（或者像后来某些人所说的，下注）到股票和衍生产品中。起先他技巧高超（或者说运气颇佳），获得了巨额利润。尼克·利森是英国最负名望的银行之一巴林银行在新加坡办事处的交易员，也负责投资，最初也“技巧高超”，颇有斩获，被当成英雄。

1994年10月，塞琼的所有投资都陷入了困境。橘子郡宣告破产。

1995年2月，利森的所有投资都陷入了困境。巴林银行倒闭。

内情披露之后，巴林银行及橘子郡的高级官员都表示了极大的震惊。而金融媒体则乐于报道这两桩几乎同时的破产案件。布隆伯格商业新闻社1996年的一份报道有力地评述说：

“对这两起相似的破产案进行了调查后——尼克·利森使巴林银行损失了14亿美元而罗伯特·塞琼则使橘子郡损失了17亿美元——有关官员说，两桩事件的后续结果也大致相同：机构将责任都归咎于交易员个人。虽然我们可以说这些损失是由个人瞒天过海造成，但越来越多的证据显示，那些忽视交易风险的上级主管们也无法免责。

“‘除非你开始输钱，不然不会有人说你是个骗子，’菲利普·麦克布莱德·约翰逊说，他曾于1981年至1983年任商品期货交易委员主席，现在则是华盛顿的一名律师，他说‘只要人们能赚到钱，他们就会为所欲为，这一点确实令人叹为观止。’

“按照法律，橘子郡的高级官员应该负责监督该县的财政状况，但是他们说无法理解塞琼的投资策略，也不知道其中包含风险。巴林投资银行的高层彼得·诺理斯说，事实上公司的高层经理没有一个真正了解错综复杂的金融衍生产品。”

在橘子郡申请破产几天前，塞琼被迫辞职。

在巴林银行崩溃的几小时前，利森从其位于新加坡的办公室逃走。他先是逃往马来西亚，后来又到了缅甸，泰国，并最终抵达德国，在那里警方为他提供了一间小巧的监狱。经过6个月激烈的谈判，利森被遣送回新加坡，接受当地司法系统的裁决。

橘子郡宣告破产。巴林银行剩下的部分则以1英镑的价格出售给了荷兰银行和ING保险公司。因为他们所取得的“成就”，罗伯特·塞琼和尼克·利森共同获得了1995年

尼克·利森写了本关于这次事件的书。

搞笑诺贝尔奖的经济学奖。

获奖者无法，也许是不愿意出席颁奖典礼。两人都有事要忙。

塞琼开始服刑，为期 5 年（最终减为 1 年）。他透露说在决定如何投资和投资什么领域的时候，他不仅咨询过美林和其他一些大型金融咨询公司，还向当地一位通灵人和一位函授占星师讨教过。

利森在新加坡的丹娜美拉服役，为期 6 年（最终减为 2 年）。服刑期间，他与他人合作，出了一本有趣的书，题为《骗子交易者：我是如何搞垮巴林银行并震动整个金融界的》（*Roguer Trader: How I Brought Down Barings Bank and Shook the Financial World*）。书的最后部分描述了他从德国被引渡回新加坡的经历。想到他过去的上司，利森显得颇为高兴：

“我很高兴在这场灾难中我只需对我自己负责，而不用对他们负责。更高兴的是，我安安稳稳地呆在监狱里，他们却坐在家里，自己的信誉已经毁誉一旦，却一筹莫展，他们知道朋友们在背后是怎么说他们的，‘操他妈’，我想是这样的。”

出狱之后，利森开始巡回演讲，要做到就是警告听众要加强公司管理和管制。据统计，他已经获得约 10 万美元的收入。

3 最谨慎的保险灾难

“无论过去一两年的生活是多么不尽如人意，只要想到我不是劳合社的成员之一，就可聊以自慰了。”

——马克思 · 黑斯廷（Max Hastings），《每日电讯报》（*Daily Telegraph*）编辑，《终极风险》(*Ultimate Risk*) 一书中引用了这句话

正式宣布

兹将搞笑诺贝尔经济学奖授予：

伦敦劳合社的投资者们，300 年来这家保险公司都以谨小慎微、管理审慎而著称，但是这些投资者却试图给他们自己的灾难上险：拒绝为公司的亏损掏钱。

很多书都描写了该公司的故事，其中亚当 · 拉菲（Adam Raphael）的《终极风险》（*Ultinate Risk: The Inside Story of the Lloyd's Catastophe*）1995 年由四墙八窗出版社出版。

300 年来，伦敦劳合社已经成长为世界上规模最大、创新意识最强、影响最大、最受人尊敬也是最赚钱的保险公司。但是它一点点地走向了毁灭。

按照法律规定，劳合社的投资者应当为公司的损失付款，他们也曾起誓要这么做。头 300 年，劳合社一直在盈利，但是从它走下坡路的那一刻开始，大部分的投资者——包括许多拥有巨额财富、显赫权力、卓著声誉的人——都拒绝为公司付款。他们的行为将公司推向了深渊。

很多人都曾决策失当。

直到 20 世纪 80 年代，劳合社的组织方式都很特别，盈利也相当可观。再往后，这家公司就开始局面混乱，变得一团糟。在这种混乱局面之上，还有一个更混乱的局面，而这个更混乱的局面背后还有一个更大的混乱，总之，这种最大范围的混乱里所隐藏的危机简直是难以用笔墨形容。

直到事情败露之前，伦敦劳合社都完全归一个私人团体所有，其成员将这个团体称为“名字”(Name)。能够成为“名字”的一员是一种殊荣，他们享有特权；只有那些有钱有权的人才能被挑选入内。和其他公司的投资者不同，“名字”的成员发誓一旦公司遭受损失，成员应当割让自己的财富来帮助公司，这种事情当时看起来是不会发生的。庆幸的是，劳合社几乎从来不曾蒙受损失。每年公司都能获得丰厚的利润，供那一小群“名字”成员所共享。

这种体制的确令人满意，也似乎能够长久地维持下去。但是事情发生了变化，而且是瞬间巨变。一系列自然灾害——贝茜龙卷风（Hurricane Besty)、埃克森・瓦尔迪兹号油轮（Exxon Valdez oil tanker）泄漏——使得公司产生亏损。许多“名字”的成员都恼羞成怒，扬言拒绝为公司付款。

劳合社的经理们就像捞救命稻草一般开始发展新的投资者——许许多多的投资者。他们放宽了限制，任何人都可以称为“名字”的成员（不局限于富人)。劳合社一下子就有了成千上万个新“名字”，其中很多都是美国人和加拿大人，他们尽全力——抵押了所有净资产，无论多少——只为了有可能（可能，仅仅是可能！）挤入英国的上流社会。1970 年时，“名字”成员有 6000 人，其中大部分都相当富有，但是到 1987 年，30000 名“名字”成员中大部分都来自中下阶级。

当公司发生巨额亏损的时候——1988 年亏损 5 亿英镑，1989 为 20 亿英镑，之后的一年差不多达到了 30 亿英镑，许多新的“名字”成员不得不赔上全部家当。对他们来说，这一切就像是“欢迎来到劳合社，欢迎立即破产！”一样。

形势十分严峻。许多人拒绝付款而且选择上诉。

等等，事情可没那么简单。劳合社的管理者聪明地留了一手。他们同政府达成协议，劳合社可以不受许多国家基本金融规则的约束，这样“名字”成员就很难上诉。

事情还没完，根据劳合社的奇特规则，这个注定要毁灭的“名字”团体欠公司的不仅是他们目前所拥有的财产，同时还有他们将来的收入。要知道没人能知道将来自己还会拥有多少财产，甚至没人知道这个数字有没有个底。如果“名字”的成员去世了，那么他的义务就要由子女们来履行。

还有吗？当然还有！传统的劳合社体制，这个令人愉悦的体制规定那些老资格的、更富有的“名字”成员还有和他们关系良好的那些新成员是不必付任何欠款的。

还有？很高兴你这么问了。许多老成员对那些面临破产的新成员的起诉表示强烈不满，也没有向他们伸出一点援手。贵族是不施恩的。

因为他们造成了如此不可收拾的混乱局面，劳合社的所有“名字”获得了 1992 年搞笑诺贝尔将的经济学奖。获奖者们无法，也许是不愿意出席颁奖典礼。

上诉的呼声此起彼伏。“名字”成员迅速缩水——2001 年，成员只剩下不到 3000。劳合社仍旧得以生存：它将股份出售给了公司投资者，这些聪明人是不会接受那些看似诱人、实则会榨干你每一滴血的条款的。至于劳合社的未来：没人知道劳合社的那著名的丧钟（该公司的承保厅挂着一个称为 Lutine Bell 的大钟，遇重大灾难会敲钟）还会鸣响多久，或者说，为谁而鸣。

为减税而亡

"2000年1月15日的《纽约时报》报道，新千年的第一周，当地医院报告的死亡人数竟然比1999年最后一周高出50.8%。该报认为导致这种现象的原因是老人们都希望能够活着迎接新世纪的到来。显然，参与重大事件会激发人们活得更长。"

——摘自经济报告《为减税而亡……》

正式宣布

兹将搞笑诺贝尔经济学奖授予：

密歇根商学院的乔尔·斯莱姆罗德（Joel Slemrod）和英属哥伦比亚大学沃依切赫·科普齐克（Wojciech Kopczuk），他们的研究结果认为如果晚点死能使继承人少交遗产税的话，人们就会想方设法活得长点。

他们的报告《为减税而亡：灵活死亡所得到的遗产税上的回报方面的证据》(Dying to Save Taxes: Evidence from Estate Tax Returns on the Death Elasticity）发表在《国家经济研究局工作报告》(*National Bureau of Economic Research Working Paper No.W8158*, March，2001）上，2001年3月，W8158号。

在进行了一系列缜密而有技术含量的调查之后，耶尔·斯莱姆罗德和沃依切赫·科普齐克找到了证据，表明人们确实能为了钱做任何事——包括死。

经济学家通常认为人作出的都是理性决策，人所有的行为都是出于冷静、利己的考虑。然而在内心深处，他们也对此论点表示怀疑。耶尔·斯莱姆罗德考虑了很久，提出了一个一般经济学家都不敢问的问题：

“从某种角度来说，死亡是不是也是一种理性决策呢？经济学家假定人们在为重大事件选日子时，比如说生孩子或结婚，都会运用理性思维——那么死亡为什么不可以呢？”

耶尔·斯莱姆罗德是密歇根大学企业经济学和公共政策学的教授，同时也是该大学税收政策研究办公室的主任，他知道该如何寻找这个问题的答案。同他优秀的研究生沃依切赫·科普齐克一起，斯莱姆罗德教授差不多研究了整整 100 年的税收档案。

搞笑诺贝尔奖得主耶尔·斯莱姆罗德准备发表得奖感言。搞笑诺贝尔奖的工作人员米诺多莫·茱莉亚·卢妮塔（Minordomo Julia Lunetta）正轻轻地摩挲着他的头发。

其他一些经济学家也曾探究过类似问题，但是和生存并无多大关系，他们研究人们会不会特别选时间办婚礼以享受财税方面的优惠，或者会不会特别选择怀孕和分娩时间以享受好的税收福利。“如果他们计算生的时间”，斯莱姆罗德和科普齐克问道，“为什么就不会计算死的时间呢？”

医生们想到过这个问题，哪怕这念头只是一闪而过。医学图书馆内有许多报告，分析人们在什么时候、以怎样的方式离开生命的舞台［其中一篇题为《推迟死亡以见证重大事件》(Postponement of Death Until Symbolically Meaningful Occasions）的报告发表在1990年的《美国医学会学报》（*Journal of the American Medical Association*）上，报告指出在“重大事件发生前，死亡率出现明显下降”，比如说在大型的宗教节日前，“而之后出现死亡率高峰”］。

许多国家都对继承遗产的人进行征税，种税的名字不尽相同——继承税、财产税、遗产税等等。具体对什么进行征税以及税率的多少每个国家也都不同，有时地区间也会不同，而且在大部分情况下，每年都会有所变化。

美国的首部遗产税法是在1916年出台的。在各种政治压力的影响下，遗产税率经常上下波动。斯莱姆罗德和科普齐克研究了8个遗产税率明显提高的时期（1917年2次，1924、1932、1934、1935、1940、1941年各1次）及5个遗产税率明显下降的时期（1919、1926、1942、1983和1984年）。分析的过程相当复杂，但是结论却很简单：

“有充分证据表明，人们会尽力延长寿命以经历重大事件。遗产税方面的证据则显示如果能为他们的后代多省点钱，那么人们就会挣扎着撑得久一点。”

斯莱姆罗德和科普齐克对研究结果持严谨态度。“当然，”他们说，“证据还不具备绝对说服力。”同时，他们还认为存在这样的可能：有些家属会故意错报亲人的死亡时间。

因以上研究成果，耶尔·斯莱姆罗德和沃依切赫·科普齐克获得了2001年搞笑诺贝尔奖的经济学奖。耶尔·斯莱姆罗德自费出席了颁奖典礼。在接受奖杯的时候，他说：

“我做梦也没想到这种事。很高兴获得搞笑诺贝尔奖，我的共同作者也一样，相信他此时正在温哥华观看电视直播。哦，还有我的儿女也一定在看着呢。孩子们，你们好！很高兴能获得这个奖，因为我们相信，就像搞笑诺贝尔奖所倡导的那样，科学研究，甚至是社会科学方面的研究都可以变得很有趣，从中也可以学会如何把自己的假设推至极端或看似不可能的情况。我们的研究结果揭示的是人尽皆知的真理，那就是有钱能使鬼推磨。当然也有人视金钱为粪土，怎么把这类人也考虑在内，始终都是经济学的大难题。

“我们进行这项研究的时候，还不知道美国国会会颇有远见卓识地投票决定是否在 2010 年免征遗产税——仅仅是 2010 年——这就为我们的假设提供了一个最好的天然实验环境。有人，大概是富兰克林吧，说过，只有两件事情不可避免——死亡和税收。那么就我们期待 2010 年的到来吧，到时只有一种结果，死亡或者缴税。”

chapter 4

复杂的和平

1 飘浮着打击犯罪

“波恩（路透社）——周五，来自全世界自然法党（Natural Law Party）的瑜伽飞行者们为了和平聚集在波恩，希望通过冥想和飘浮同全球犯罪、疾病、战争和失业情况作斗争。

“23 位瑜伽飞行者穿着白色裤子和印有该组织彩虹标志的 T 恤，双腿盘坐在泡沫垫子上，两眼紧闭。几分钟的冥想后，飞行者们开始摇晃，咯咯笑，跃过膝盖上的垫子，他们通常能跳离地面约半米高，在前进的时候还会撞到他人。

“‘瑜伽飞行对发挥大脑功能的协调性非常有益，’1995 年美国总统选举时该党的候选人约翰·哈格林（John Hagelin）说，他也准备开始每天必修的飞行课。哈格林本身是一名物理学家，他说如果总人口 1%再开平方的人数能够每天早晚都进行一次超然冥想和瑜伽飞行的话，那我们的社会研究就会出现显著的进步……

“自然法党玛赫西委员会的秘书长雷恩哈德·波洛韦兹（Reinhard Borowitz）说该团体希望能够在世界范围内建立起一支经过特别训练的瑜伽飞行队，这样我们就不再需要军队和武器了。”

——摘自 1997 年路透社的新闻报道

正式宣布

兹将搞笑诺贝尔和平奖授予：

玛赫西大学科学技术和公共政策学院的约翰·哈格林，他是和平主义的倡导者，他得出的实验结论是4000名经过训练的冥想者就能使华盛顿特区的暴力犯罪率下降18%。

他的研究成果已经出版，题为《期中报告：1993年6月7日至7月30日举行的为减少暴力犯罪及提高华府工作效率所举行的全国示范活动》（*Interim Report: Results of the National Demonstration Project To Reduce Violent Crime and Improve Governmental Effectiveness In Washington, DC, June 7 to July 30, 1993*）由技术和公共政策学院出版，费尔菲尔，爱荷华州。

1993年的6月和7月，一批科学家进行了一个大胆的实验。

他们的目标：显著减少华盛顿特区的暴力犯罪，此区是一个著名的谋杀、强奸和抢劫多发地。

他们的方法：科学并系统地为整个城市罩上精神之网，传播超然冥想和瑜伽飞行。

按照约翰·哈格林自己的说法，他是个了不起的人。作为著名的玛赫西管理大学技术和公共政策学院的教授及院长，他是量子物理学、超然冥想、瑜伽飞行和美国总统竞选方面的实践专家。

"作为一名受过达特茅斯和哈佛教育的统一场理论物理学家，"他在写给一家报纸的信中写道，"我很荣幸曾与世界上意识领域最杰出的科学家——静坐冥想大师玛赫西（Maharishi Mahesh Yogi）一起密切地工作过。我是科学家，也是爱国者，所以我要向政府提供一套解决国家目前问题的办法，这是以科学知识和已被证明了的自然法为基础的。"

1992年，他成为自然法党的总统候选人——并未当选。他于1996年和2000年再次参加竞选——当然也未当选。自然法党的总部就是爱荷华州费尔菲尔著名的玛赫西管理大学科学技术和公共政策学院，同时在英国、德国、印度、瑞士、泰国、百慕大、克罗地亚、拉脱维亚、阿根廷和其他 70 个国家都有分支机构。

约翰·哈格林十分关心犯罪问题。1993 年他发明了一套防止暴力犯罪的方法。

用术语说明这种方法就是："在主要城市组织起统一行动的团体，以缓解整个社会的压力从而减少犯罪的原动机。"简单来说就是：哈格林付钱让人们冥想并设法在垫子上飘浮。只要在同一时间、同一地点有足够多的人做到这一点，犯罪率就会下降。就这么简单。

他在 1993 年夏天实验了这方法，从 6 月 7 号到 7 月 30 号，4000 名受过训练的冥想者在华盛顿特区及附近地区进行了冥想并飘到空中。

在一年之后举行的新闻发布会上，也就是总统选举前几个星期，哈格林宣布了他的实验结果：成功！当冥想者们冥想和飘浮的时候，华盛顿的犯罪率下降了 18%。

从技术角度来说，这是事实。华盛顿的实际犯罪率并没有下降 18%——事实上在实验的过程中，华盛顿的周谋杀发生率创下了历史新高。但是这个犯罪率同约翰·哈格林通过电脑预测的、若没有 4000 人进行冥想和飘浮会发生的犯罪率相比确实下降了 18%。

由于对罪犯的影响，约翰·哈格林获得了 1994 年搞笑诺贝尔和平奖。获奖者无法，也许是不愿意出席颁奖典礼。

之后几年，哈格林继续着实验。在 2001 年早期，哈格林和瑜伽大师玛赫西以及印度少将库林特·辛格（Kulwant Singh）一起在华盛顿特区召开了一个新闻发布会，发起一项筹款活动。其目的是：筹集 10 亿美元的资金，这笔资金的利息可以用于资助 4 万名受过训练的瑜伽飞行者前往战争地区，给世界带来和平。他们很有信心，认为可以说服人们捐款。

2002 年的夏天，哈格林又召开了一次新闻发布会，告诉所有中东的政党，和平很快就会实现，只要他和他那些受过训练的冥想者和飘浮者得到那笔所需的巨大的——但就最终目标相比，数目也并不太大的——资金，行动就会马上开始。

甘地般的警察局长

"现在我才清楚罗德尼·金事件的意义远不止滥打人那么简单。"

——洛杉矶警察局局长达里尔·盖茨，
摘自他的书《局长：我在洛城警局的日子……》

正式宣布

兹将搞笑诺贝尔和平奖授予：

达里尔·盖茨（Daryl Gates），前洛城警局局长，因为他召集人群的本领独特，不得不叫人佩服。

有好几本关于罗德尼·金事件和盖茨局长的书，其中一本《警方的疏忽：罗德尼·金及暴动是怎样改变洛杉矶和洛城警局的》(*Official Negligence: How Rodney King and Riots Changed Los Angeles and the LAPD*）在1997年由TimesBooks出版，卢·坎农著。盖茨本人也和别人合著了一本书《局长：我在洛城警局的日子》(*Chief: My Life in the LAPD*)，作为某种意义上对上本书的回复，在1992年由Bantam Books出版，达里尔·盖茨与黛安·莎哈合著。

达里尔·盖茨曾领导过史上最广为人知的警察小分队，他们的故事多次被拍成电影，改写成小说，尤其是在电视剧中大发异彩。而后某一天，电视台播放了——之后不断重复播放着——几个警官，而且是白人警官恶毒地殴打一位违反了交通规则的黑人的录像，公众要求这几个警察受到惩罚，此时奇特的盖茨警长的唯一行动就是按兵不动，唯一解释就是沉默不语，最终这件令人不快的小事演变成了一桩轰动且持久的事件。人们多处聚集，时有暴动，电视转播了每一个震惊的场面，全世界都为之瞩目。

1991 年 3 月 3 日凌晨，一群洛杉矶警官追赶着一名叫做罗纳德·金（Rodney King）的醉汉，因为他在高速公路上超速行驶。一周后，数以百万的电视观众都看到了这些警官不断用金属警棍殴打金的画面，并对他又踩又踢。洛杉矶是全球电影电视之都，而且在 1991 年，似乎每个洛杉矶人都拥有了一台摄像机。拍下殴打画面的正是当地的一位居民，他是被警报器和叫喊声吵醒的，正好他又想试试刚买的摄像机。

几十年来，电视里播的都是《法网恢恢》（*Dragnet*）、《神探科伦坡》（*Columbo*）、《神探亨特》（*Hunter*）还有《洛城警探》（*Adam-12*）这样的片子，展现的都是洛杉矶警局的光辉形象：一向都彬彬有礼、极富同情心。但是在罗纳德·金录像带里出现的警察们却大大变了样。

洛杉矶警局一直都有不为人知的阴暗面，对警局官僚作风的指控——尤其是在对待黑人及拉丁民族时——是常有的事，洛城政府每年都要支付一大笔钱息事宁人。

罗德尼·金事件引起了全体市民的反应，四名警察被指控滥用职权，而在看过这些录像带之后，全世界都希望他们被定罪。但是每一个洛杉矶人都担心如果陪审团放过了这些警察，街头暴动就在所难免。全部由白人组成的陪审团确实以某种方式放过了这些警察，消息马上传遍全市，开始了 20 多年来美国最大规模的暴动。

多年来，盖茨警长都吹嘘说他的警察分队已经从过去的经验中吸取了教训，他们受过正规训练，完全做好了在第一时间镇压暴动的准备。他错了。在盖茨警长的指挥下——也可以说无指挥下，警局始终杂乱无章，对暴动几乎没有采取任何控制，直到为时已晚。更令人惊奇的是，当市民在街头被攻击被杀害的时候，当建筑物和汽车被毁坏的时候，当全世界都通过电视机关注这一切的时候，盖茨警长却离开了他的岗位，去参加一个政治筹款活动。几个小时之后他回来了，局面已经完全失去控制。

在盖茨辞去警察局长之职不久，他和人合著的自传就发行了。

当冲突爆发到高峰时，罗德尼·金却站了出来，出人意料地试图平息局势。他在电视上哀伤地问：“难道我们就不能和平相处吗？”

暴动平息后两个月，民众强烈要求盖茨下台，他辞去了洛杉矶警察局局长的职务。虽然这场风波不是他引发，但是他坚决按兵不动和稳坐钓鱼台的态度确实为洛杉矶的暴动火上浇油，数以百万的暴民和电视观众从来没想过他们会以这样的方式聚集在一起。

达里尔·盖茨也因此获得了1992年的搞笑诺贝尔和平奖。获奖者无法，也许是不愿意参加颁奖仪式。组委会安排马赛诸塞州剑桥的深红科技影像店的斯坦·戈德博格(Stan Goldberg)替他领奖。以下是戈德博格先生的得奖感言：

“作为深红科技影像店的总经理，我很高兴能够代替达里尔·盖茨先生领这个奖。他为摄像机业作出了前所未有的贡献。他向全世界展示了一架高品质的摄像机可以捕捉到足以让一辈人都难以忘怀的镜头。（这时，戈德博格举起了一架摄像机）就拿这个宝贝来说，这是一架VHS-C的模型，拥有1勒克司的感光度，AF微距镜头和全景自动对焦，并且能够自动设定时间，而售价仅为599.98美元，我们还附赠一个照相机套。我们的价格比任何厂家都要优惠……”（这时，几个人冲上台去，攻击了戈德博格，并将他带离现场。据说现场有一位观众拍下了一切，并向电视网出售该录像带。）

1992年的7月，在辞职后的短短几个月里，也就是获得搞笑诺贝尔奖的三个月前，达里尔·盖茨迅速出版了（不过是和他人合著）了自传，名为《局长：我在洛城警局的日子》。书的结尾就像他本人一样坦率而直白：

“1992年一开始，我就知道是该离开的时候了。我已经厌倦了。做了14年警长，已经没什么挑战可言了；没有什么事情是我没有经历过的……我已经待够了想待的时间。没有人可以赶我走。”

之后，达里尔·盖茨成了电台脱口秀的主持人，并成为了一名电子游戏设计师。

带火焰喷射的防盗爆炸装置

“我个人感觉它一定能让小偷失明——以后他就什么都看不见啦。这显然不会致命，因为没有人会傻站在那儿等火上身的。”

——查尔·福里

正式宣布

兹将搞笑诺贝尔和平奖授予：

南非约翰内斯堡的查尔·福里（Charl Fourie）和米歇尔·王（Michelle Wong），他们发明了一个含探测电路及火焰喷射的汽车防盗报警装置。

世界专利WO9932331号《汽车安全系统》（A Security System For A Vehicl）（1999年）一文中有此装置的介绍；南非专利第ZA9811562号也有介绍，题目类似。

约翰内斯堡的汽车盗窃和抢劫案愈演愈烈，查尔·福里和米歇尔·王决定要采取一些措施。他们想要让这些罪行变得“烫手”，使犯罪分子无法靠近。

他们和大多数优秀的发明家一样——将现有技术结合起来，其结果不仅是零件总动员，而是拥有巨大威力的新玩意。汽车防盗系统已经不是什么新产品了，火焰喷射装置也一样，但是两者的结合就像查尔·福里和米歇尔·王的结合一样，似乎是天生一对。

他们给新发明起了一个简单的名字：爆破者（The Blaster）。它可以安装在任何一辆轿车或者卡车的内部或底部。主要元件是同管道系统相连的油罐（大小从 6.6 磅到 19.8 磅不等）。油罐通常安装在汽车内部。管道则分布在车子底部，两端延伸到左右车门的底端。司机踩下脚板，火焰就会同时从车门两端窜出。

福里说，如果有人趁红灯时走到车窗旁，用手枪威胁司机下车的话，司机只要举起双手，踩下开关就可以了。“这项发明是为了降低盗窃和抢劫的发生率，”他向 BBC 解释说。

“爆破者”专利说明：

发明领域：

此项发明旨在增强汽车的安全性，特别是防止汽车被抢劫。

发明背景：

在某些国家，汽车抢劫是非常严重的社会问题。一般抢劫犯至少会从驾驶员一侧接近汽车，还带着抢。传统的安全装置只有在罪犯抢到车子并坐在车里之后才能发挥作用，很少有安全系统能够将抢劫犯阻挡在汽车之外。如果劫犯不能近身， 也就不太有机会，或者说根本没有机会对司机开枪。

详细描述：

开关（17）位于汽车（1）内部，由司机通过脚触发（图中没有显示）。

实际操作的时候，当劫犯处在汽车（1）一边的时候，司机用脚踩开关（17）两次，第一次是让开关（17）处于待机状态，第二次则是启动油泵（8）和高压线圈（16）。之后，油泵（8）就会通过油管（10）吸进汽油并通过压力将其输送到两端喷嘴处（6）。同时点火装置（15）同时在每个喷嘴处（6）打出火花，由于喷嘴（6）微微上翘，火焰就直冲劫犯身体。与此同时，喷嘴还会微微调整喷射范围，使得火焰能够覆盖汽车两侧相对较大的范围。

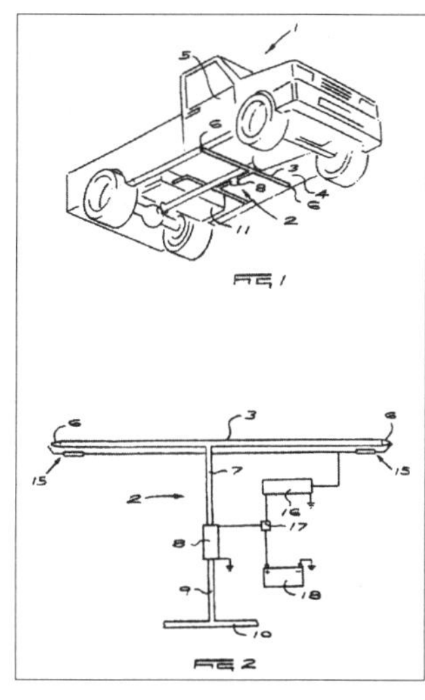
爆破者专利的技术图纸

这项安全装置能够有效阻止位于汽车两侧的劫犯，而不对汽车造成很大的损伤。

约翰内斯堡警察局犯罪情报科的负责人大卫·沃克利（David Walkley）说，他自己就装了一套“爆破者”。他对路透社说：“没有什么不合法的，这完全取决于案发情况，取决于你是否采取自卫行动。当然使用它是有风险的，但是什么准备也没有同样危险。”沃克利后来说同意这项产品投入生产是有悖于警局规则的，所以他并没有对此项产品表示认可。

查尔·福里对记者们说：“‘爆破者’的需求量巨大。”巨大的需求量最终为 200 台。

因为试图让出门驾车变得更安全，查尔·福里和米歇尔·王获得了 1999 年搞笑诺贝尔和平奖。获奖者无法，也许是并不愿意出席颁奖典礼。

“爆破者”已经载入了吉尼斯世界纪录“罪犯”一栏——“最

危险的汽车安全装置。”

从商业的角度来说，这项产品并没有完全实现发明者的愿望。汽车生产商拒绝将它作为新车的标准配件之一，哪怕是作为可选DIY配件，“爆破者”也从来没有被顶级销售商列入考虑范围。

两年之后，查尔·福里和米歇尔·王发明了只有口袋大小，一只手就可以握住的“爆破者”新版本，其发明细节刊登在南非专利第ZA200001559号上，题为“掌上安全系统”。

海军放炮，大家一起来喊“砰”

“皇家军队一直致力于把钱花在刀刃上，这次也一样。”

——皇家海军的一位发言人在接受《每日电讯报》采访时说，2000 年 3 月 20 日

正式宣布

兹将搞笑诺贝尔和平奖授予：

英国皇家海军，因为他们让士兵喊“砰！”来代替真枪实弹的训练。

英国皇家海军发明了一种省钱的新办法，同时也为人们带来了和平与宁静。这个方法虽然比大多数人想的还要传统，却可以作为迎接新千年的创新之举呢。

2000年3月20日的《卫报》（*Guardian*）对此进行了简要报道：

“皇家海军为了削减成本，禁止其最高枪炮射击学校的学员发射真枪实弹，而是用喊‘砰’来代替。在“枪炮及海军军事学校”受训的水兵们被命令在装完炮弹并瞄准之后，对麦克风大喊而不是发射炮弹，这所学校位于德文郡的普利茅斯附近，以皇家海军舰艇剑桥号为基地。他们之前曾经从这艘岸基舰艇上发射过真正的炮弹。据说用‘砰’代替这些每枚价值642英镑的炮弹，三年就能为国防部节省500万美元的开支。

“一位水兵说：‘你坐在大炮内，喊着“砰，砰！’实际上并没有发射任何弹药，这实在是个天大的笑话，士兵们都觉得耻辱。’这位在军舰服役的士兵补充说：‘下级士兵们上船后发现，没有专家们的特许，他们根本不能开火，这实在令人沮丧。过去你能听到剑桥号发出隆隆的炮火声——现在只有通过麦克风传出的‘砰砰’声。’”

事实上，命令士兵喊“砰”是英国皇家陆军的一项光荣传统。在《阿道夫·希特勒：我在他的垮台中所扮演的角色》（*Adolf Hitler:My Part in His Downfall*）一书中，军事历史专家斯派克·米利根记录了“二战”中他亲身经历的“只说‘砰’主义”：

“我们遇到了问题，没有弹药，但这并不能阻挡我们的军士长，他迅速作出反应，命令所有的炮手一同大声叫喊‘砰’。‘这有助于振奋士气，’他对来访的阿兰布鲁克（Alanbrooke）将军说。幸运的是我们终于在沃尔维奇大炮博物馆发现了一枚炮弹。我们向上级汇报：炮弹及时出现了。卫兵看守着这枚炮弹，市长亲临查看这枚炮弹，市长夫人则摆出V形手势和炮弹合影：我想她并不知道这个手势代表什么。一个月后，南区指挥总部获准发射这枚炮弹，日期定于1940年7月2日。发射前一天，我们在柏克斯山附近张贴了告示：‘明天柏克斯山的炮弹将发出巨响。请不要害怕。’”

米利根说后来证明这是枚哑炮。

这就是 1940 年的皇家陆军的经历。皇家海军向来都希望比她的姐妹表现得更为严谨有序，所以动作也就更慢。60 年后他们才采用了这个新方法，不过倒是动了真格。

因为勇敢地采取了坚定而无声的行动，英国皇家海军获得了 2000 年搞笑诺贝尔和平奖。

获奖者无法，也许是不愿意出席颁奖典礼。理查德·罗伯茨（Ricard Roberts），1993 年诺贝尔生理学 / 医学奖得主，代表海军暂时保管奖杯，他本人也是英国人。罗伯茨还发誓说如果有必要的话，明年他要找一名海军，把奖杯移交给他。他确实找了，但没有找到。罗伯茨目前仍在保管这个奖杯，他希望某位海军高级官员能同他联系，以便找个妥当地方，把奖杯永久安置起来。

颁奖典礼后一周，搞笑诺贝尔奖组委会收到了其他国家的来信，有德国人愤怒地说，他们的军队也只喊“砰”而不是发射真枪实弹，所以他们也应该分享搞笑诺贝尔奖。

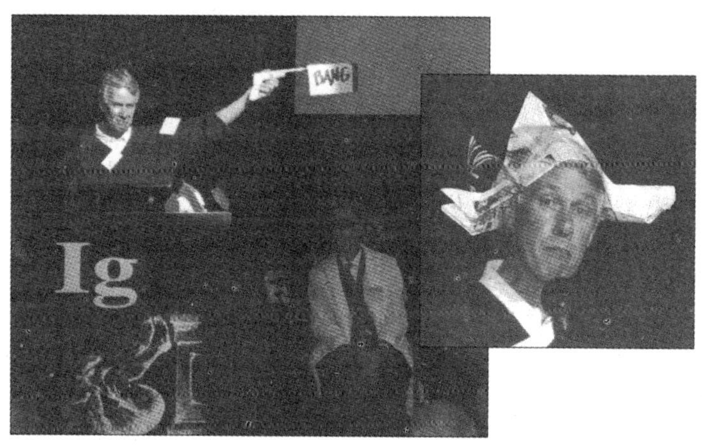

诺贝尔奖得主理查德·罗伯茨代表获奖者暂时保管搞笑诺贝尔奖杯。图片来源：安德丽亚·库罗西（Andrea Kulosh）/《不大可能的研究年报》。

以下是诺贝尔奖得主理查德·罗伯茨代表英国皇家海军领奖时的讲话：

“老实说，我从来没想过能代表英国皇家海军站在这里。很幸运，在我即将服役的前一年，英国废除了兵役制度。

“但是，我觉得站在这里说‘砰’实在是没多大意思，所以我另有想法，希望海军能够喜欢。（这时他举起一把玩具手枪，枪膛里打出了一面写着‘砰’的旗子。）

“我想为了节约成本，皇家海军还可以继续开动脑筋，比如考虑下他们现在必须穿的这套贵得吓人的制服。我问了我 11 岁的女儿阿曼达，看她有什么办法，她发明了这么一顶上将带的帽子（这个时候，罗伯茨博士带上了一顶十分精巧的纸制将军帽）。

“还有一件事，你们知道，要维持那么多舰艇的运作实在是花销昂贵，也许我们可以将大部分的——也许全部的——船都换成塑料船，驻扎在战略要地。要知道皇家空军在实战中就用过这个办法，他们在英格兰东部用假飞机戏弄了德国佬。还有一件我们英国人颇为骄傲的事情：看过奥运会的人一定知道英国人划船可是一流的，海军可以将一点纳入考虑范围。”

用武器促进和平的炸弹之父

“有他在，所有重要之物就有危险。我真心认为如果没有泰勒，世界会变得更美好。”

——I. 拉比（I.I.Rabi），1944 年诺贝尔物理学奖得主
作为一名资深科学家，他曾在曼哈顿计划中与泰勒共事

正式宣布

兹将搞笑诺贝尔和平奖授予：

爱德华·泰勒（Edward Teller），他是氢弹之父和“星球大战计划”的首位拥护者，他一生都致力于改变我们传统的和平观念。

爱德华·泰勒是20世纪最伟大的科学家之一。他绝顶聪敏、平易近人，永远都觉得自己是对的。泰勒致力于成为对国际事务最具影响力的科学家，无论是他的个性还是研究成果都是人们争论的焦点。

也许我们可以称他为核弹先生。他几乎参与了第一颗原子弹及其后的各种相关技术和政治决策过程。他帮助说服美国政府制定了第一个曼哈顿计划并亲自参与实行，在新墨西哥州的洛斯阿拉莫斯设立了实验室。资料记载，他在洛斯阿拉莫斯的那三年就是跟别人念念叨叨以及不断梦想未来的三年：他最大的梦想就是制造出一种威力更大的新型核弹。

第一枚原子弹的原理是裂变——原子不断分裂，以爆炸的方式释放巨大的能力。泰勒想要的是聚变，原子被挤压到一定程度之后会相互熔合，其爆炸程度比裂变要剧烈得多，释放出的能量也大得多。这种新型的炸弹叫做“热核弹”。

泰勒也喜欢传统的原子弹——只是现在暂把它作为辅助物。以前是用小型雷管来点燃旧式的化学炸弹，现在则使用小型的原子弹来点燃热核弹。

他花了很大力气才说服了美国政府和军队同意他制作一枚热核弹，终于如愿以偿，虽然大部分的技术工作都由别人完成的。

之前建造过原子弹的科学家们都极为谨慎。泰勒第一次向他们解释他的计划的时候就被警告说要千万小心。热核弹所产生的热量足以点燃空中和海洋里的可燃气体，而将地球表面炸成碎片。泰勒认为这不是什么大问题，其他方面的担忧——周围的人可能会受到长期辐射；新武器的出现可能会引发其他国家不计后果地竞相开发新武器；将这方面研究进行到底、不断推进军备竞赛还意味着持续的天文数字的成本投入他也不在意。

这种新型核弹研制出来之后进行了测试。空气没有被点燃，海洋也安然无事。苏联确实开始进行军备竞赛，研究他们自己的热核弹并取得了成功。开发、制造和维护这些炸弹的成本甚至超过了所有人的预想，也让其他国家觉得备受威胁。

爱德华·泰勒十分高兴。他继续研制新武器，技术上越困难，花费越昂贵，他就越有兴趣。他惊人的想像力打算创造出一种新型的导弹系统，将炸弹发射到更远的地方。他注意到苏联一直想要跟上他和他的崇拜者们的步伐，所以他发誓一定要走在前面，不惜代价，也不管他的发明能不能派上用场。

几十年过去了，他的许多新武器并不成功，但是泰勒的创造力却十分汹涌，要求也近乎苛刻。如果他构思出一种新武器，他觉得敌人也一定能，而这正是投资建造这种武器的最好理由。能构思出一种能抵御其他任何武器的武器，最让他兴奋。

许多历史学家都认为 20 世纪 80 年代提出的“星球大战”导弹防御计划之所以能受到如此重视，之所以能够筹集到巨额资金，都是爱德华·泰勒竭力推销的结果。据说这项计划是从富于创造力的美国总统罗纳德·里根（Ronald Reagan）的脑袋里冒出来的，他认为这是个绝妙的想法，但是他自己也不清楚这个计划到底是什么。

“星球大战”及其他一些泰勒所倡导的计划都拥有令人振奋的名字——X 光武器、空中动量拦截器“智能卵石”、“突袭部署”、“超级神剑”、“超尖端”计划等等。还有许多其他发明，投入的资金无法计数。“这些武器并不能完全阻止人们互相残杀”，泰勒警告说，“但是要做到这一点，首先就要制造足够多的武器。”

因为让这个世界充满了爆炸式的热情，爱德华·泰勒获得了 1991 年搞笑诺贝尔和平奖。获奖者无法，也许是并不愿意参加颁奖典礼。

用热核弹纪念原子弹爆炸 50 周年

"希拉克说，虽然许多国家的领导人都对法国进行核试验表示公开指责，有些人还私底下对他表示不满……但是他特别提到的是澳大利亚政府的"过激"反应，他说：'对不起，我并不是生气。我不知道他们为什么要那么做。这是在蛊惑人心。'"

——路透社新闻报道，1995 年 10 月 23 日

正式宣布

兹将搞笑诺贝尔和平奖授予：

法国总统雅克·希拉克（Jacques Chirac），他以在太平洋上进行原子弹试验的方法纪念广岛原子弹爆炸 50 周年。

在希拉克就职后不久，他就下令举行一次“焰火表演”以令世人不可小觑法兰西的光荣和权力。

1995 年 5 月 17 日，希拉克宣誓就职。6 月 13 日，他骄傲地宣布法国将引爆一系列热核弹——在世界另一端——从而结束法国三年暂停核武器试验的历史。

法国还在悄悄做准备，但是希拉克表示，这场核弹爆炸秀一定会上演。

7 月 16 日，首枚原子弹在新墨西哥的阿拉莫戈多引爆 50 周年纪念，他没有动静。

8 月 6 日，广岛原子弹爆炸 50 周年纪念，他没有动静。

8 月 9 日，长崎原子弹爆炸 50 周年纪念，他没有动静。

8 月 10 日，希拉克总统宣布了其计划的重头戏：法国将用一年左右时间，进行一系列无与伦比的核弹焰火表演。之后，法国就会退出核试验，遵守国际全面禁止核试验条约，该条约禁止任何人进行“任何核武器爆炸试验或核爆炸”。

9 月 5 日对雅克 • 希拉克来说可是个大日子。法国在南太平洋的穆鲁罗瓦上爆炸了一枚 20 千吨的热核弹。

比起法国，新西兰和澳大利亚离穆鲁罗瓦的左岸可要近得多，两国政府十分生气并对法国进行指责。希拉克总统说两国是在“蛊惑人心”。新西兰甚至请求海牙国际法庭敦促法国取消其预定的表演。9 月 22 日，法庭驳回了新西兰的要求。

10 月 1 日，法国在据穆鲁罗瓦不远的方阿陶法爆炸了一枚 110 千吨的热核弹。

10 月 6 日，雅克 • 希拉克总统获得了 1995 年搞笑诺贝尔和平奖。

获奖者无法，也许是不愿意参加颁奖典礼。

他对获奖的庆祝方式就是 10 月 27 日又在穆鲁罗瓦引爆了一枚 60 千吨的热核弹。11 月 21 日和 12 月 27 日，在同一地点又上演了两次（分别为 40 千吨和 30 千吨）核弹爆炸表演。

新年的到来使希拉克暂时放慢了脚步。1 月 27 日，一枚 120

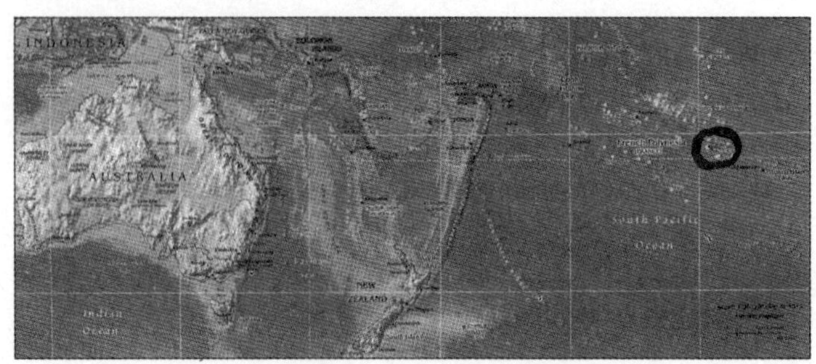

太平洋地图，给出了澳大利亚和新西兰（左下方）以及穆鲁罗瓦和方阿陶法两处环礁（用圈标出）的位置。感谢美国中央情报局提供地图。

千吨核弹的焰火表演在方阿陶法上演。两天以后，雅克·希拉克宣布提早结束这一系列试验。国际社会的大规模反对和提早结束核试验没有关系，希拉克总统说：“我知道我去年 6 月所作的决定引起了国内外的焦虑和激动情绪，我知道核武器会带来恐慌，但是在这个危机四伏的世界，它却是我们维护和平的武器。”

chapter 5

勇敢而独特的发明与发现

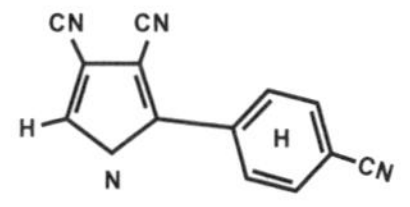

1 耳朵里的螨虫实验

“随着螨虫向着耳鼓深处前进，我耳中的声音（幸运的是，我只选择了一只耳朵），也越来越大。”

——摘自信件《螨虫与人》

正式宣布

兹将搞笑诺贝尔昆虫学奖授予：

纽约西岸的罗伯特·洛佩兹（Robert A. Lopez），一位勇敢的兽医和所有生物（无论其个头大小）的朋友。他从猫的耳朵里挑出螨虫，再将它们移入到自己的耳朵中进行实验，并仔细地观察和分析实验的结果。

这封名字为《螨虫与人》（Of Mites and Man）的信发表于《美国兽医医疗协会期刊》（*Journal of The American Veterinary Medical Association*），203卷第5期，1993年9月，606—607页。

一些医学上的重大进步是由那些身先士卒的勇敢医生取得的。其中最勇敢、最坚决、最值得纪念的一项医学实验是在1968年由罗伯特·洛佩兹医生进行的。这里的叙述就是几年之后，他有足够的时间对实验进行反思的时候写的。

螨虫与人

罗伯特·洛佩兹
兽医学博士　纽约西岸

两个奇怪的临床案例促使我开始调查耳螨（Otodectes Cynotis）传染给人类的可能性。有一次，一位患者和她的三岁女儿，带来两只患有严重耳螨的小猫。在检验室中，凑巧她的女儿也抱怨胸部和腹部很痒。妈妈说她的女儿总是把小猫当作洋娃娃一样一直抱在怀里，然后又指给我看孩子腰部无数小小的红红咬痕，正是这些小红点让孩子痒不可忍。我建议她把小姑娘带到儿科医生那里检查。小猫耳朵里的螨虫被清除后，我得知小女孩身上的痒痕也很快消失了。一年之后，这位客户又带来一只小猫，也患有严重的耳螨，而她脚踝上有小的咬痕。这只小猫的耳螨被清除后，她的咬痕也很快消失了。

那时（1968），我们在文献中找不到关于人类耳螨的任何报告，因此，我决定成为一个人类被试。

我在一只猫身上找到耳螨，并通过显微镜证实这些确实是我所认识的耳螨。然后，把消毒棉签用自来水蘸湿，从猫的耳朵里蘸了大约1克的耳螨分泌物，放到我的左耳里。随着螨虫在我的耳道中探险，我也立刻听见了乱抓和移动的声音。开始瘙痒，然后三处瘙痒的感觉合成一种古怪声音和疼痛合在一起的刺耳之音，疼痛也从那一刻开始加强并持续。开始，我认为这种感觉不会、也不能持续很久。但是，白天过完后，我开始担心起来。瘙痒感越来越强，随着螨虫向耳鼓深处前进，我耳朵里的声音（幸运的是，我只选择了一只耳朵）也在增大。我感到无助，难道这就是感染螨虫的动物的感觉吗？

接下来的 5 个小时，螨虫非常活跃，然后由乱抓的声音和瘙痒感来衡量的活动逐渐平静下来。肯定还有螨虫在我的左耳深处到处蠕动，但是那种不适感还在忍受范围内。

晚上 11 点偃旗息鼓之后，螨虫们又开始活跃了，到午夜时分，它们因为要咬、抓、蠕动而异常繁忙。凌晨 1 点，声音巨大。1 个小时之后，瘙痒感非常强烈。2 个小时之后，瘙痒感和搔抓感达到了顶峰。根本无法入睡。然后，螨虫好像突然减少了觅食活动。噪音和瘙痒感逐渐减轻，可以进行短暂的睡眠。早上 7 点它们的活动重新开始，有轻轻的噪音和轻微的瘙痒感。这种模式一直重复——白天活动较轻，夜晚稍微增强，大概从下午 6 点到 9 点，午夜到凌晨 3 点螨虫活动最剧烈。这种夜间觅食的模式非常有规律，而且不管你有多困，都不可能睡着。

第二个星期，深夜觅食的模式已经固定，螨虫的活动也开始减弱。第三个星期，耳道里塞满了耳屎，左耳丧失听力。到第四个星期，螨虫的活动减少了 75%，而且可以感觉到螨虫在夜晚爬过我的脸。它们并没有试图进入我的右耳，也没有在我身体的其他部位叮咬或导致瘙痒感。到一个月的时候，我已经听不到也感觉不到任何螨虫的活动了，瘙痒感和耳内的声音都消失了。尽管如此，我的耳朵已经完全被它们的分泌物填满。

接下来，我用湿润的棉签清洗并冲洗耳朵。我左耳中的分泌物在一周内清理干净。到第六个星期的时候，我不再有瘙痒感，听力也恢复正常。仅通过固定水洗，就能很快恢复健康。

到第八个星期，我决定再次进行试验，以验证第一次试验是否存在缺陷或误解。因为左耳已经康复、不再有明显的耳屎而且听力也恢复正常，我又从另外一只猫的耳朵里获得了耳螨，并像上次一样确认它们是耳螨。也像上次一样，将猫耳朵里一到两克的分泌物样本挪移到我的左耳。又一次，耳朵对螨虫入侵有了反应，响亮的搔抓声音、瘙痒感和疼痛在几秒钟之内就开始了。接下来也是同样的模式：傍晚觅食，深夜进食。白天断断续续的觅食时间很短。第一个星期耳朵里充斥着强烈的瘙痒感；第二个星期螨虫的活动性减弱，到 14 天的时候停止。左耳里面的分泌物少了很多，听力也只是稍微减弱。温水冲洗在 72 小时内就清理干净了所有的螨虫。

症状地明显减轻遗留了许多问题。针对螨虫的免疫力存在吗？人类耳朵对于耳螨是否有抵抗力？我需要进行第三次也是最后一次试验。

第十一周，我像以前一样用左耳重新进行试验。几分钟之内，瘙痒感和耳内噪音就开始了。但这一次的强度没有那么严重了。

在同样的试验环境下，时间和感染程度的递减或者免疫力的增强都提出了一些有趣的问题。哺乳动物对于寄生虫，特别是耳螨，存在一种免疫反应吗？

耳螨确实有一种固定的觅食模式吗？如果是，是否深夜治疗更加有效？我自己确实建议客户在深夜使用治疗耳螨的药物。

从第一次查找文献开始，我就发现了一份关于人类感染自然耳螨而导致耳鸣的报告（1991 年发表于日本的一本医学期刊上），我想知道那名患者是否也像我一样享受这种经历。

因为对人类、螨虫和小猫的贡献，罗伯特·洛佩兹赢得了 1994 年搞笑诺贝尔昆虫学奖。他自费出席了搞笑诺贝尔奖的颁奖典礼。他的得奖感言是一首诗：

我痛恨那垂老的、喜好教训人的螨虫。
它所做的只是蠕动和咬噬。
睡眠时，他就像一个游荡者，
直接爬进了我的耳鼓中。
就在那，它又抓又咬，没完没了。

朗诵完诗之后，洛佩兹博士从衣服口袋里掏出一把小虫子，分发给听众。搞笑诺贝尔奖的管理委员会无法确认这些虫子属于什么物种。

2 百忧解和蛤蜊的幸福

“选择性5-羟色胺再吸收抑制剂如盐酸氟西汀（Prozac），氟伏沙明（uvox）和帕罗西汀（Paxi），能抑制神经突触细胞对5-羟色胺的再吸收，从而增加体内5-羟色胺的神经传递。对人类来说，5-羟色胺负责调节如食欲、睡眠、觉醒和抑郁等行为。在双壳类软体动物中，5-羟色胺对于生殖过程如产卵、卵母细胞的成熟和生发泡分裂、精子的重新激活以及分娩都具有显著的影响。”

——摘自彼得·冯等人的研究报告

正式宣布

兹将搞笑诺贝尔生物学奖授予：

宾西法尼亚州葛底斯堡大学的彼得·冯（Peter Fong），因为他用百忧解给蛤蜊带来幸福。

研究已发表，名为《选择性5-羟色胺再吸收抑制剂促发并加速指甲蛤蜊生殖现象的研究》[Induction and Potentiation of Parturition in Fingernail Clams（Sphaerium striatinum）by Selective Serotonin Re-Uptake Inhibitors（SSRIs）]，彼得·冯，彼得·修明斯基及利奈特·杜尔索，《实验动物学期刊》（*Joural of Experimental Zoology*），280卷，1998年，260—264页。

自 1987 年上市以来，百忧解（Prozac）已经成为使用最广泛的抗抑郁症药物之一。多是人类使用，有时候也被用来治疗猫、狗和其他宠物。

彼得·冯教授给蛤蜊用了百忧解，人家当然有自己的充分理由。

都和性有关。

盐酸氟西汀——通常被叫作百忧解——可以帮助许多病人脱离严重的抑郁情绪，所以它在医生和病人之中突然流行起来。跟许多药物一样，它的效果也要看运气：对一些人如同神药，对另一些人则功效甚微。还有些人则觉得它的效果昙花一现，而且貌似还会减少人的性冲动或使人完全无欲无求。

涉及性这个问题，也有些虚实难辨的说法——百忧解的效果可能与“降低性欲”完全相反。《临床精神病学杂志》（*Journal of Clinical*）1993 年一份名为《在三位老年男性中，氟西汀和性能力回归之间的关系》（Association of Fluoxetine and Return of Sexual Potency in Three Elderly Men）的报告总结说，“氟西汀在性方面的副作用可能比我们以前认为的更加复杂”。

因此，给蛤蜊喂百忧解也许会给这些小家伙的性生活带来些火花。可能性是存在的，但是彼得·冯也不完全清楚效果到底怎样。于是他就这么干了——结果确实惊人。

他选择了蛤蜊，是因为蛤蜊和人类（以及牛、龙虾、鱿鱼和大多数其他动物）在神经系统上有很多相似之处。蛤蜊身上的大多数反应与人类的反应从细胞层面上说极为相似，通过研究蛤蜊的神经系统——修修补补、测量、给它喂百忧解——科学家们有时能够得到大量对人类有用的信息。另外，进行蛤蜊实验相对来说速度更快，成本更低，而且，比起人体试验来说要填的表也少。

冯关于百忧解的发现也具有重要的科学意义。当时和现在，都没有人能够完全理解百忧解及其化学物质是如何做作用的。神经系统的运动复杂而微妙，对任何试图来研究揭秘的人来说都是很大的挑战。不过彼得·冯教授，确实发现了不为人知的奥秘：如果你给蛤蜊喂食百忧解（至少是给球蚬，又称“指甲蛤蜊”），它们就开始疯狂繁殖——繁殖率是正常的10倍。

幸亏有彼得·冯，我们才知道这种抗抑郁药物对于指甲蛤蜊的神经系统和繁殖行为都具有看得见的重要影响。他因此获得了1998年搞笑诺贝尔生物学奖。获奖者无法参加搞笑诺贝尔奖的颁奖典礼，因为他当天要给学生们上课。但是，他寄来了他的得奖感言，并由《倾听百忧解》（*Listening to Prozac*）一书的作者彼得·克莱默博士（Dr Peter Kramer）在颁奖典礼上大声朗读：

“许多人曾问我，我怎么鬼使神差地用百忧解来让蛤蜊疯狂亲热的，这完全是巧合。在一个深夜，我独自坐在实验室里，非常郁闷，从椅子中站起来的时候，我笨拙地打翻了百忧解，眼睁睁看着一些胶囊掉进了装满蛤蜊的玻璃缸。于是神奇的事情发生了，蛤蜊开始向水中射出大量的精子和卵子。突然我就不沮丧了。接下来的事已载入史册。我要感谢百忧解的生产厂商，还要向蛤蜊表示敬意——这些高贵的生物将生命奉献给了科研，不过在生命结束之前，它们至少进行了无与伦比的亲热，掷地有声地离开了这个世界，享受了蛤蜊的幸福。”

冯教授在生殖生物学的其他方面及水生无脊椎动物生态学方面继续着他的研究。2001年，他在《实验动物学期刊》（*Journal of Experimental Zoology*）上发表了一篇论文，说明捲螺的阴茎是如何勃起的。

冯教授并没有将他的搞笑诺贝尔奖项目完全丢下。2002年，他为《环境中的药物和私人护理产品》（*Pharmaceuticals and Personal Care Products in the Enviroment*）（由美国化学制品协会出版社出版）这本书撰写了一章，题为《水生生物中的抗抑郁药品》（Antidepressants in Aquatic Organisms），那些因为百忧解和蛤蜊试验而深受启发的人们，应该感到欣慰了。

3 见人所未见的敏锐目光

“四年时间里，人们用新的电脑技术对登月计划拍下的胶片作了分析——当时就是连 NASA（美国国家航空航天局）都没有这种技术呢，现在这些颇有技术含量的分析为月球上古老的人造建筑的存在提供了证据。很明显，约翰·肯尼迪总统当初突然提出十年内让美国人登录月球的阿波罗计划，实际上是将宇航员直接送到这些遗迹上、用胶片记录它们，并将证据（包括生产出的人造物品）带回地球进行分析。”

——摘自理查德·欧戈兰的新闻稿

正式宣布

兹将搞笑诺贝尔天文学奖授予：

新泽西的理查德·欧戈兰（Richard Hoagland），因为他识别出了月球和火星上的人造特征，包括火星上的人脸以及月球上远地点处十英里高的建筑物。

他的发现已于 1987 出版：《火星纪念碑：一座永恒的城市》（*The Monuments of Mars: A City on the Edge of Forever*），加州伯克利北大西洋出版社。

有一些伟大的发现会一直被忽略，直到某个敏锐的观察者突然觉悟。

宇宙飞船为我们传来了大量的月球和火星照片，无数人都迷茫地凝视着这遥远世界的高清照片，理查德·欧戈兰也观望着，但他比这些世俗的同伴们更加敏锐，他——与众不同的是——成功辨认出那些建筑物、那张巨大的脸、飞碟以及其他巨大的小玩意。

理查德·欧戈兰在火星和月球背面发现的那些建筑，都至关重要，不能忽视。而NASA将它们忽略了，大多数新闻媒体将它们忽略了，学术机构也忽略了，因此，欧戈兰把对大众科普当成了自己的义务。他为此勤勤恳恳、不知疲倦地，在他的书里、新闻稿中、新闻发布会上、深夜电台谈话节目中反复强调他的发现。

对他来说，最令人费解的就是那张人脸。1976年，海盗号宇宙飞船发回许多火星表面的珍贵图片。一张图片中，有一个类似巨大人脸的形象好像正盯着镜头。谣言四起，传说这张脸并不仅仅是岩石和阴影造成的错觉。理查德·欧戈兰觉得事实很明显：脸是某种文明雕刻的，作为他们的坟墓或纪念碑，也可能是期望有一天能被人发现，比如理查德·欧戈兰这样火眼金睛的人。

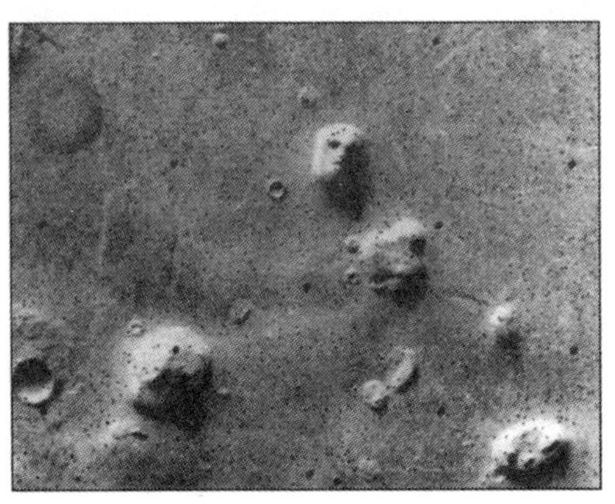

第一张“火星脸”照片。来源：1976年，NASA。

他同意那些怀疑论者的意见，即相片上的形象过于模糊，他暗示说，下一代的宇宙飞船和照相设备将会展示出那张脸真实而神奇的设计和建筑细节。

1987 年，欧戈兰出版了一本书，并在他的追随中赢得声誉。这本《火星纪念碑：一座永恒的城市》(*The Monuments of Mars: A City on the Edge of Forever*) 里充满了照片和注解，书里解释说，在火星上有一座完整的城市，有一个大型的金字塔（一个“五角形的”、“双重对称的”、“有支撑的”大约千米高的物体，坐落在离那张脸仅几公里的地方）、一群其他的金字塔、一个堡垒、一个城市广场、一个位于堡垒和大型金字塔之间的“蜂巢”状综合性建筑以及一个跑道式综合建筑。

跑道式综合建筑可能被用来发射飞碟，在这本书出版几年后，欧戈兰又在另一张火星照片中辨认出了飞碟。

理查德 • 欧戈兰继续分析由月球轨道三号飞船拍摄的月球照片。在月球的背面，他发现两个引起他浓厚兴趣的物体，按照他的描述就是近似于“七英里高、类似玻璃的‘塔/立方体’”和一个1.5

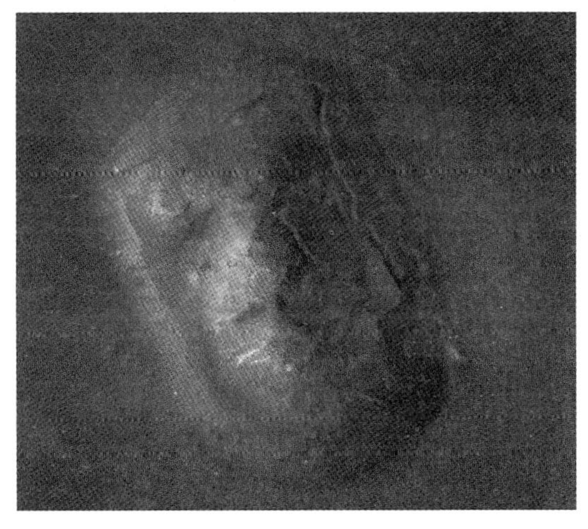

于 2001 拍摄到的更清晰的照片。照片来源：NASA。

英里高、类似玻璃的“碎片”。这两个物体，他认为，都是人造的。

2001 年，新的飞船开始发回新的火星照片，与 1976 年的模糊照片相比，分辨率更高。就像欧戈兰预测的，新的照片详细地显示了那张脸，岩石和阴影更加容易被识别，脸部特征更加精细，几乎接近真实。

因为看出其他人没有或不能看到的东西，理查德·欧戈兰获得了 1997 年搞笑诺贝尔天文学奖。获奖者无法，或许是不愿意出席搞笑诺贝尔奖的颁奖典礼。

他仍在孤单奋斗，想让人们从无知中觉醒，去认识那些正在或已经在月球和火星上，或在人类的思想上产生影响的文明。

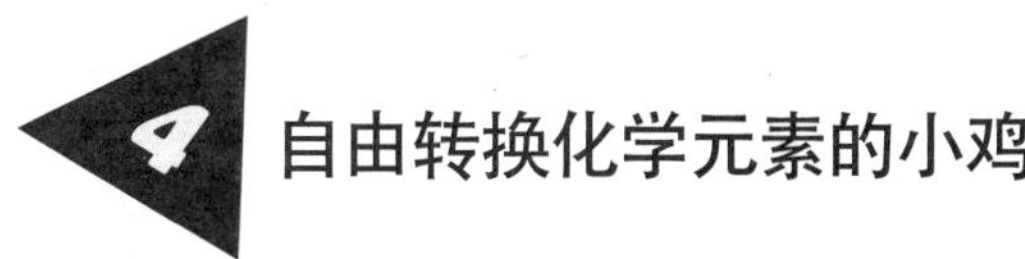

4 自由转换化学元素的小鸡

"因此，在那20个小时里，母鸡将补给钾转化成了钙。"

——摘自路易斯·科夫兰的书《生物学蜕变》

正式宣布

兹将搞笑诺贝尔物理学奖授予：

法国的路易斯·科夫兰（Louis Kervran），炼金术的热心追随者，因为他得出结论，小鸡蛋壳中的钙是通过冷聚变过程形成的。

他的研究于1966年在巴黎出版，后来又与作者的其他科学作品一起被翻译成英文，名为《生物学蜕变及其在化学、物理学、生物学、生态学、医学、营养学、农艺学、地理学方面的应用》（*Biological Transmutations and their applications in: Chemistry, Physics, Biology, Ecology, Medicine, Nutrition, Agronomy, Geology*）（斯旺出版社，1972）。

化学并不像学生们想的那么难，而且学校里教的公式是错的。所谓的元素（氢、氦、锂、铍、硼、碳、氮及其他）根本就不是最基本的。将一种元素转变成另一种——将硅变成钙，将锰变成铁——是非常简单的。这些转化一直都在发生，即使是一只小鸡也可以做到。而且小鸡们确实在这么干。

以上就是路易斯·科夫兰的结论。

所有的现代化学——即自从化学开始作为一门学科——都建立在这样一个基础概念上，即存在各种稳定的原子。一个铁原子不同于一个氯原子，一个银原子不同于一个金原子。化学就是把大量原子粘成一组（专业术语叫做“化合”），以及把这些组重新粘成其他组的科学。我们看到的所有物质都是由原子组以各种方式组合而成。

路易斯·科夫兰写到，外表一切正常，但在生物内部，“不可能的事情确实发生了”。在生物内部，一个原子不仅与其他种类的原子一起到处游荡，还能转化为另一种原子。硅原子可以变成钙原子，铁原子可以变成锰原子，反之亦然。

几个世纪以来，那些乐观派、荒诞派们，一直在希望或祈祷，那些基本元素可以被转化成贵重元素，比如铅变成金。但是没人见过这种事情（除了很少见的核爆炸和星体超高温边界以外）。

路易斯·科夫兰解释说，科学家们从来没有注意过这种事，因为他们都将注意力放在死亡的固体、液体和气体上，实际上应该多观察活着的物体。科夫兰写道，“物理学所有的法则都是研究死亡物质得出的”。

他继续解释道，活着的组织会一直进行被他称为“生物学蜕变”的进程。这个进程非常简单和基础，因此，他就不费力气去解释其原因和具体过程了。它就是发生了。生物学蜕变有的可逆有的不可逆：有时，两种不同的原子聚合成新的更大的原子，这就是核聚变。多年后，人们为之取了一个贴切的名字：冷聚变。其他时候，一个大原子会分裂成两个不同种类的小原子，这就是核裂变。

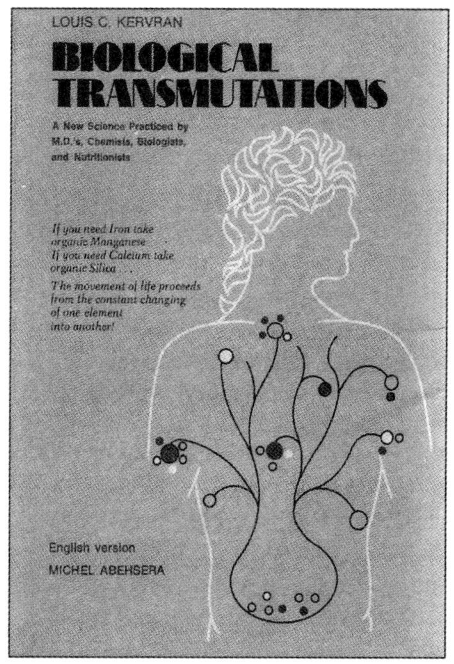

科夫兰的书解释了其基本理论。

物理学家们从来没有发现生物身上发生过核聚变或核裂变，对此，路易斯·科夫兰表示，这是因为他们从来不观察。他自己就很会观察，这还只是他观察到的一部分。

小鸡将钾变成钙，于是蛋壳中有了钙；猪肠可以将氮变为碳和氧气；卷心菜将氧气变成硫磺；桃子将铁变成铜。

在 1969 年发表的一篇名为《龙虾中钙、磷和铜的非零平衡》（Non-Zero Balance of Calcium，Phosphorous and Copper in the Lobster）的报告中，科夫兰解释了龙虾是怎样进行核裂变的。

因为发现了生物内部让人震惊的变化，路易斯·科夫兰赢得了 1993 年搞笑诺贝尔物理学奖。得奖者无法，也许是不愿意出席搞笑诺贝尔奖的颁奖典礼。

指南：元素转化

生物学蜕变到底是怎样进行的呢？看起来很简单，而且就像路易斯·科夫兰所写："根本就不涉及化学"。在元素周期表上，你能看到每一个元素都有一个"原子量"。原子量就是原子核中质子的数目，这里是一些元素和它们的原子量：

氢——原子量 1

钠——原子量 11

氧——原子量 8

钾——原子量 19

钙——原子量 20

原子量是确定元素性质的关键。科夫兰的书讲述了这些元素是怎样蜕变的：

一个钠原子与一个氧原子聚合，成为一个钾原子。[11+8=19]

一个钙原子裂变，就会得到一个氢原子和一个钾原子。[20-1=19]

一个钾原子和一个氢原子聚合，得到一个钙原子。[19+1=20]

科夫兰指出，"从这些生物蜕变中我们得到一条法则：原子核层面上发生的反应通常会涉及氢和氧"。他还写道："如果一种元素并不存在，那么通常是不可能通过生物蜕变来得到这种元素的。换句话说，我们所要寻求的是一种元素的增量（这通常会导致另一种元素的减量），而不是这种元素从无到有。"

需要强调的是，化学家和物理学家们表示他们从来没有发现过这种情况，从来没有。路易斯·科夫兰因此得出结论，化学家和物理学家都是无知的。

5 迷你恐龙和迷你公主

“迷你人就像小蚂蚁一样大，生活在可改造成住宅的洞穴里，或者在一些由方解石或类似物构成的简单房屋中。而且，他们有自己的文字，并拥有烘焙方解石来制造水泥及制造陶瓷的工艺。”

——《岡村化石实验室的原始报告》第 271 页

正式宣布

兹将搞笑诺贝尔生物多样奖授予：

日本名古屋岡村化石实验室的岡村长南（Chonosuke Okamura），因为他发现了恐龙、马、龙、公主马和其他 1000 多种已经灭绝的“迷你物种”，每一个物种都不到一英寸的 1/100 长。

他的研究发表在《岡村化石实验室的原始报告》（*Original Report of the Okamura Fossil Laboratory*）系列上，这一系列在 20 世纪 70 年代到 80 年代由日本名古屋的岡村化石实验室出版。

一个日本科学家在显微镜下观察岩石的时候，发现有证据显示所有的现代生物都是由微型生物发展的“大型版”，它们在各方面都相像，只是后者尺寸更大。他给这些已经灭绝的原始物种命名为“迷你生物”。

岡村是一位古生物学者，他专门研究那些单调物种的化石——处于奥陶纪到第三纪的无脊椎样本和海藻样本。他发表了一系列枯燥、乏味的报告。但是随着《岡村化石实验室的原始报告》第八册的出版，事情就不一样了。岡村展示了来自于北上山脉志留纪地层的保存非常完整的化石鸭——一种先前并不为人所知的物种，被他称作日本古生物。岡村清楚地指出样本正像他所描述的：“在志留纪，由于被活埋而处于一种恐惧的痉挛状态。”样本仅长 9.2 毫米，这只迷你鸭就像一片阿斯匹林那么大。

岡村后来的报告充满了迷你物种的精致化石图片，图片呈现了每一个物种，在他的报告中还有有用的图表以及引人入胜的描述，这些描述是以日文和断断续续的英文混写的。他描述了迷你鱼、迷你爬行动物、迷你两栖动物、迷你鸟类、迷你哺乳动物以及迷你植物。甚至还有迷你龙，如迷你古东方斗龙和迷你的古东方螺旋龙。

这些新发现的化石群大部分是现代物种的亚种。岡村为我们展示了迷你猞猁，迷你大猩猩，迷你骆驼，志留纪迷你蛇，迷你北极熊以及迷你狗，这种狗的“特征与圣博马德狗的特征十分相似，但是长度仅仅有 0.5 毫米”。

岡村还发现了这些灭绝物种的原始形态，例如，一只迷你无趾禽类和孩子们一直喜爱的——迷你雷龙。

所有这些生物都小于一厘米，其中一些仅仅有一毫米长。

在大多数描述中，岡村将科学演绎与认真观察相结合。在关于猞猁的描述中，他写道：“一些看起来因为自然界突变而处于恐惧的愤怒中，而另外一些则漠不关心，或者甚至将头埋在胸前，失去了抵抗的力量。这些遗迹仍保留着精神活动的形态，显示出智力发展的程度。”

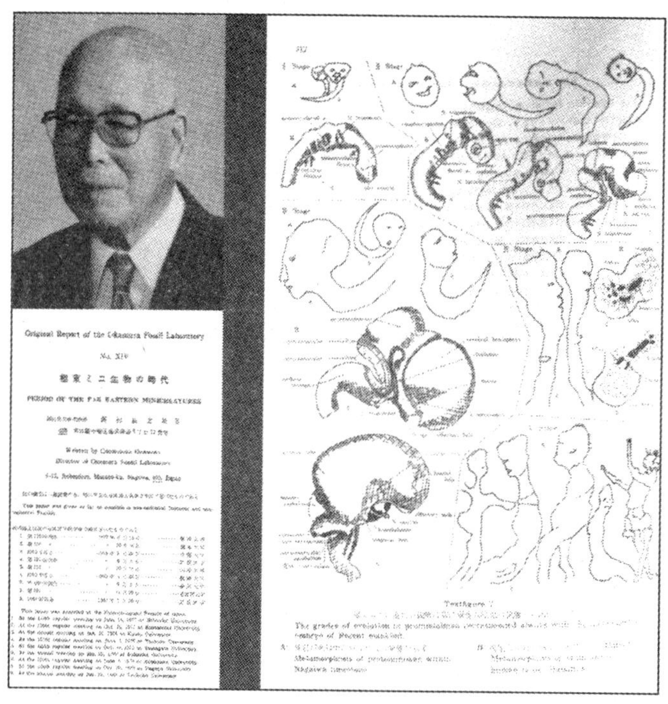

左上：岡村长南。左下：《岡村化学实验室的原始报告》第 14 册的首页。右：迷你人到现代人的进化阶段。主要的转变是身高方面近千倍的增长。

当然，让岡村声誉鹊起的主要是迷你人，又叫古东方迷你智人的发现。在一篇冗长和谨慎的解剖学讨论中，他以上百幅显微照片为证，描述了人类最早的祖先：“Nagaiwa 迷你人身高只有现代人的 1/350，但是外形却完全相同。”他还描述了这些迷你人的工具，包括“最早的金属工具之一”。

岡村还为我们提供了对这些迷你人生活的敏锐观察。以下是他的三种观察：

“图中的所有女人都紧闭着嘴，而且好像因为被活埋在沸腾的泥浆中而经受痛苦，然而图中年老妇人却张大了嘴，看起来好像已经失去了感觉。”

“这张照片中，两个完全赤裸的古人面对着面，正在和睦而和谐地移动着手脚，这种情形只会使我们联想起今天的舞蹈。”

“他们信奉多个神灵，还崇拜许多偶像。”

岡村还介绍了“最古老的发型”，“一个行走很快的Nagaiwa迷你女性，可能十分勤劳”，一个“好像处于贵族阶层的”迷你女性，还有“一个迷你人的头在一条龙的消化道中”。

Nagaiwa迷你人还是工匠，制造了各种各样的雕塑。岡村告诉我们，“那些可能被认为是最精致的艺术品”的就是“一个女人坐在一条龙的脖子上的完整雕像”，“那个女人可能戴着一顶帽子”。岡村“猜测她可能是某个女神”，她的“乳房很饱满，稍微有些松弛”。

Nagaiwa迷你世界并不是一个世外桃源。在其他的生动场面

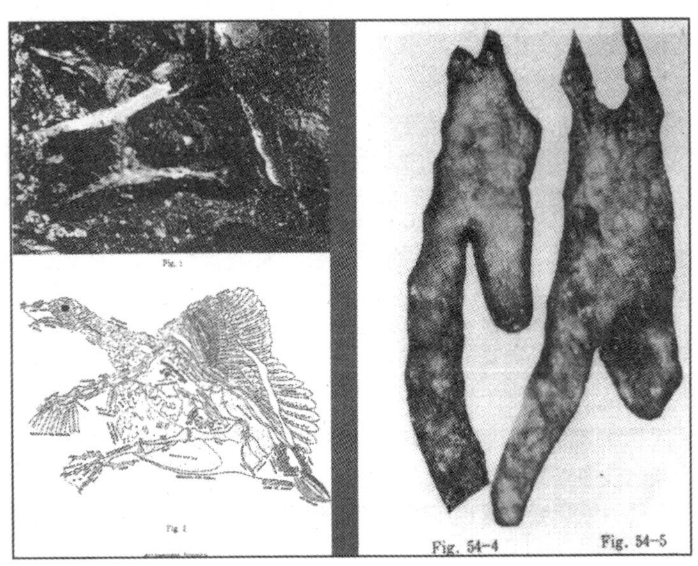

左上：志留纪迷你鸭的显微镜照片。
左下：岡村的画显示出许多形态，非专业人员是难以辨认的。
右：一对迷你马。

中，岡村富有洞察力地举例说“一个类似婴儿的古迷你男人和古迷你女人……共同与一条龙搏斗”；“一条龙正在扼死一个女孩”以及“一个迷你人正在向一条残忍的龙献出祭品”。即使这样，这些描述也不能让人们正确认识岡村报告中细节的价值。

如果岡村的解释是正确的，那么迷你人和迷你龙之间的关系好像不是很和谐：“从作者能够确定的内容来看，生活在古时候的迷你人具有很高的智力水平，也具有扁平的指甲来自卫。不过对他们来说，即使挥舞上肢，握着竹竿，或使用似乎存在的原始金属武器，或仅仅是投掷粗加工的石头，要从饥饿的肉食性龙的暴食欲望里逃脱确实非常困难。”

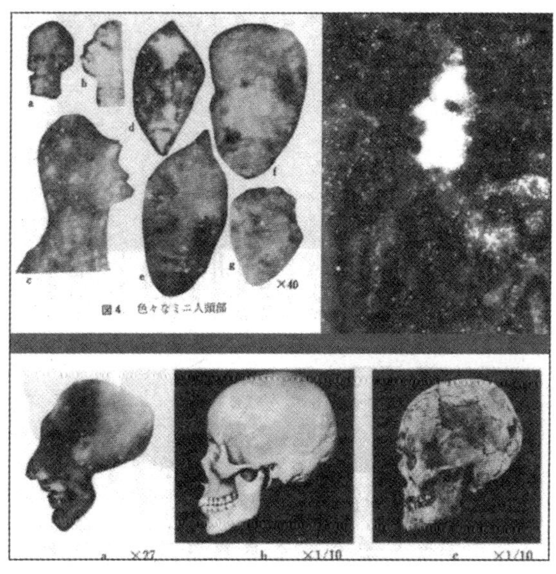

迷你人化石，每个大约长1毫米。上左：迷你人的脸。（岡村从更大图片上截下这些画面，使非专业人员更好辨认）上右：一个古东方迷你智人标本。岡村认为她是一个Nagaiwa迷你女性，大约30岁上下，戴着一个斗篷。下：迷你人的头骨（左），现代人的头骨（中）以及早期智人的头骨（右）。迷你人的头骨远小于其他两种——一个迷你人，从头到脚，大概和一个婴儿指甲差不多大小。

较早的迷你人是没有手的，但是，岡村告诉我们，“即使进行近身肉搏，结果也一样，他们仍然会无法抵抗地惨败，龙仍然会给他们以致命打击并将他们撕碎”。

这些让人震惊的观察也并不完全是无情的，岡村写道，“作者会尽自己最大的努力来安慰他们消亡的灵魂”。

大约 1987 年后，岡村化石实验室就没有再出版新作品。岡村好像就此退隐，开始了隐居的生活。他那详细的著作也慢慢变得晦涩难懂，科学家没有足够的曝光率也会境况不佳，这不失为一个例证。

因为发现了有关远古历史的一些小线索，岡村获得了 1996 年生物多样性领域的搞笑诺贝尔奖。获奖者无法，也许是不愿意出席搞笑诺贝尔奖的颁奖典礼。搞笑诺贝尔奖管理委员会曾经试图寻找他，却失败了。

到哪里去看岡村的照片：

虽然岡村将他的《岡村化石实验室原始报告》的副本寄给了世界各地的图书馆，但是许多机构好像并没有保存下来。研究岡村的主要专家俄尔·斯贝莫在一个地摊上找到了一些副本。斯贝莫列出一份仍然保存《报告》副本的机构的清单：

国家自然科学研究院（费城），科罗拉多矿业学院，康奈尔大学，丹佛公共图书馆，自然历史博物馆，哈佛大学比较生物学博物馆，肯特州立大学，派尔航海科学图书馆（纳拉甘塞特，罗德岛），史密森研究院，美国地质勘测局（雷斯顿，维吉尼亚），加利福尼亚大学洛杉矶分校，加利福尼亚大学圣地亚哥分校，休斯敦大学，得克萨斯大学奥斯汀分校，怀俄明大学

6 水有记忆力，还能传播

“本闻尼斯特争论说，科学成就与新观念在本质上是互斥的。他说，‘正统的人决心阻碍生物学上的任何新观念’。”

——摘自《自然》的一篇新文章

正式宣布

兹将搞笑诺贝尔化学奖两次授予：

雅克·本闻尼斯特（Jacques Benveniste），《自然》杂志多产的散文家和特约记者，因为他持续发现：水，是一种智能的液体。而且他声称，在所有事件的蛛丝马迹消失之后很久，水都能记起这些事，不仅有记忆，而且这些记忆信息还可以通过电话线和互联网来传递。

雅克·本闻尼斯特最初研究发表在1988年的《自然》杂志上（“由稀释的免疫球蛋白E抗体引发的人类嗜碱细胞脱颗粒增强”（Human Basophil Degranulation Triggered by Very Dilute Antiserum Against IgE），333卷第6176期，1988年6月，816—818页），但后来在编辑的坚持下被撤。他的研究以“通过电话对数字化的免疫抗原进行越洋传输”（Transatlantic Transfer of Digitized Antigen Signal by Telephone Link）为题被发表在1997年2月的《过敏和临床免疫学期刊》（*Joural of Aallergy and Clinical Immunology*）上。

雅克·本闻尼斯特是唯一一位两次获得搞笑诺贝尔奖的人，原因是他那具有纪念意义并重复性的发现——水具有人所不知的隐秘能力。

1988年，本闻尼斯特在著名的《自然》杂志上发表了一篇研究论文，那时他是巴黎声名卓著的INSERM（法国国家健康和医学研究院）的一位受人尊敬的生物学家。那篇论文以高级的专业术语写明水能记忆，而且雅克·本闻尼斯特已经证实这一点。

另外，本闻尼斯特告诉所有存疑的人，这个发现解释了顺势疗法药物的药用原理。顺势疗法药物，实际上就是去掉了所有药物的药物。大多数科学家相信，它们根本没用，除非你非得相信它就是有用。毕竟，大多数优秀的医生和科学家都坦率地承认，在极大程度上，医学就是在让病人感到快乐的同时等待伤口自然痊愈。

本闻尼斯特的实验进行了几十年，主要做的就是这些事：向一满杯清水中加入某种特殊的化学药品，然后将混合物进行稀释，并再次进行稀释，第三次进行稀释，然后再稀释，一直到他得到一满杯纯净的水，没有任何其他物质（如果你每天都用肥皂水洗杯子，然后再用清水反复进行冲洗，直到肥皂完全消失，结果也是一样的）。雅克·本闻尼斯特说，水杯中的清水能够记住原来的水分子告诉它的内容：在这个杯子里曾经存在另一种化学物质。

他1988年在《自然》上发表的论文引起了轩然大波。对大多数科学家来说，“水具有记忆”这样的观念听起来是非常荒谬的。但是，这概念相当轰动，而科学家们又喜欢对这种轰动新观念进行实验。世界上成千的科学家确实进行了实验，除了几个顺势疗法药物的热心推崇者之外，没人成功。为这事浪费了时间之后，有人感到厌烦，也有人感到开心。生物学杂志《科学家》（*The Scientist*）报告说：

“一些科学家比较理智，没有轻易地屈服于脾气，而是求助于智慧……美国国立卫生研究所的亨利·梅茨格（Henry Metzger）

想要证实本闻尼斯特的发现，但是失败了，他说，‘很可惜，要让茶变甜，仍然需要满满一茶匙的糖。’”

1991 年，因为“水具有记忆”的发现，雅克·本闻尼斯特获得了第一个搞笑诺贝尔化学奖。不久之后，唯一一位获得两个不同领域的诺贝尔奖（诺贝尔化学奖和诺贝尔和平奖）的莱纳斯·鲍林（Linus Pauling），对搞笑诺贝尔奖管理委员会说，他希望爱德华·泰勒（Edward Teller），当年的搞笑诺贝尔和平奖得主，能成为第一位获得两项搞笑诺贝尔奖的人。但是，鲍林的愿望没有实现。

本闻尼斯特一直在坚持做实验，发表论文（主要是在一些界限模糊的领域）以及嘲笑那些对他的主张表示质疑的人。最终，他离开了 INSERM（对于是否是自愿离开，媒体的报道非常模糊）。他回到了自己的公司——数字生物实验室，他说他的公司有一天会比微软还大。

在数字生物实验室，本闻尼斯特一直努力工作，希望成为新一代托马斯·爱迪生和比尔·盖茨的结合体。就像爱迪生记录了人类的记忆一样，本闻尼斯特正在记录水的记忆。一旦他将这些记忆以数字格式保存，它们就能通过电话线或互联网进行传递。不久之后，根据本闻尼斯特的观点，药剂师就会停止出售那些药片或液体药剂。相反，药方将会通过电话线联入你的水来治疗。数字生物实验室期望能够成为新型的药厂领导者，而且雅克·本闻尼斯特也会因此变得富可敌国。

1997 年，本闻尼斯特对三位著名的法国科学家提起了诉讼，其中两位还是诺贝尔奖得主，他们公开对他的工作提出质疑。这件诉讼案在 1998 年被驳回。在同一年的晚些时候，雅克·本闻尼斯特成为第一个两次获得搞笑诺贝尔奖的人。这一次，是因为他发现水的记忆可以通过电话和互联网进行传送。

无论是 1991 年还是 1998 年，得奖者都无法，也许是并不愿意出席搞笑诺贝尔奖的颁奖典礼。在 1998 年的颁奖典礼上，魔术师詹姆士·兰蒂（James Randi）和化学家达德利·赫施巴赫（Dudley Herschbach）都向本闻尼斯特致以个人的敬意。

在本闻尼斯特的法国实验室中，他告诉一位《自然》杂志的

Transatlantic Transfer of Digitized Antigen Signal by Telephone Link. *J. Benveniste, P. Jurgens, W. Hsueh and J. Aissa.* Digital Biology Laboratory (DBL), 32 rue des Carnets, 92140 Clamart, France and Northwestern University Medical School, Chicago, IL 60614, USA.

Ligands so dilute that no molecule remained still retained biological activity which could be abolished by magnetic fields [1-3], suggesting the electromagnetic (EM) nature of the molecular signal. This was confirmed by the electronic transfer to water (W) of molecular activity, directly or after computer storage [4-7]. Here, we report its telephonic transfer. Ovalbumin (Ova), or W as control,

正是这篇报告让雅克・本闻尼斯特获得他的第二个搞笑诺贝尔奖。本闻尼斯特和他的同事报告说，他们从一大烧杯水中搜集了一些记忆，然后将那些记忆通过电话线经由电子方式进行传送。在电话线的另一端，这些记忆通过一个扩音器放给一大烧杯水听，时间是20分钟。然后，第二个烧杯的水被灌入到一只已死的小白鼠的心脏内。小白鼠的心脏反应就像第二个烧杯的水能够记起第一杯的水的记忆。（注：一些观察家会觉得理解这些观念有点困难）

记者，他“非常高兴能够第二次获得搞笑诺贝尔奖，因为这显示了那些颁发奖项的人根本什么都不懂。人们都是在先试图弄明白得奖者正在做什么之后才会给出诺贝尔奖。但是，给出搞笑诺贝尔奖的人甚至都懒得去询问获奖者的工作。”

《自然》杂志的报告以此结尾：

“1986 年获得诺贝尔化学奖的哈佛化学家达德利・赫施巴赫，发现本闻尼斯特的主张‘与我们已知的分子知识很难达成一致’。赫施巴赫认为这第二个搞笑诺贝尔奖是实至名归。而且如果继续研究这个方面，他还可能获得第三个奖。”

绵绵敬意

这里是诺贝尔奖获得者达德利・赫施巴赫，对两次搞笑诺贝尔奖的获得者雅克・本闻尼斯特的绵绵赞颂，发表在 1998 年的搞笑诺贝尔奖颁奖典礼上：

“就像伟大的艺术一样，不朽的科学本质上也能提供全新的视角。雅克·本闻尼斯特1988年就这样做了，在《自然》杂志上发表了一篇令人震惊的文章。他的结论是，一旦遇到一个生物活性很强的分子，水就会清晰地记住它的经历——记得如此深刻，以至于很长时间之后仍然能够传送该生物活性的特征。这与法国的另一经典文学作品——普鲁斯特的《追忆似水年华》——有着非常神奇的巧合。

“必须承认，我最开始对他的新作是持怀疑态度的。特殊的生物活性可以通过电话或互联网传送，这种说法很难让人相信。但是，本闻尼斯特报告说，他已经作了上千次试验，从水中记录了一般的音频信号。对于这种研究方法，他强调说，水必须从合适的生物分子中接收信息波动才能有如此记忆。我已经阅读了来自于本闻尼斯特实验室的几篇报告，这个实验室被命名为数字生物浴室（lavatory）——呃，实验室（laboratory）。

“试验的结果促使我用流动的水进行一些类似实验，我十分肯定这些水确实已经有了生物活性，且有可能够记起逝去的事情。我已经记录下这些实验，现在分享给大家。（赫施巴赫教授播放了一盘磁带，是冲马桶的声音）我相信你们已经听到了。

“这些很容易就能重复的实验表明，虽然本闻尼斯特非凡的工作可能并不是模拟自然，但它确实在响应自然召唤（the call of nature，通常代指小便——译者注）方面提出了新观点。”

坠椰砸人请注意

“掉落的椰子可能会导致严重的伤害。热带太平洋的许多沿海村落周围都围绕着高高的椰子树，这篇文章描述了新几内亚的四起椰子坠落砸头事件，对椰子坠落砸头做了力学方面的研究。”

——摘自彼得·巴斯的报告

正式宣布

兹将搞笑诺贝尔医学奖授予：

麦克吉尔大学的彼得·巴斯（Peter Barss），因为他那有效的医学报告“落椰之伤”（Injuries Due to Falling Coconuts）。

他的研究发表在《医学外伤期刊》（*The Journal of Trauma*），21卷第11期，1984年，90—91页。

年轻的加拿大医生彼得·巴斯刚刚到达巴布亚新几内亚时，在米尔恩湾省的阿罗塔省医院任职，他想了解就医人群的受伤类型的一些统计数据，然后他发现，椰子坠落造成的伤害占了很高的比例。

确实被椰子坠落砸死的人还是很少的，其中的一例是这样的："有个人，家住岛中的山上，那里几乎没有椰子树，所以他可能没有意识到掉下的椰子的危险。后来他下山到海边，刚好遇到有人在打椰子，而他不巧正站在椰子树下面，掉下的椰子正好砸在他头顶上，他被击倒，几分钟后毙命。"

巴斯医生指出，椰子树非常高，尤其是米尔恩湾省最普遍的坚果类椰子树。

"椰树会在80—100年间持续长高，一般会长到24—30米，有的甚至会到35米。高高的树干顶端会结成树丛……有时候，人们会在椰子未成熟时收割以供饮用，所以得爬上树，砍、踢或拉下已经松动的椰子。干燥的椰子有时会在刮大风或持续降雨中掉落，这时椰子壳可能会更重。房子通常也会建在靠近椰子树的地方，因此，成人或孩子偶尔被掉落的椰子砸到也不足为奇了。"

巴斯医生的报告是第一份关于椰子自由坠落的全面技术分析。虽然物理学分析至关重要，但这份报告最重要的意义，就是关涉普通人的健康问题。巴斯医生掷地有声地总结说：

"一个坠落的椰子直接击中头骨的力度可能是十分巨大的，当然，光擦伤可能没那么严重。房子建在靠近椰子树的地方好像不怎么不明智，孩子们也应该禁止在成熟椰果下玩耍。"

巴斯医生在整个职业生涯中治疗过各种外伤，其中许多都是当地特有的。如果要千里迢迢去那里旅行的人，最好先查询一些医学文献，看看那里有些什么注意事项。巴斯医生已经发表了40多篇医学报告，有几篇就是有关于南太平洋典型的疾病和外伤的，其中包括：《巴布亚新几内亚的猪伤》（《澳大利亚医学期刊》1988），《巴布亚新几内亚的草裙燃烧》（《柳叶刀》，1983），《大洋洲颌针鱼导致的尖锐伤口》（《澳大利亚医学期刊》，1985）以及《热带"豌豆枪"的呼吸危害性》（《巴布亚和新几内亚医学期刊》，1985）。

彼得·巴斯在甜便便小姐的要求下终止了他的获奖发言。

所有这些都是货真价实的危险，不过彼得·巴斯是因为调查坠落椰子伤人事故——以及对此付出的努力——获得了 2001 年搞笑诺贝尔医学奖。巴斯医生自己出资，从蒙特利尔来到颁奖典礼现场。在接受颁奖时，他展示了幻灯片并说，“事情发生在巴布亚新几内亚，我带来了一些帮我进行研究的合作者的照片。这是一种人们从上坠落的树……这是一个坠树而脊髓受损的人，那棵树已经被移走了……很不幸，这些人中的大多数都死了。这是一种摘面包果的简易方法，可以预防伤害……这一张是修剪芒果树的简易方法，好处是你不需要爬到那么高，所以也不会摔得那么重了。一些热带树木有十层楼那样高，因此椰子从这个高度坠落砸人，就差不多相当于一吨的重物压在人身上。所以，世界上最糟糕的事情就是，椰子落下的时候，你在树下睡觉。因为你的头就在地上，椰子完全没有缓冲区，物理学家们都知道这种情况下椰子的动能简直是无穷大的。如果你站着或是被砸倒了，情况会好一些……”（这时，甜便便小姐结束了巴斯医生的演讲）

以下是彼得·巴斯对于自由落体的椰子的牛顿力学分析：

“一个剥去外壳、成熟的干椰子的平均重量从 1 公斤到 2 公斤多不等，如果外壳被水浸透或者是未成熟的椰子，可以重达 4 公斤。这样大的质量再加上重力加速度，从差不多 10 层楼高的地方掉落，直击某人的头部——会造成重伤也就不足为奇了。一个重量为 2 公斤的椰子从 25 米处砸到一个人头上，瞬时速度就会达到 80 公里 / 小时，头部所能承受的力量取决于椰子是直接击中还是打了擦边球。椰子减速的距离也是一个重要的因素。因此，一个躺在地上的婴儿头部，与一个站着并被击倒的成人头部相比，将会承受更大的力。对缓冲距离为 5 厘米的直接打击来说，力度相当于 1 000 公斤重量。”

8 烤面包涂黄油的一面先落地

“我们研究了烤面包从桌子掉到地上的动力学。人们一般认为，通常都是抹了黄油的一面朝下掉在地板上，而且这再次证明了墨菲法则（‘如果某事可能出错，那么就一定会出错’）的正确。传统的科学观点是，哪面着地那是随机的，两面着地的概率各是50%。我们的研究结果是，大多数情况下，烤面包确实更倾向于抹了黄油的一面先着地。而且，这种概率还可以精准到一个常数。这样的话，墨菲法则的最佳例子好像会成为宇宙的必然。”

——摘自罗伯特·马修斯的报告

正式宣布

兹将搞笑诺贝尔物理学奖授予：

英国阿斯顿大学的罗伯特·马修斯（Robert Matthews），因为他关于墨菲法则的研究，尤其是研究显示烤面包掉落时通常会抹黄油的一面着地。

他的研究以《掉落的烤面包、墨菲法则和基本常数》（*Tumbling Toast, Murphy's Law and the Fundamental Constants*）为题发表在《欧洲物理学期刊》（*European Journal of physics*）上，16卷第4期，1995年7月，172—176页。后来的实验细节被发表在《学院科学评论》（*School Science Review*），2001年，第83期，23—28页。

比较而言，黄油烤面包掉地上是个老笑话了。1844 年，诗人和讽刺作家詹姆士·佩恩（James Payn）写道：

“我从来没有一片

如此大的烤面包，

但是它却掉在满是泥沙的地板上，

并总是抹黄油的一面朝下。”

大约一个多世纪之后，有人（究竟是谁则一直存在争论）指出如果猫总是双脚着地的话，你可以将黄油烤面包绑在一只猫的背上，这个组合就会一直旋转下去，在离地几英寸处悬浮。

1995 年，罗伯特·马修斯用数学来研究黄油烤面包问题，并得出了新结论。

马修斯是一名特许物理学家，是皇家天文学会和皇家统计学会的成员。他是墨菲法则的研究者，并十分严肃地对待黄油烤面包的问题。

要考虑的因素很多，马修斯以推翻一个著名的假设开始：“人们普遍相信，这是由于烤面包的一面抹上黄油导致了物理不对称……这个解释并不正确。黄油所增加的质量（大约 4 克）与一片烤面包（大约等于 35 克）相比是非常小的，涂上的黄油只是薄薄一层，并已逐渐渗入烤面包中，它对于烤面包的惯性动量的影响——以及因此对烤面包的转动力所产生的影响——是可以忽略的。”

在仅仅五页的计算中，马修斯研究了一个坚固、粗糙的正方形薄片的掉落状况，假设薄片质量为 m，边为 2a，从离地高度为 h 的固定平台上掉落。他计算了这个物体从初始位置到终止位置，即高度 h 等于零时所产生的动量，并逐步分析各个阶段的情况，最后发现了一个令人吃惊的结论：

“决定人类身高极限的公式包含了三个‘宇宙基本常数’。第一个——电磁精细结构常数——决定了头骨中化学键的强度，而第二个——重力精细结构常数——决定了重力的强度。最后，‘波尔半径’决定了组成身体的原子大小。这三个基本常数的准确数值都是在宇宙大爆炸后就存在的，换句话说，从早餐桌上掉下的烤面包会以抹黄油的一面着地，也是宇宙的必然。”

当然，争论没有停止——墨菲法则决定的。罗伯特·马修斯发表了论文后，其他科学家都纷纷加入讨论，他们激烈地质疑那些参数、计算偏差以及某些随机估算的数值。但不管怎样，马修斯已经创造出了一个标准，所有低级别的研究者都要以此标准来衡量他们的工作，无论现在还是将来。

因为在黄油和烤面包上增加了如此高的数学含量，罗伯特·马修斯获得了1996年搞笑诺贝尔物理学奖。获奖者无法出席搞笑诺贝尔奖的颁奖典礼，但是，他寄来了得奖感言录音带。按照墨菲法则，磁带在颁奖典礼结束后四天才到达哈佛。

在感言中马修斯博士说：“非常感谢你们颁这个奖给我。作为地球上悲观的大多数之一，能够证明墨菲法则——如果事情可能出错，它必将出错——是宇宙与生俱来的，给我带来了很多快乐及这个搞笑诺贝尔奖。当然，我的工作中也有更严肃的一面，我只是记不起到底是什么了。哦，是的，我知道了。我应该继续努力。”

于是，马修斯继续研究着这类遵循墨菲法则的问题，当然还有这个法则之外的其他实际问题。为什么我们的抽屉里会有许多旧袜子；为什么绳索线头什么的经常打结；为什么你要找的地方在地图上就是难找得很；天气预报说要下雨时你是否要带上一把雨伞；在超市中等付款的时候要不要换个队排呢——罗伯特·马修斯以热情、活力和数学方法来解决这些问题。

2001年，他又重新回到了黄油烤面包这个问题上。之前是从理论上研究的，现在他开始实证研究。也就是，开始扔烤面包——来自英国各地超过1 000名在校学生（70%来自于小学，30%来自于初中）参与了这三个实验，进行了共21 000次的烤面包掉落实验。一些小组的贡献让人印象深刻，有22个小组进行了至少100次实验，有10个小组进行了至少400次实验，而且有2个小组的实验超过1 000次。这三个基本实验的总体结果如下：

“在9 821次掉落中，有6 101次是涂着黄油的一面着地，概率是62%，如果——就像许多科学家声称的——烤面包掉落的时候，黄油的一面向上和向下的概率应该相同而且结果是随机的，那么概率就应该是 50%，而实验的结果比预期高出 12 个百分点。”

就像罗伯特·马修斯通过理论和实验所说明的，自然痛恨刚刚吸尘完毕的干净地板。

9 格拉斯哥马桶崩塌研究

“这三个案例，都是人的重量把陶瓷马桶压塌，而自己受伤，需要入院治疗。厕所使用年限过长是个问题，随着许多厕所年久失修，这种倒塌性事件可能会变得越来越普遍，从而威胁健康。”

——摘自怀亚特、麦克诺顿和塔利的报告

正式宣布

兹将搞笑诺贝尔公共卫生奖授予：

格拉斯哥的乔纳森·怀亚特（Jonathan Wyatt）、戈登·麦克诺顿（Gordon Mc Naughton）和威廉·塔利（William Tullet），因为他们具有警示性的报告——“格拉斯哥马桶的倒塌”（The Collapse of Toilets in Glasgow）。

他们的研究被发表在《苏格兰医学期刊》（*Scottish Medical Journal*），38卷，1993年，185页。

格拉斯哥西部医院急诊科的三位医生注意到一个不寻常的事件：“六个月内出现了三个具有相同伤口的病人，他们都是如厕的时候马桶突然倒塌而受伤的。”医生们觉得，这可值得研究。

经过重新分析之后，这三个报告其实是有差别的。第一个报告的主角是一个重 83 公斤的 14 岁女孩，“她坐在学校的马桶上，马桶突然倒塌，然后她右大腿的后侧出现了一个长 7 厘米的伤口”。

第二个报告的主角是一个重 70 公斤的 34 岁男子，“出恭时，马桶突然在他下面倾塌，在他右半边臀部上留下一个 6 厘米的伤口”。

第三个报告的主角是一个重 76 公斤的 48 岁男性，“马桶碎裂的时候，他正端坐于上，于是他两边的臀部上都留下了许多伤口”。

这三个案例中损坏的都是陶瓷抽水马桶部分，而不是马桶座圈部分。官方报告说，“抽水马桶确切的使用时间和产地并不清楚，但是，所有的抽水马桶都是白色陶瓷的。”

主治医师给这些伤员清洗了伤口，并在局部麻醉下缝合，之后病人都痊愈了。

怀亚特、麦克诺顿和塔利医生以一个严肃但不悲观的回顾和一个实际建议作为报告总结：

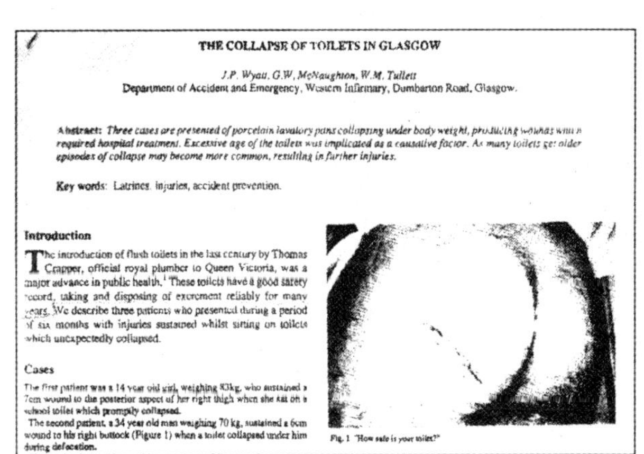

THE COLLAPSE OF TOILETS IN GLASGOW

J.P. Wyatt, G.W. McNaughton, W.M. Tullett
Department of Accident and Emergency, Western Infirmary, Dumbarton Road, Glasgow.

Abstract: *Three cases are presented of porcelain lavatory pans collapsing under body weight, producing wounds which required hospital treatment. Excessive age of the toilets was implicated as a causative factor. As many toilets get older episodes of collapse may become more common, resulting in further injuries.*

Key words: Latrines, injuries, accident prevention.

Introduction

The introduction of flush toilets in the last century by Thomas Crapper, official royal plumber to Queen Victoria, was a major advance in public health.[1] These toilets have a good safety record, taking and disposing of excrement reliably for many years. We describe three patients who presented during a period of six months with injuries sustained whilst sitting on toilets which unexpectedly collapsed.

Cases

The first patient was a 14 year old girl, weighing 83kg, who sustained a 7cm wound to the posterior aspect of her right thigh when she sat on a school toilet which promptly collapsed.

The second patient, a 34 year old man weighing 70 kg, sustained a 6cm wound to his right buttock (Figure 1) when a toilet collapsed under him during defecation.

Fig. 1 "How safe is your toilet?"

怀亚特、麦克诺顿和塔利的获奖论文。

“这次研究中的厕所倒塌，虽然并不致命，却会给相关人士带来尴尬和不适。厕所的倒塌确实不寻常，过往文献也未有提及，而且原因不明，不过人们普遍相信是马桶使用期过长所致。因此，我们建议，在使用那些都用习惯了的、年代较为久远的陶瓷抽水马桶时，还是要谨慎一点。防止马桶倒塌最简单的方法就是，用蹲姿悬空，而非稳坐马桶上。”

因其为大格拉斯哥民众的安全和内心安宁作出了贡献，乔纳森·怀亚特、戈登·麦克诺顿和威廉·塔利获得了2000年的搞笑诺贝尔公共卫生奖。怀亚特和麦克诺顿自费从格拉斯哥来到颁奖典礼现场，麦克诺顿穿了一条苏格兰裙，怀亚特则没有特别打扮。他们的得奖感言简短而中肯。

乔纳森·怀亚特说道：“女士们，先生们，非常感谢。今晚能站在这里，对我来说是一个巨大的荣誉。你们也许不相信，但我们的研究结果曾那么被冷落，就像被抽水马桶冲走了一样。但是这个颁奖典礼能够证明它的价值。戈登——这是来自苏格兰的戈登——特别想感谢你们美国人的盛情。也许有人不明白为什么苏格兰人要穿裙子，这里解释一下，他已经试过了你们的厕所，而且发现穿苏格兰裙上厕所非常方便，而且目前为止一切正常。接下来有请戈登。非常感谢。”

戈登·麦克诺顿在搞笑诺贝尔奖颁奖典礼上。

戈登·麦克诺顿说道：“今晚的主题是聪明才智，所以我想这是借此机会向大家介绍英格兰最著名的水管工托马斯·克莱伯（Thomas Crapper）

先生。如果没有他的智慧的结晶——抽水马桶的发明，我们今天就不会站在这里。非常感谢。”

颁奖典礼的两个月后，搞笑诺贝尔奖管理委员会收到了一封来自于英格兰诺丁汉的阿拉斯代尔·巴克斯特的信，上面写着：“请恕冒昧，但我隐隐觉得，我可能是《苏格兰医学期刊》上那篇‘马桶倒塌’论文描述的受害人之一。1971 年 8 月，我在格拉斯哥附近的科特布里奇担任临时中学教师，马桶在我如厕时突然倒塌，而且我臀部和背上上都有严重的伤口。很不幸，我无法联系上《苏格兰医学期刊》来进行核对。如果您能寄给我一份那篇文章的副本，我将非常感激。或者，如果您有怀亚特医生或麦克诺顿医生的电邮地址，我将会直接与他们进行联系。非常感谢，盼复。”

管理委员会将巴克斯特先生的信件转给了麦克诺顿医生。麦克诺顿医生的回复让人哭笑不得，他说，他自己、怀亚特医生和塔利医生都未有幸检验过巴克斯特先生的臀部。

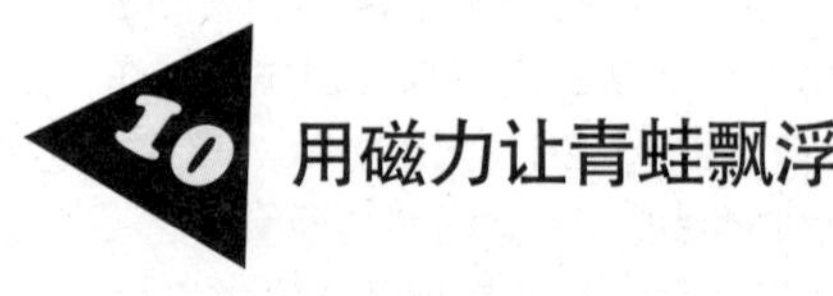

10 用磁力让青蛙飘浮

“起初青蛙处于平衡状态，没有外力作用于它。通过改变磁石的形状（比如从圆形变成椭圆形）产生的力矩会随之改变，也就产生了外力。于是青蛙就会轻微震动。如果保持最小震动频率重复试验，震动幅度会因为参数性的共振效应而变大，一直到青蛙脱离稳定区域。但这个影响很小，因为质量 m 的形状决定度为 10^{-5}，所以要脱离就需要 100 万次的这种‘划水动作’；所以青蛙还是能保持稳定和高度协调的。”

——来自于杰姆和贝利的报告

正式宣布

兹将搞笑诺贝尔化学奖授予：

荷兰奈梅亨大学的安德烈·杰姆（Andre Geim）和英国布里斯托尔大学的麦克尔·贝利（Michael Berry）爵士，因为他们使用磁石让青蛙飘浮。

他们的研究以《关于飞行的青蛙和磁悬浮》（Of Flying Frogs and Levitrons）为名发表在《欧洲物理学期刊》上，1997 年第 18 期，307—313 页。安德烈·杰姆的网站（www.hfm.sci.kun.nt/frogev.htm）（*European Journal of Physics*）上有漂浮起的一只青蛙、一只蟋蟀、一个草莓和一滴水的简短录像。

面对“你能将一只青蛙磁化吗”的问题，大多数科学家的结论是：“不，你不能。”但是他们应该感到庆幸，因为如果他们再好好想想之后还是固执己见的话，那就真是错得很惨。

青蛙漂浮试验是单人完成的，其理论基础则是合作的结果。麦克尔・贝利解释说：“飞行的青蛙是安德烈・杰姆的实验，我是在作完一个磁悬浮器的物理学讲座后知道这个实验的，话说磁悬浮陀螺是个玩具，就是一个被磁化的陀螺漂浮在磁化的基座之上。飞行的青蛙和悬浮的陀螺貌似应该遵循相似的物理学原理，所以我联系了安德烈，然后我们就开始合作，将我先前漂浮器的理论扩展到青蛙上。”

“第一次看到青蛙公然挑战重力悬浮在半空中，是非常奇怪的。它是由强有力的电磁力支撑的，磁力能将青蛙推上去，因为青蛙也是一个磁体，虽然磁力比较弱。青蛙本来是没有磁性的，

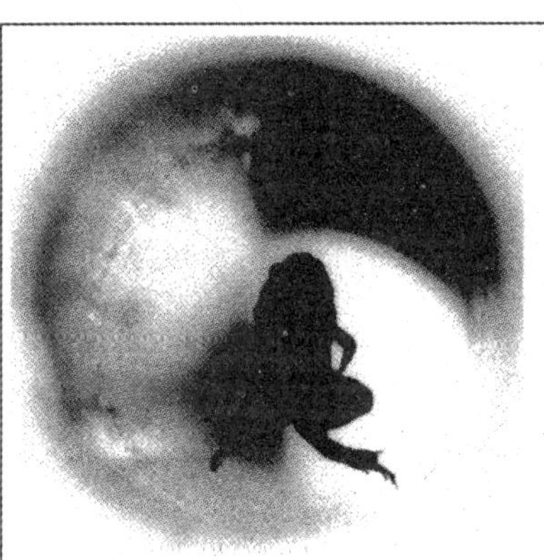

Figure 4(b). Frog levitated in the stable region.

A variety of diamagnetic objects was inserted into the magnet, and the current through the coils adjusted until stable levitation occurred (figure 4(b)). The corresponding fields B_0 were all close to the calculated 16 T, and the objects always floated near the top of the

Of course this represe currents localized in charge, so the living Indeed, they emerged without suffering any also Schenck (1992) a

As we showed ea paramagnets stably. be achieved, and fro clear that this occurs of the solenoid—rathe $\chi_{paramagnetic} \approx 10^{-3}$ vertically stable but some paramagnetic o stainless steel, param were suspended in th were held against the a few occasions, para contact, but were fou current of paramagne for example by cover gauze, the objects slip against the wall.

6. Discussion

Our treatment of dia

杰姆和贝利的获奖报告。

但是电磁场可以使它变得有磁性——这被叫做‘诱发性抗磁性’(induced diamangnetism)。大多数物质都是抗磁性的，所以安德烈能够让各种物体漂浮起来，包括水滴和榛子。

“原则上，一个人也可以通过被磁化而漂浮起来——就像青蛙一样，我们身体的大部分是水。人所需要的磁场并不会更强，但是应该覆盖更大的人的体积，目前这尚未实现。没有理由相信这种漂浮会有危害，或是让人痛苦，当然，也没有人能完全确定。尽管如此，我将会狂热地报名成为第一个被漂浮的志愿者。

“棘手的物理学难题就是要解释为什么青蛙的平衡是稳定的——也就是说，为什么它能保持悬浮。大多数物理学家将会——错误地——预期青蛙会滑出磁场范围并掉下来（类似的情况就是铅笔以笔尖为轴保持平衡的不稳定性）。这个错误的预期是建立在塞缪尔·俄恩肖 1842 年证明的定理的基础上的——没有固定的物体能够仅仅被磁力和重力保持稳定。但是青蛙并不是固定的，在生物的原子中存在着电子循环。虽然影响非常小，但是它们意味着俄恩肖的定理并不完全适用，而且也提供了稳定平衡的可能性。

“诀窍就是整个区域内各方力量的平衡。这一点做不好，青蛙就会掉下来。”

因为研究磁性的多变，安德烈·杰姆和麦克尔·贝利获得了 2000 年搞笑诺贝尔物理学奖。安德烈·杰姆自己出资从荷兰的奈梅亨飞往颁奖典礼现场，在接受奖项的时候，他说：

“我们的故事包含了未被认可的磁力学知识。我们还想代表上百位写信给我们并提供意见的人领这个奖。工程师们写信来询问，因为他们在进行废物利用和原料处理的时候，也想让物体飘浮起来，而且还想让商店橱窗内的运动鞋和珠宝漂浮起来；还有来自物理界同人的询问，有人承认，在知道了青蛙实验之后，他们终于理解了过去的一些实验结果；还有来自化学家和生物学家的信，他们意识到可以在一个磁体内进行微重力实验，而不必等到航天飞机问世后跑太空上去做；从服务员到靠救济金生活的人，从囚犯到牧师，询问者甚多。他们的想法有时非常睿智，出人意料，有时候又很愚蠢，有时候很可笑或者说很疯狂，但是都很有创造性。更多的赞赏来自世界各地的孩子们，他们写道：‘我已经 9 岁了，我想成为一名科学家。’”（杰姆医生又继续了一小段时间，但是 8 岁的甜便便小姐结束了他的演讲）

甜便便小姐终止了悬浮青蛙的研究者安德烈·杰姆的获奖感言。

11 坚固的灰熊盔甲的研发

“就像过去的亚哈（《白鲸记》里的船长）一样，特罗伊·赫图拜斯执着地想要成为一位伟大的人物，在穿上重 147 磅的自制盔甲，经受了无数次的摔打试验，到了决胜负的时候，他却破产了。”

——摘自 1997 年《户外》（*Outside*）杂志上一篇关于特罗伊·赫图拜斯的文章

正式宣布

兹将搞笑诺贝尔安全工程奖授予：

安大略省北湾市的特罗伊·赫图拜斯（Troy Hurtukise），因为他开发并亲身试验了一套可以防大灰熊的盔甲。

特罗伊·赫图拜斯和他的研究都被展示在纪录影片《灰熊计划》（*Project Grizzly*）中，由加拿大国家电影协会制作。更加详细的信息和视频剪辑都在特罗伊的网站上：www. projecttroy. com

20 岁的特罗伊 · 赫图拜斯独自在加拿大的荒野寻金的时候，偶遇了一只大灰熊。其后，他将生命剩余的时间都用来研发一套可以防大灰熊的盔甲，这样他就可以安全地与那只大灰熊聊天了。这套盔甲的基本设计深受《机器警察》电影的主角——来自于未来却具有人性的机器警察——的影响，特罗伊在开始他的密集研究和开发工作之后不久就凑巧看到这部电影。

遵循詹姆士·瓦特、托马斯·爱迪生和尼古拉·特斯拉的传统，特罗伊也成为孤独发明者的典范。他具有超凡的毅力和想像力，被一些人视为半个天才，而被其他人视为半个疯子。特罗伊还小心谨慎，证据就是他仍然活着。

大灰熊是非常有力且残忍的。特罗伊意识到，在进行最终检验之前，他应该做一些可控的实战测试。他花了 7 年的时间，用了 150 000 加拿大元，设计了各种强大突袭对这套盔甲进行检验。在几乎所有的检验中，特罗伊都安全锁在庞大的盔甲中，但他却得了严重的幽闭恐怖症。

这套盔甲是一个技术上的奇迹，尤其是当人们意识到特罗伊是用到处收集来的材料组装盔甲的时候，他们不得不表示赞叹。下面是盔甲的一些技术说明：

名字：棕熊·马克六代

材料：

- 防火的橡胶外壳（来自明尼苏达州）
- 钛质外部金属板（来自安大略省的汉密尔顿）
- 由锁子甲制成的盔甲连接处（来自法国）
- 塑料内壳（来自于日本）
- 充气袋内层
- 管状磁带

高度：2.18 米，顶部有摄像装置。

重量：66.68 公斤（147 磅）

头盔：两层头盔。内部：特别改良过的昭荣摩托车头盔。外部：铝钛合金的外壳。尺寸：接近 60 厘米（2 英尺）深，45 厘米（1 英尺 6 英寸）宽。

冷却系统：由电池供电的双扇页通风系统能够向内输入凉爽空气并排出湿热气体。

通信系统：声控双声道无线电设备。

视觉系统：头盔上安装了带有广角迷你摄像机。

黑盒子：在头盔的右后方安装了一个声控录音装置，可以记录大灰熊的声音，或是在棕熊 · 马克六代面临毁灭性失败时，用来记录下临终遗言。

保护系统：在右臂上有手动扳机的“爆破盒”。能够在 4.6 米的范围内发射直径为 38 厘米的灰熊讨厌的松果，可持续 7 秒。

咬噬带：右臂上的对压力非常敏感的带子，用来测量一只大灰熊咬噬的力量。

对盔甲的测试：

- 卡车：以每小时 50 公里的速度行驶的重 3 吨的卡车冲撞 11 次
- 来复枪：以 12 口径的步枪射击，使用穿甲弹
- 弓箭：穿甲箭，用一个重达 45 公斤的弓射出
- 树干：用一棵重 136 公斤的树从 9 米高的地方滚下来碾压两次
- 自行车：由三个骑车的人驾驶——最壮的一个，高 2.05 米，重 175 公斤。自行车装备：爆裂斧头，支架，棒球球棒。
- 悬崖：从悬崖上跳下，高度超过 15.25 米。

棕熊 · 马克六代仍然存在着一些小缺点，特罗伊会继续完善，使它完美无缺。最后，即使地面并不是十分平坦，身穿盔甲也能走出五步后仍然屹立不倒。将来这套盔甲将会越来越轻，越来越

灵活。

特罗伊是一位天生的领导者，并有幸拥有无穷魅力、超凡吸引力和强烈的幽默感。一队志愿者与他一起工作，这些人随时准备在需要摔的地方摔倒，帮助特罗伊制造和测试他的新版本。他们还帮特罗伊录下这些测试，一些效果好的早期胶片也出现在加拿大国家电影协会1997年的纪录片《灰熊计划》中。该纪录片还展示了特罗伊第一次重回荒野的情况，着铁甲策马，寻找那只大灰熊。制片人非常愉快地推荐这部影片：

“来吧，加入到特罗伊的盔甲和勇气测试中吧，加入到这个毛骨悚然又很欢快的项目中来吧。和他们一起，从油炸饼店到北湾市的自行车行再到神秘的落基山，与这个当代的唐吉诃德和他的团体一起旅行吧，这是与命运的约会。”

特罗伊穿着他设计的防灰熊盔甲。

特罗伊喜欢被关注，但令他失望的是，这部影片并没有突出他对灰熊科学的贡献。

影片并没有清楚展示出他从不因挫折而灰心。比如 20 世纪 90 年代晚期，特罗伊被迫宣布破产，而且安大略省破产法庭也剥夺了他对盔甲的所有权。从那时起，法庭就一直试图寻找一个买主。当然法庭也偶尔会给予特罗伊“借用”盔甲的权利，主要是接受电视采访，或是有买家要看货或决定购买盔甲时。

因为想像、建造和测试了这套盔甲并能一直保留，特罗伊·赫图拜斯获得了 1998 年的搞笑诺贝尔安全工程奖。安大略省破产法庭允许这套盔甲陪他出席颁奖典礼。特罗伊由妻子劳里（Laurie）和一个名为布罗克（Brock）的神秘人陪同，从安大略省北湾市的家前往出席搞笑诺贝尔奖的颁奖典礼。神秘人身着一套深色的职业装，特罗伊介绍说他是法庭指派的盔甲监护人，而他却自我介绍说是“特罗伊一家公司的总裁”。三人在波士顿的洛根机场接受海关检查时，经历了一次小而短暂的冒险。之后他们又经过繁忙的波士顿交通，途经查尔斯河，进入了剑桥郡，并最终到达哈佛的桑德斯礼堂。

特罗伊发表得奖感言说：

“不管怎样，我还活着。能说什么呢？我只是来自于安大略省北部的一个普通人，如今站在哈佛大学神圣的礼堂中，我很紧张。各位，让我们回顾过去，看看以前的一些发明和发现是多么荒谬，哪怕只有一分钟，我们也要拒绝科学上的狭隘，放宽眼界，搭乘上想像的直通车。

“马克六代盔甲防弹防火，完美无瑕。它的外骨骼是全钛制的，外部的橡胶基是绝缘的。我用了两年的时间来解决这两种材料的结合问题。我将盔甲的内部——你们看不见——用 7 630 英尺的磁带缠了起来。

“明天，在哈佛大学科学中心，我将会向你们揭示另外一个世界，我的下一个模型——联邦警探——及其科学原理。”

第二天，特罗伊展示了——这是他的首次披露，记者们和科技人员早就翘首盼望这一天了——他的下一代盔甲计划。他说，

诺贝尔奖获得者格拉肖、赫施巴克、罗伯特及利普斯科姆（从左到右）向特罗伊祝贺其获得的搞笑诺贝尔奖。

“联邦警探”的雏形要花费 150 万美元，与它的前辈相比，这套盔甲将会更轻、更壮而且更易操作。穿上这套盔甲能够完全倾斜地奔跑，能够在火山内部进行勘测。

当晚，哈福大学卡彭特中心特别公映了两次《灰熊计划》，两场都爆满，特罗伊也亲自到现场答谢他的崇拜者。

第二年，特罗伊又回到了哈佛，给新一届的搞笑诺贝尔奖得主颁奖，并在麻省理工学院举行了一场讲座。在那里，他使一屋子的工程师们都感受到灵感的震撼。

从那时起，特罗伊继续进行着更深入地研究和开发，并继续在其他领域进行出人意料的冒险，其中涉及 NASA、国家曲棍球联盟、一个将油与沙子分离的发明、一个窃听电话、一次神秘的夜劫、在电视上被喜剧演员罗赞・巴尔（Rosanne Barr）踢中胯部、与两只科迪亚克熊同锁在一个房间里等。

对特罗伊的赞词：

以下是特罗伊·赫图拜斯在1998年搞笑诺贝尔奖颁奖典礼上接受颁奖的时候，人们给予他的一些赞誉。

对特罗伊的赞词：原始力量

柯林·吉伦（Collin Gillen），野生动物临床研究中心研究员，
塔夫茨大学医学院兽医系

“我曾见过一只饥饿的灰熊将温尼贝戈人的背剥落下来，就像开一罐沙丁鱼一样——他只是想拿一块奥利奥饼干吃。我还曾见过我们美国森林局所使用的防熊金属食物箱，它们在荒郊野外的树木间滚动，至少半英里，然后滚下山谷，再滚上另一面的山坡。这些箱子一般至少重200磅，加上所装的食物，可能会重300磅。我还曾亲眼见过一只大灰熊独自用牙齿将一只野牛的重达200磅的后半部分举起来，然后扬长而去，雪地上没有留下任何拖痕。

“我对特罗伊先生非常崇拜，并非常钦佩他在灰熊的研究和工程领域内为自己设计的目标。任何曾经看过特罗伊影片的人，都会像我一样，对他实地测试的结果非常感兴趣。祝他成功，并祝他在执着的追求过程中一路好运，我相信他所有的冒险都会有助于成功。”

对特罗伊的赞词：材料科学

罗伯特·罗斯（Robert Rose），
材料科学教授，麻省理工学院

“特罗伊·詹姆士·赫图拜斯，今天我们公认您在肌肉与骨骼

生物力学，尤其是防冲击力方面，对现代材料科技进行了创造性的应用。

“您的研究方法将会影响许多领域，与人类相关的研究也会越来越广泛和深入，毕竟人类是所有实验动物中唯一有医疗保险的呢。我会把用棒球棒做实地测试的方法推荐给我认识的许多大学研究组。而且，休眠的秘密对于我们许多学生和教师来说都有十分重要的实践意义。”

对特罗伊的赞词：人和熊

达德利·赫施巴赫，

诺贝尔奖得主，哈佛大学化学教授

“我曾经遇到过一只大灰熊。它像房子那么高大。幸运的是，他也不喜欢我。”

有关灰熊盔甲的特殊声明

纽约著名的关税律师威廉·马勒尼（William J. Maloney）

“今晚，我代表美国灰熊盔甲联合工会向大家致辞，我们可以骄傲地说，75年来，这个联盟一直都是防灰熊盔甲工业中的美国工人的代表。我们有理由相信搞笑诺贝尔奖得主特罗伊·赫图拜斯是用廉价且非公会性质的劳动力在加拿大生产灰熊盔甲的。并且，我们相信他正准备着大规模生产这些盔甲，冲击美国本土市场，减少我们本国劳动力生产的高质量灰熊盔甲的销售额。”

12 最善发明的推销员

"'整理梳子'只是一个内部装有剃须刀片的小塑料梳子。它是一个伟大的小发明，成本低、利润高，可以为我们赚很多钱。那么用'整理梳子'理发的效果怎么样呢？就像人工理发的效果一样好。"

——罗德·博比尔，在他的自传《世纪推销员》这本书中

正式宣布

兹将搞笑诺贝尔消费工程奖授予：

罗德·博比尔（Ron Popeil），坚持不懈的发明家和深夜电视节目的固定商品宣传员，因为他用蔬菜魔法工具、袖珍渔夫、麦克风先生以及鸡蛋壳内的扰频器等装置重新定义了工业革命。

罗德·博比尔在《世纪推销员：发明、营销和电视销售：我怎样做的，你就能怎样做！》（*The Salesmsn of the Century: Inventing,Marketing, and Selling on TV: How I did It and How You Can Too*）这本书中讲述了他自己的故事。

超过40年的时间里，美国电视里一直在售卖着一些名字古怪的新奇而廉价的发明——纽扣人、袖珍渔夫、切割魔法工具，鸡蛋壳内的扰频器以及几乎无数的其他商品。在这些发明背后，是一位名叫罗德·博比尔的口齿伶俐不屈不挠的推销员/发明家。

文明的发展产生了许多发明特殊用处小工具的发明家，文明的发展也产生了许多精力过剩的推销员。罗德·博比尔（他自己称为“坡·比尔”）就是这两种人的综合体。这种结合并不特别，但是，罗德·博比尔确实是其中翘楚。与其他人相比，他更多的使用电视作为超高效、超刺激但是无疑更有强迫性的方式来刺激低质小玩意的销售。

罗德·博比尔出生在一个具有创造性但是很任性的销售员家族中。

小罗德的父亲，发明家和推销员S. 博比尔（S. J. Popeil），设计和建造了一种叫做砍剁魔法工具（Chop-O-Matic）的东西，“一个简单的切削工具，能够切蔬菜、马铃薯和肉”。S. 博比尔为他的砍剁魔法工具付出了许多心血。他向他的叔叔，发明家和推销员内森·莫里斯，提出了一起诉讼，因为他们设计和经营一种相似的叫做轮转切割机的装置。内森·莫里斯（Nathan Morris）

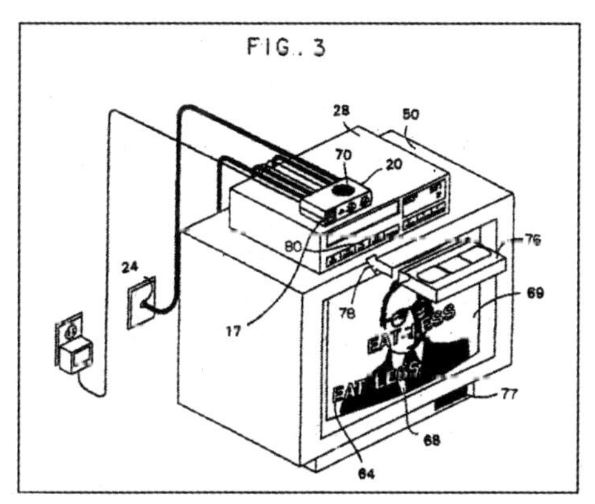

罗德·博比尔拥有13项专利，包括两项用于电视节目中的潜意识视频。据美国专利第5221962，这项技术称为“可人工调节潜意识信息感觉阈限的潜意识控制工具”。

是这种纠纷的老手，主要是与他自己的兄弟发明家和推销员阿拉巴汗姆·莫里斯（Al Morris）进行内斗。S. 博比尔与他的叔叔内森达在法律上达成和解，因而砍剁魔法工具可以从法律的禁锢中解放出来（具有讽刺性的是，多年之后，S. 博比尔与瑞士一位发明早期类砍剁魔法工具的发明家打官司，却败诉了）。

最后，罗德说明了怎样有效和真正地推销他父亲的砍剁魔法工具。

以这项遗产、多种技术和如此经历为资本，罗德继而发明制造了一系列真正令人困惑的小机器，并给它们做广告，广告再广告，直至深入人心。

没有人会真正需要其中任何一种产品，但是，因为有了时髦的名字，这些便宜的小发明却在某种程度上颇为诱人。每一种发明都满足了不同的需求，而人们几乎要相信自己真有这种需求。

他成功的关键在于，电视广告制作和播放的费用都很低。罗德·博比尔开发了一些方法便宜制造反复播放他的广告。从早到晚，几乎到让人想吐的地步——尤其是深夜的电影或电视节目开始之前的时段，几乎不用花广告费。任何人偶然打开电视机，都会被这种销售方法深入刺激神经系统。

博比尔的广告是工程学上的奇迹，他的产品名称也是奇迹。既简洁又引人注目，每一件商品都具有一位强制推销的广告员，他能迅速而持续地，喋喋不休念叨产品名称，充满了令人生厌的虚假友善。广告员重复产品的急速销售，而且总是用一些小甜头来美化这种交易："但是等一等"，他会说，"还有别的哦！"

这些发明都是什么？

- 即刻闪亮鞋油喷雾
- 塑料植物工具包，由"各种各样叶子颜色的液体塑料管，设计成树叶和树干形状的金属片以及绿色的带子"组成。
- 转盘魔法工具食品切片器——"切下的西红柿是如此的薄，你甚至能够透过它看报纸。"

• 蔬菜魔法工具——“完整的切片、切块、切条。将一整个西红柿一次切成完全一致的薄片。仅仅转动圆环，你就可以转薄为厚。就像变魔术一样，你还可以将切片改成切块。没有人喜欢切洋葱，而蔬菜魔法工具能够快速将洋葱切成块。你掉下的唯一眼泪只能是喜悦的泪水。”

• 切割魔法工具——“强有力的真空把手！”购买这件商品的顾客还将获得“额外”赠品——食品魔力器，“它能将新鲜的柠檬快速切割，就像酒吧服务员一样”。

• 纽扣人——“纽扣脱落问题十分常见，纽扣下次又掉的时候，不要再用原始的针和线进行缝纫了。使用纽扣人吧！”

• 龙科牌无烟烟灰缸——将香烟放入这个烟灰缸中，烟就被吸入到过滤系统中了。

• 麦克风先生——能够向附近任何一个调频收音机进行广播的无线麦克风。“这可是整个家庭都能玩起来的乐趣啊，而且它仅需要 14.88 美元。买上两三个，这是真正的好礼品。”

• 从里至外窗户清洁器——这件商品销售情况不好。

• “整理梳子”——一个内部装有剃须刀片的小塑料梳子。“任何人都可以自己修整发型，省去了昂贵的理发费用。它能修整、打薄、定型、混合使用以及修剪层次。一把梳子就集所有这些功能于一身。”

• 龙科牌瓶罐切割器——“这是一种废物利用的好办法，把那些不要的瓶瓶罐罐变成好看的玻璃瓶，摆在桌子中间的装饰品等各种玩意。这是父亲喜爱的工具、孩子喜欢的玩具以及给母亲的最佳礼物。龙科牌瓶罐切割器售价仅 7.77 美元。”

• 博比尔迷你渔夫——“想让一个小男孩开心吗？就送给他迷你渔夫吧。”

• 龙科牌五碟食品电子脱水器——“是一种在家中制作牛肉干、香蕉干、汤料甚至是肉菜杂烩的装备。”

• 呼拉圈锄头——“能够摆动的除草机。”

• 细胞塑身器——“帮助你塑造腰部、臀部和大腿的完美曲线。”

• 妙发 9 号发型系统——能够遮盖秃顶的喷雾染色剂。

1991 年和 1993 年，博比尔的在电视荧屏上制作速闪广告的发明（将广告内容在观众面前一掠而过，使观众潜意识受到冲击）获得了专利（美国第 5017143 号和美国第 5221962 号）。

在自传中，罗德·博比尔描述了发明家的奥秘："我们是那些为人类贡献利益的名人、民间英雄和普通人。成为一个发明家（即使你仅仅是一个发明者）好像会为你带来信誉。而且，你既能发明、创新，还能营销，这三者的结合肯定能让你成为媒体的宠儿。"

这本自传一开始就介绍了一种简单思路，但这种思路总结了博比尔精神和他的发明特征：

"我推销！我叫卖！我兜售！"

这个信仰确实起作用了。"我一直在往口袋里塞钱，一辈子也没见过这么多钱。"

因为多年坚持不懈的发明，罗德·博比尔获得了 1993 年搞笑诺贝尔消费工程奖。获奖者无法，也许是不愿意出席颁奖典礼。他继续着他的发明和销售生涯。

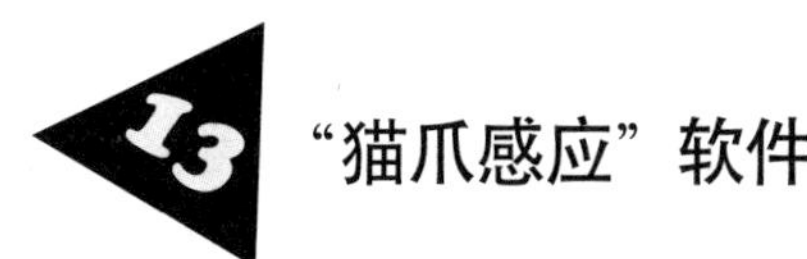

13 “猫爪感应”软件

“一只猫爪踩下，这时猫的重量加上运动的动量，会通过小猫的肉垫给键盘施加几磅的重量。猫爪放在键盘上时，其角度和脚趾的位置也要经历复杂的变化，于是按下一个或几个键的方式也会不同，先后节奏也十分特殊。小猫行走和躺倒时的运动模式也有助于辨别它们的按键方式。”

——摘自由生产商提供的技术描述

正式宣布

兹将搞笑诺贝尔计算机科学奖授予：

来自亚利桑那州图森市的克里斯·尼斯旺德（Chris Niswander），因为他发明了“猫爪感应”（Paw Sense）软件，一种能够探测出小猫正在你的电脑键盘走过的软件。

可以在 BitBoost Systems 买到该感应器，购买地址是：421E, drachman, tucson, AZ85705, USA. 可前往 www. bitboost. com 网站了解详情。

克里斯·尼斯旺德（Nis Wander，这个姓和“悠闲漫步”发音相同）是一名计算机科学家，他还是图森门萨协会时事通讯的编辑。他用一种非常智能的方法来解决猫 / 计算机问题。首先，他陈述了问题：

“当小猫走或爬上你的键盘时，它们可能会随机键入指令或数据，损坏你的文件，甚至损毁你的计算机。无论你当时就在旁边还是凑巧离开了，这种情况都可能发生。”在陈述了问题之后，他就着手解决。用尼斯旺德先生的话来说就是：“‘猫爪感应’是一个保护你的电脑不受小猫侵袭的应用。它能迅速监测并阻止小猫按键，并有助于训练你的小猫远离计算机键盘。”

那么，它是怎样起作用的呢？尼斯旺德先生总是非常有礼貌地解释道：“猫爪感应软件通过权衡各种因素来实现最大程度上的高速可靠。它分析键盘的压力和输入组合将小猫乱按和人类输入区分开来。‘猫爪感应’通常只需要感应一至两下按键，就会识别出键盘上有一只猫。”

如果探测出猫，它就会采取行动，突然播放一首很吵的打击乐，或者大声播放出尼斯旺德先生的嘶嘶声，或者是一些人喜欢但大多数猫非常讨厌的声音。

尼斯旺德先生说，这些声音对耳聋的猫是没用的，但是一旦探测出键盘上有一只猫，这个应用就会阻止小猫在键盘上输入信息。而且计算机屏幕上会出现巨大的字：“检测到类似猫的键入”并且要求你或者猫键入单词“人类”。一只不识字的猫也可能凑巧用爪子输入这个单词，从而激活系统，但是这种可能性是微乎其微的。

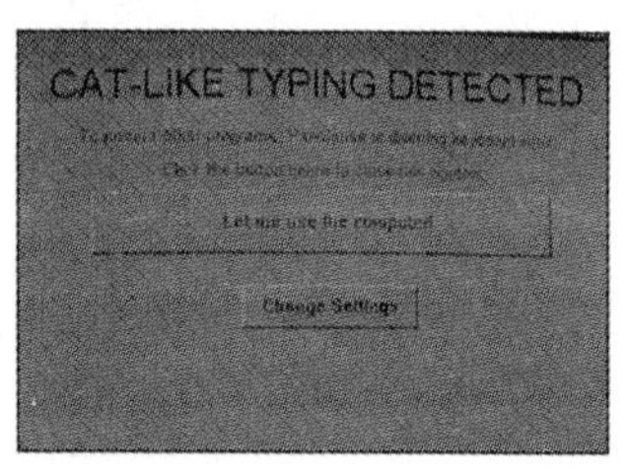

“猫爪感应”识别出一只猫正在“侵袭”电脑键盘。

尼斯旺德先生已经为“猫爪感应”申请了专利。他正在筹划第二种叫做“婴儿感应”的产品，但是这还需要无数次研究和开发，所以他不愿意定下该产品的上市日期。同时，对那些希望用“猫爪感应”防止小朋友接触电脑的人，他建议说：

“如果你的孩子是伸手或张开手、或是拳头不停地敲打键盘，就会产生类似于猫爪的键盘压力模式，此时效果会比较好，但如果你的孩子每次只轻轻敲打一个按键，那么‘猫爪感应’就会识别出他是真正的人类。”

因为使计算机免受猫科动物的破坏，而且也有最小程度上防止小朋友破坏的额外功能，克里斯·尼斯旺德获得了2000年搞笑诺贝尔计算机科学奖。尼斯旺德自己出资，从亚利桑那州图森市前往出席搞笑诺贝尔奖的颁奖典礼。在发表得奖感言时，他说：

“我要感谢我姐姐的小猫福布斯，因为它让我相信这主意很妙。这就是我所要说的一切。感谢你，福布斯，因为你让我相信这主意很妙。”

尼斯旺德先生结束演讲之后，里昂内德·汉布罗先生向他致以了个人的敬意。汉布罗先生曾是纽约交响乐团管弦乐队的首席钢琴家，在那之后十年，他与钢琴家／喜剧演员维克多·鲍格（Victor Borge）共同进行过巡演。他在颁奖典礼上演奏的曲目是：高弗瑞（Zez Confrey）在1921年所创作的《键盘上的小猫》（*Kitten on the Keys*）。

边开车边看电视的安全设备

“试验表明，灵长类动物观察到具有色彩、光亮和动态的复杂情景时会感到快乐。恒河猴在此情景中，会手舞足蹈，反应很大。现代精神生物学研究表明，一个人的反应会受到运动环境的强烈影响，甚至可能对其产生依赖。这种运动营造了新奇感、刺激性，和更大的信息量，而这正是灵长类动物渴望的。为了使驾驶员保持最佳状态，在需要集中注意力的主要方向上设置一个移动可视形象，是非常有帮助的。”

——摘自美国专利第 4742389 号，描述了
“提高一个汽车司机警觉性的设备”

正式宣布

兹将搞笑诺贝尔影像科技奖授予：

密歇根州法明顿山的杰伊·席弗曼（Jay Schiffman），“自动影像”（Auto Vision）的优秀发明家，“自动影像”是一种播放图像的装置，能够使司机在驾驶汽车的同时观看电视。这个奖项还联合授予密歇根州的立法局，因为他们给予了这种做法合法性。

杰伊·席弗曼因为他的自动影像技术获得了五项专利，因“提高机动车司机警觉性的设备”（Apparatus for Promoting the Vigilance of a Motor Vehicle Operation）；而获得的美国专利 4742389 号，4876594 号，4884135 号，以及 4037665 号，以及因“车载客用移动电视”（Gound Vehicle Head Up Display for Passenger）而获得的美国专利 5061996 号。

杰伊·席弗曼在其他人之前就意识到，如果司机不再试图将全部注意力都放在驾驶上，交通就会变得更加安全——相反，司机们应该在驾驶的时候看电视。席弗曼的简单发明使之轻而易举。

这个发明被叫做“自动影像”，它几乎能被安装到任何的汽车上。*OMNI* 杂志中的一篇文章这样描述它：

“它使用一个安装在天窗附近的放映机，能在挡风玻璃旁的火柴盒大小的反光镜上放电视。光学效果使图像好像漂浮在汽车前面十几英尺处的地平面上。就像在一间房间中看 12 寸的电视，只是这里没有房间，也没有电视。”

“为什么每个人都认为这很疯狂呢？”席弗曼对 *OMNI* 的记者说，“他们的话有任何科学依据吗？如果他们指的是我的专利方法和结构的话，则毫无依据。”

席弗曼因为这项技术获得了五项专利。美国专利 4884135 号解释说：“这项发明通过保持司机的兴趣，克服了‘路困’和其他安全隐患，同时也使司机的心理处于严阵以待的状态。”

这些专利共同解释了席弗曼具有创造性的推理。这个推理中有三个步骤。

第一个步骤与注意力有关：

“驾驶机动车更需要视觉上的注意力，而不是听觉上的。这就是为什么一个人在收听广播节目的同时仍然能够安全驾驶。任何视觉上转移驾驶员对前方环境注意力的事件，都会立刻增加机动车发生事故的可能性。”

第二个步骤与警觉性有关：

“收音机用到汽车上是具有双重目的的：提供娱乐及保持司机的警觉性。这些功能，用在长途短途旅行都合适，因为旅途中拥挤交通的沉闷状况可能导致司机的疏忽。最近盒式磁带录音机的出现为司机们提供了另一种娱乐和保持警觉的方法。很清楚的是，司机的大部分注意力能通过听觉系统来维持。”

第三个以及总结性的步骤，也是最为重要的，与安全有关：

“如果移动电视和娱乐系统能将图像固定在无穷远的地方，

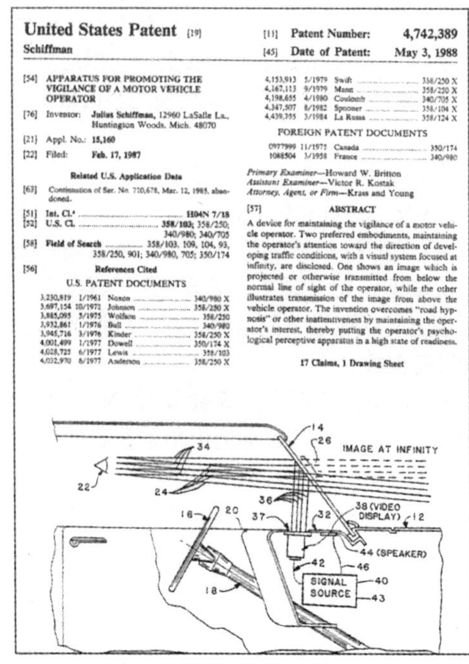

United States Patent [19]
Schiffman

[11] **Patent Number:** 4,742,389
[45] **Date of Patent:** May 3, 1988

[54] APPARATUS FOR PROMOTING THE VIGILANCE OF A MOTOR VEHICLE OPERATOR

[76] Inventor: **Julius Schiffman,** 12960 LaSalle La., Huntington Woods, Mich. 48070

[21] Appl. No.: **15,160**

[22] Filed: **Feb. 17, 1987**

Related U.S. Application Data

[63] Continuation of Ser. No. 710,678, Mar. 12, 1985, abandoned.

[51] **Int. Cl.**[4] **H04N 7/18**
[52] **U.S. Cl.** **358/103;** 358/250; 340/980; 340/705
[58] **Field of Search** 358/103, 109, 104, 93, 358/250, 901; 340/980, 705; 350/174

[56] **References Cited**

U.S. PATENT DOCUMENTS

3,230,819	1/1961	Noxon	340/980 X
3,697,154	10/1972	Johnson	358/250 X
3,885,095	5/1975	Wolfson	358/250
3,932,861	1/1976	Bull	340/980
3,945,716	3/1976	Kinder	358/250 X
4,001,499	1/1977	Dowell	350/174 X
4,028,725	6/1977	Lewis	358/103
4,032,970	6/1977	Anderson	358/250 X
4,153,913	5/1979	Swift	358/250 X
4,167,113	9/1979	Mann	358/250 X
4,198,655	4/1980	Coulomb	340/705 X
4,347,507	8/1982	Spooner	358/104 X
4,439,755	3/1984	La Russa	358/124 X

FOREIGN PATENT DOCUMENTS

0977999	11/1975	Canada	350/174
1088504	3/1958	France	340/980

Primary Examiner—Howard W. Britton
Assistant Examiner—Victor R. Kostak
Attorney, Agent, or Firm—Krass and Young

[57] **ABSTRACT**

A device for maintaining the vigilance of a motor vehicle operator. Two preferred embodiments, maintaining the operator's attention toward the direction of developing traffic conditions, with a visual system focused at infinity, are disclosed. One shows an image which is projected or otherwise transmitted from below the normal line of sight of the operator, while the other illustrates transmission of the image from above the vehicle operator. The invention overcomes "road hypnosis" or other inattentiveness by maintaining the operator's interest, thereby putting the operator's psychological perceptive apparatus in a high state of readiness.

17 Claims, 1 Drawing Sheet

杰伊·席弗曼的较早期汽车影像专利。

司机的视觉注意力就会被吸引到汽车的前方，从而极大地提高高速公路的安全性。”专利还说，“有了这项装置之后，鲁莽驾车的人也会安全驾驶”。

虽然杰伊·席弗曼已经设计出了“自动影像”并为其申请了专利，但事情还没完，他的目标是说服主要的汽车生产商将它安装到每一辆汽车上，并告诉他们的顾客一边驾驶一边看电视的重要性。

席弗曼将这个发明用到自己的汽车上，还喜欢带人们进行示范旅行。他自己很快就适应了这种新的安全设备。许多人习惯在启动汽车时系上安全带并打开收音机，席弗曼则是自动打开电视放映机，驶出车道。

法律的执行是为了保障公共安全。密歇根州也是如此，当地立法机关制定了一项法律，使得在公共道路上一边驾驶，一边观看“自动影像”成为合法行为。

因为发明了一项最具有娱乐性的安全装置，杰伊·席弗曼获得了1993年搞笑诺贝尔影像科技奖；因为密歇根州使这种安全驾驶方式合法化，他们也分享了这一荣誉。

获奖者无法，也许是不愿意出席搞笑诺贝尔奖的颁奖典礼。对于拒绝这一邀请，杰伊·席弗曼说，“我看不出这个奖项对我自己和公司有什么用处”。

席弗曼对于人们质疑他的发明价值感到很迷惑。“这并不像冷聚变，”他对一位记者说，“我能向大家证明，即使播放一部色情电影，你仍然能够安全驾驶，绝没问题。”

席弗曼的产品并没有得到任何主要汽车生产商的认可。这个产品的名字都失去了其意义，1998年，约翰逊控制公司开始销售一种叫做“自动影像”的车载影像系统，但是它与席弗曼的发明没有一点相似之处，它并不是一种安全装置，甚至不是为司机设计的。广告上说，“自动影像”可供后座的乘客看电视、玩视频游戏或上网”。

于是，这样一项神奇的技术就被人们忽视了。乘客们现在可能可以娱乐了，但是驾驶本身却远远不能像杰伊·席弗曼那样享受了。

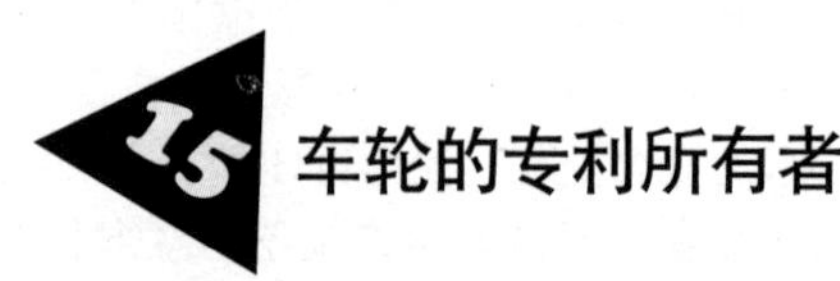

15 车轮的专利所有者

"这项发明是一种为货运和客运提供便利的装置。具体来说，这是一种圆形的物体，货物或人处在同一平面，并且能与这个平面几乎平行地加速前行。"

——摘自澳大利亚创新专利 2001100012 号

正式宣布

兹将搞笑诺贝尔科技奖授予：

澳大利亚维多利亚省霍桑的约翰·基奥（John Keogh），因为他在 2001 年为车轮申请了专利，这个奖项同时授予澳大利亚专利局，因为他们接受了他的申请，定为创新专利2001100012号。

“一个墨尔本人为车轮申请了专利”，这是澳大利亚《时代》(*The Age*) 报2001年7月2日的大标题。文章讲述了整个故事：

> “一位墨尔本人为车轮申请了专利。5月，新的专利申请系统开始启用，而自由发明人约翰·基奥也成功为‘圆形交通运输便利装置’申请到了专利。
>
> “但是，他目前还没有计划为火、农业轮作或其他基本的文明进步申请专利。基奥先生说，他为车轮申请专利是为了证明创新专利系统是存在缺陷的，因为这根本不需要接受澳大利亚发明专利局的审查。
>
> “‘专利局需要为任何东西发放专利书，’他说，‘他们要做的就是在申请书上盖个章。这都是联邦政府搞出来的。他们的选民声称获得一项专利的成本太高了，因此政府决定使用新方法使专利发放更加简单。’”

专利局提供了以下两种澳大利亚可以发放的专利：

- 标准专利：对一项发明为期 20 年的专利保护和控制。
- 创新专利：新出台的知识产权保护方案，相对较快、较便宜的专利保护选项。保护期限最长为 8 年。

专利局声称，“一项澳大利亚标准专利的预估成本，包括代理人费用，大约为 5 000 到 8 000 美元。”一项创新专利的费用则仅为 180 美元。

基奥先生获得了一项创新专利。具体地说，他获得了创新专利 2001100012 号。正式地说，他的发明被叫做“一种圆形的运输便利装置”。据说，专利局委员维维安·托马斯曾说过，“为了获得专利，申请人必须声明他们是发明者。为车轮申请专利就意味着这是一个虚假的声明，这是一件非常严重的事件，而且无疑将会使这项专利无效，这是申请人的虚假陈述，也是一位专业顾问的非专业行为”。

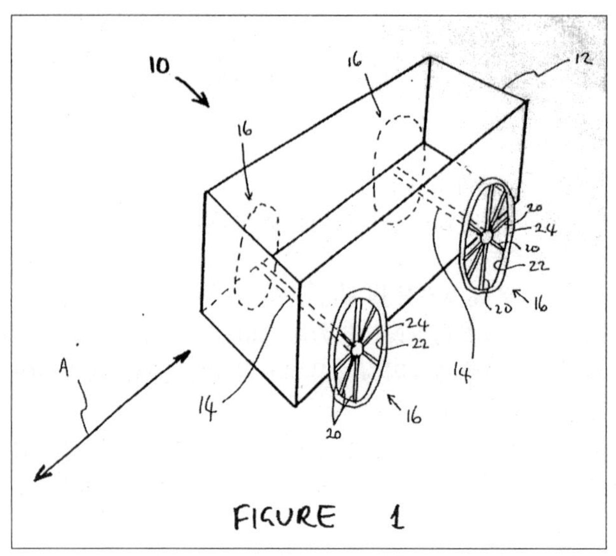

“圆形运输便利装置”专利的说明图纸。

专利局网站建议专利的申请人仔细检查那些已经记录在案的专利。“不要重复发明车轮”，网站上说，“搜索世界范围内的专利信息，有助于帮你避免因重复别人而浪费时间和金钱。”

作为 21 世纪第一个为车轮申请专利的人，约翰·基奥获得了 2001 年搞笑诺贝尔科技奖，而且因为澳大利亚专利局的批准，他们也分享了这一荣誉。得奖者无法，也许是不愿意出席搞笑诺贝尔奖的颁奖典礼。但是，约翰·基奥准备了一盘磁带来发表得奖感言：

“坐下来写那份车轮专利申请的时候，我的目标是：证明澳大利亚新的创新专利系统有一个大缺陷，这个系统要求澳大利亚专利局为每一件提出申请的实物颁发专利。我没想到会因此得这个奖，看来这事也有其积极的一面。这项专利的颁发在澳大利亚国内和世界范围内都引起了广泛关注，这是知识产权法的一个重要案例。我只希望获得这个奖项能够推动澳大利亚继续修订专利法，从而确保车轮不会再被授予专利。”

“圆形运输便利装置”的官方技术说明：

发明的背景

过去，货运和客运有各种方式，其中主要的就是步行搬运货物。其他运输方式包括，在比较寒冷的气候中的滑雪、滑雪橇、爬犁以及类似方式，即在比较光滑的（低摩擦系数）平面如冰和雪上进行滑行，而运输人和/或货物。这种运输方式有着这样的优势：当你从一个斜坡滑下时，可能会出现自动滑行，也就是，不需要助推力就能向前运动。只有在上坡或在平坦的平原上持续前进的时候，才需要用力，这种节省下来的力量有助于使用者更快也更加容易地到达目的地。

不幸的是，这种可以进行滑行的光滑表面在较温暖的气候中通常是没有的，因为在这种气候中冰雪无法天然生成。在这种情况下，没有别的选择就只能步行运输。如果有一种装置，虽然比冰雪的摩擦系数大，但也能在下山的时候无助推力就能前进，那它将作用巨大。

发明摘要：

这种运输便利装置的雏形包括：

- 一个圆形框
- 一个轴承，其中一个中空的圆柱形元件可以围绕元件内的连杆转动
- 一些连接性的元件将圆形框与中空的圆柱形元件连接起来，从而保证圆形框和中空的圆柱形元件之间是完全固定的
- 连杆被安置在一个与圆形框平面垂直的轴上，并一直处于圆形边框的中心

改良后

现在所使用的是改良后的装置，在圆形框的外表面装上一层橡胶层，从而使圆形边框能更顺畅的滚动，且能保护圆形框的外表面。在这项发明的具体操作中，橡胶层中还包括一根膨胀的管子。

16 自来香西装

“韩国首尔：这天夜里，在与同事们一起喝过酒之后，李松普(Lee Soo - bum)（音）先生便急忙往家里赶。快要回到家时，只见他微微抖了抖身子，摇摆了几下，揉搓几下衣袖；然后，这位39岁的电影公司总裁满意地微笑着，打开了自家的公寓大门，从容地走进房间，并像往常一样愉快地与妻子打招呼说他回来了。李先生刚刚在一个酒吧里与同事们一起喝过酒，尽管他们在酒吧抽烟、喝酒，但此时，他的身上并没有散发出烟酒混合的污浊气味，相反，他散发出阵阵扑鼻的香气。‘这套西装帮了我的大忙，要不然，老婆非跟我闹翻天不可！’李先生指的就是他穿的那套时髦的米色羊毛西装——这套西装像薰衣草那样，不时地散发出阵阵香气，而且，人越走动，香味越浓。”

——摘自美联社 1998 年发表的一篇报道

正式宣布

兹将搞笑诺贝尔环境保护奖授予：

韩国科隆公司的权在赫（Hyuk - ho Kwon）先生，因为他发明了自来香西装。

一般来说，商人在外应酬是难免的事情。然而，每当他们应酬完毕，要见家人的时候，这些无可挑剔的人就不是那么潇洒了，抽烟喝酒造成的难闻的气味，经常让他们很尴尬。不过，成功的商人们以后就不会为难了，因为权在赫先生能让他们既能应酬，身上还散发清香——他发明了自来香西装。

权在赫是科隆公司的一位多才多艺、风度翩翩而稳重的职员。科隆公司拥有 21 个子公司，包括纺织、化学、建筑、商贸、金融服务、信息处理和通讯领域的多家公司。不过，权在赫也许是该公司唯一对特殊技术情有独钟的一名员工。

权在赫发明的自来香西装的原材料包括：松香、薰衣草、薄荷油、以及高质量的羊毛。香料与羊毛完美结合成立自来香西装。

西装面料里面浸泡着一种微型香料胶囊，只要轻轻揉搓，就会散发出香气。权在赫极力建议购买这种西装的顾客在需要时轻轻揉搓几下，让身上散发清香，可使精神一振。不过，身穿自来香西装的人其实并不需要揉搓，因为香气会不请自来——行走或者任何方式的轻微运动都会弄破面料里那几亿个香料胶囊当中的几个。

人们也许会担心这种西装的使用时间，但是，权在赫表示这个担心是多余的，因为西装可以干洗 20 次以上。一般来说，一套西装足可以用上 2—3 年。

科隆公司在自来香西装市场上的主要竞争者是 LG 时装公司和 Essess Heartist 公司，这三家都是韩国本土的公司。近些年来，韩国服装业已经打破了以往只生产外国设计师设计的服装的常规，成功朝原创设计和生产转型。时装业分析人士认为，自来香西装进入亚洲其他国家和其他各大洲的市场之后，世界流行时尚将来自韩国首尔。

自来香西装的发明是一个巨大的成功，在设计之初，它就不局限于已婚的高级总裁与职员，那些单身的年轻的未来总裁们也都对其心向往之，觉得那是成功的味道。

“薰衣草香西装使我得到了家庭的安宁，自从穿上这种西

诺贝尔奖获得者达德利·赫尔施巴赫鼓励一位观众揉搓他的自来香西装的衣袖。在赫尔施巴赫身后，是其他身着自来香西装的诺贝尔奖获得者。照片由《不大可能的研究年报》杂志社的詹妮·洛雷（Jenny Lolley）提供。

装，妻子再也不对我唠唠叨叨、大发雷霆了”，办公室职员李广伍（Lee Gyung-wook）告诉路透社记者说。他还表示，他有许多身着自来香西装的上级也有相同感受，“没有了这套西装，我的父母就会大吵大闹，因为跟朋友同事聚会喝酒后的口臭让他们受不了。”他说，“自从有了自来香西装，我再也不用担心这些了，再也不用往身上喷廉价的香水了。现在下班回家，我只需抖抖身子，皱皱眉头，走进屋子说‘哎，真讨厌，又加夜班了’就可以了。”路透社记者还采访了孟哲浩。现年28岁的孟先生说：“经过了一天的劳累之后，全身上下都因大汗淋漓而散发难闻气味，穿上自来香西装感觉可真不错，我们不再散发令人作呕的气味，闹得别人不舒服。”

将芳香注入传统的西装中的创意让权在赫获得了1999年搞笑诺贝尔环境保护奖。权先生出席了“搞笑诺贝尔奖”的颁奖典礼，他的旅费由科隆公司承担。科隆公司还非常慷慨地为另外五位出席颁奖典礼的真正的诺贝尔奖获得者以及典礼的主持人每人定制了一套西装，让整个颁奖会场沉浸在扑鼻香气之中，自来香西装成了桑德斯剧院的主导。权在赫还发表了如下演讲：

“谢谢各位！请你们随意揉搓，揉搓得越快，香气就越浓。获得这个大奖是我一生中最荣幸的事情。以神的名义，希望我一生都能散发芬芳。不过我渐渐意识到，这些芬芳来自身上的西装。所以我相信我的一生将是芬芳的一生，也希望你们每一位一生都充满芳香。”

在“搞笑诺贝尔奖”的颁奖典礼上，甜便便小姐告诉自来香西装的发明人权在赫：他演讲的时间已经到了。图片由《不大可能的研究年报》杂志社的戴维·霍尔兹曼（David Holzman）提供。

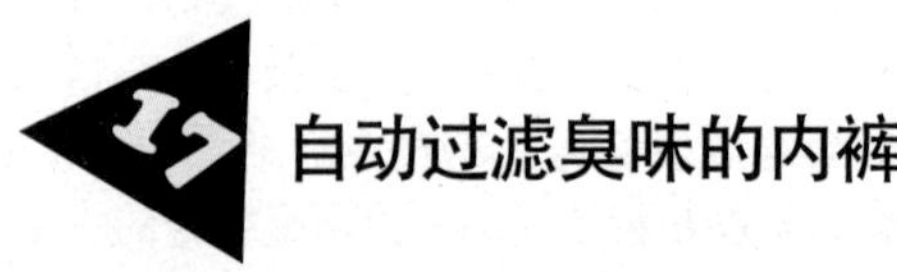

17 自动过滤臭味的内裤

"这种内裤具有防护作用，过滤屁中的臭味尤其有效。"

——摘自美国第 5593398 号发明专利

正式宣布

兹将搞笑诺贝尔生物学奖授予：

美国科罗拉多州普艾布罗的巴克·韦默（Buck Weimer）发明的不透气"轻松"内裤，这种内裤里面装有可替换的木炭过滤器，能够将臭屁的臭味去除掉。

美国 5593398 号发明专利详细描述了"轻松"内裤的发明，专利名称为"有过滤装置的内裤"（Protective Underwear with Malodorous Flatus Filter）这种产品在科罗拉多州普艾布罗内裤科技公司有售，男女款齐全。地址：www.under-tech.com

在多年“闻臭”的痛苦经历之后，巴克·韦默决定搞一项发明，解决妻子间歇的放屁问题。成功之后，这对夫妇并没有因此尴尬，而是慷慨地将此发明贡献给了全世界人民。

2001 年 6 月，科罗拉多州的《丹佛邮报》（*Denver*）清楚地报道这个故事：

现年 62 岁的巴克·韦默向我们讲述了 6 年前在进感恩节晚宴后发生的故事：他与 57 岁的妻子阿琳上床就寝，由于患了克罗恩氏疾病（一种节段性回肠炎），阿琳在上床不久就丢下一颗炸弹——一个很响的屁。

“我同她一起躺着，默默地忍受着这个臭屁，简直到了极限。一定得想个解决办法了。”6 年多之后，巴克·韦默终于找到了解决办法，就是他的新发明：“轻松”内裤——这是一种不透气的内裤，里面装有可替换木炭过滤器，能够将放出的屁的臭味吸收掉。1998 年，韦默申请了发明专利。

巴克·韦默手持两条“轻松”内裤出现在“搞笑诺贝尔奖”的颁奖典礼上。照片由哈佛新闻办公室的乔恩·蔡斯（Jon Chase）提供。

这种女用内裤由一种柔软、不透气的尼龙型织物制作，在腰部和两大腿根部缝有橡皮带，确保气体不会从中泄出。可替换的木炭过滤器看起来很像卫生巾，由木炭做成，像三明治那样夹在两层澳大利亚羊毛织品中间。

开始研发时，韦默曾经尝试改装标准的防毒面具，后来证明这是行不通的。他开始考虑其他办法，最终方案是一个光滑、技术含量不高的装置。

生物学家们挺爱听韦默描述过滤器的工作原理的：

“这个多层过滤器会将人排出气体的1%—2%堵在里面，这正是污浊的那部分气体（主要成分是硫化氢），而将其他的非污浊气体（大部分是甲烷）排出去。另外木炭过滤器还会将人体自然释放的热量排出去。”

工程师们则喜欢它的设计：

“在这个不透气内裤的底部有一个三角形的‘排气孔’，是专门用来排放污浊气体的。这个‘排气孔’上面覆盖着由普通的多孔渗水织物做成的‘袋子’，这个独特的设计能使所有排出的气体（屁）从这个‘袋子’中排走。”

商务人士也喜欢生产商的口号：“为了你爱的人，穿上吧！”

“轻松”内裤分男女款，可替换的过滤器价格也非常低廉。

由于为全世界同胞解除了生理与社会交流方面的难题，巴克·韦默于2001年荣获搞笑诺贝尔生物学奖。

他与妻子一起自费从科罗拉多州来到了桑德斯剧院参加颁奖典礼，并向其他获得者们献上了两条“轻松”内裤，还详细介绍了使用方法。在接受“搞笑诺贝尔奖”时，他说：

“我将以一首歌来发表演讲，大家会记住这首歌的，歌名是‘想像’”：

让我们来想像没有臭味的感觉
试试，你很容易就能做到
鼻孔不再忍受痛苦

嘴唇也会安全地闭上
想像吧，如果所有人都穿上“轻松”

你也许会说，我是一个梦想家
但是，我不是唯一的一个
我的妻子也和我一样
希望最终你也会
加入到“轻松”的行列
这个世界终将合一。

想像吧，那没有臭味的感觉——
如果可以
也就没有了离异与分居的必要
不再有羞耻，不再有内疚
想像吧！如果所有人
都能穿上“轻松”

我快要唱完了……

你也许会说，我是一个梦想家
但是，我不是唯一的一个
我的妻子也和我一样
希望最终你也会
加入到“轻松”的行列
这个世界终将合一。

18 粉红塑料火烈鸟的热销

“离开艺术学校的时候，我就知道，为了生计我必须找点儿事做。”

——唐·费瑟斯通

正式宣布

兹将搞笑诺贝尔艺术奖授予：

唐·费瑟斯通（Don Featherstone），出生于马萨诸塞州费奇伯格市，因为他发明了举世闻名的装饰品：粉红塑料火烈鸟。

粉红塑料火烈鸟的历史可参考西弗出版社 1999 年出版的《粉红火烈鸟》（*Pink Flamingos:Splendor on the Grass*）一书。

唐·费瑟斯通改变了地球的面貌。1957年，他发明了用塑料制成的粉红火烈鸟。从此以后，在世界各大洲几乎每个地方都能够看到这种火烈鸟。

从艺术学校毕业后，唐·费瑟斯通到了马萨诸塞州中部的联合生产公司——一家塑料加工厂工作。这是他的第一份工作，也是唯一一份工作，给草坪设计平面装饰品：小狗、青蛙、鸭子等等，只要有人买，他就设计。后来，联合生产公司要求这位设计师设计立体装饰品，先是鸭子，后来是粉红色的火烈鸟。鸭子卖得非常好，火烈鸟更是创造了销售奇迹。这些火烈鸟们温顺、朴实，却有着古怪的美感，还有明亮的粉红色，并且价格低廉，因此，它们细雨无声似的牢牢吸引了公众的兴趣。

人们对火烈鸟细长的金属腿尤为喜爱。唐·费瑟斯通在接受采访时说："最初设计时，我想用木梢做火烈鸟腿，但是成本太高了，塑料又不太结实，于是我们就决定用金属棒了。我们还做过一款豪华型火烈鸟，配有好看的黄色的腿，看起来像真的一样。可是，这款却无人问津。也许它们太真实、太自然了。

粉红塑料火烈鸟经受住了岁月的考验，20世纪50年代，火烈鸟是漂亮的；20世纪70年代，火烈鸟也是不俗的，无论什么时候，火烈鸟的生意都很兴隆。人们最初购买火烈鸟是用来装饰草坪，营造欢快气氛；后来人则更乐意把它们当作滑稽的萌物。1972年，《粉红色火烈鸟》这部很有挑衅感的电影成全了唐·费瑟斯通的作品。此后，火烈鸟就成了流行文化的标志，历久弥新，红润依旧。

唐·费瑟斯通经常对火烈鸟的魅力感到惊讶，他认为自己的成功是侥幸的。他和蔼可亲、讨人喜爱，但总是迷迷糊糊，于是就和一个迷迷糊糊、可爱的姑娘南希（Nancy）结了婚。他们每天都要改换结婚誓言——不是用话语，而是用衣服。婚后两人每天都穿着南希设计的情侣装，《纽约时报》曾经在某年的情人节刊登了费瑟斯通夫妇身穿各种时装的照片，引起了很大轰动。

过去的40年里，唐·费瑟斯通一共设计了600多个塑料产

唐·费瑟斯通和南希在搞笑诺贝尔奖的颁奖典礼上，与他们的崇拜者一起合影留念。自 1996 年唐·费瑟斯通获奖以来，夫妇俩几乎每年都要出席颁奖典礼，答谢公众，并与他们狂热的崇拜者欢聚在一起。每年他们都要穿上一套与该年度颁奖典礼相匹配的情侣装。这是 1998 年颁奖典礼时他们所穿的无尾夜礼服和晚礼服。该照片由埃瑞克·沃克曼（Eric Workman）提供。

品，简直可以举办一个塑料产品大展了！但这些作品却没有一个能像火烈鸟那样受欢迎，甚至也没有其他任何东西比火烈鸟更受欢迎了。仅因设计了一种塑料模型，唐·费瑟斯通就获得了多少艺术家从未获得的成功。

1996 年，因为回归自然的艺术作品，唐·费瑟斯通获得搞笑诺贝尔艺术奖。他和南希身穿闪闪发亮、粉红色的情侣装出席了颁奖典礼。他们受到了观众的热烈欢迎，科学界与艺术界衷心地向他表示祝贺，因为他的想像打破了既有模式，且用自己的双手创造了新的模式。颁奖典礼的舞台用了 12 只粉红色的火烈鸟来装饰，呈现出一片祥和而温馨的气氛。颁奖典礼结束的瞬间，观众们蜂拥挤上舞台，将火烈鸟一抢而光。许多人都害羞地走到唐·费瑟斯通跟前，请这位发明艺术家签名。

随着21世纪的钟声敲响，唐·费瑟斯通从联合产品公司退休了。他和南希计划像火烈鸟那样赋闲在家，过轻松自在的日子，不时到有异国情调的地方去享受日光浴。

接下来要发生什么事情，谁也无法预料。有些人还偷偷用粉红塑料火烈鸟搞恶作剧呢。

1986年以来，联合产品公司生产的每一个火烈鸟的屁股上都有唐·费瑟斯通的签名，这个签名是在火烈鸟30岁生日的时候加上去的。后来，这个签名成了辨别正品火烈鸟的标志。唐·费瑟斯通退休几个月以后，联合产品公司有人悄悄把生产模型换了，把他的签名去掉了。这个消息对火烈鸟迷无疑是个沉重的打击。愤怒的艺术鉴赏家们在《不大可能的研究年报》杂志社和“劣质艺术博物馆”学会的组织下，呼吁在全世界举行联合抗议活动，反对更换火烈鸟生产模型。各大媒体的记者们更是围住了联合产品公司，电话与采访不断。不过，联合产品公司既不接受采访，也不接听来访电话。因此，想要购买粉红色塑料火烈鸟的顾客在购买时一定要仔细检查火烈鸟的臀部——看看是否有唐·费瑟斯通的签名。

鸽子会认画，而且喜欢毕加索

“即使从来没有欣赏过帕布罗·毕加索与克劳德·莫奈的任何绘画作品，我们也能够比较准确地区分两者……那么，鸽子是否能做到这一点呢，它们是否能区分不同艺术家的作品呢？”

——摘自《鸽子对莫奈与毕加索画作的认知》研究报告

正式宣布

兹将搞笑诺贝尔心理学奖授予：

日本庆应大学的渡边茂（Watanabe）、坂本淳子（Sakamoto）、脇田真清（Wakita），因为他们培训鸽子区分毕加索与莫奈作品，最终获得了成功。

这篇报告名为《鸽子对莫奈与毕加索画作的认知》（Pigeons' Discrimination of Paintings by Monet and Picasso），发表在《实验行为分析期刊》（*Journal of the Experimental Analysis of Behavior*）上，63卷，1995年，165—174页。

有些人讨厌鸽子，有人就很喜欢，还对鸽子的大脑活动与行为进行了研究。渡边茂、坂本淳子、脇田真清这三个日本科学家的实验表明，鸽子是可以接受训练，来识别不同艺术家的作品的。

有人通过自学就能够欣赏艺术大家的作品，不过多数人还是由老师指点学到这种能力的。学习的渠道很多，比如从学校或博物馆那里直接看到，或是从书本、杂志和电视节目中间接学了解。同样，一些鸽子也能通过自学来欣赏艺术家的作品——不过大多数鸽子还是要经过正规指导才有如此本领。

日本庆应大学教授渡边茂和他的同事们组成了一个研究小组，开始对一群鸽子进行培训，教它们区分帕布罗・毕加索和克劳德・莫奈的画作。

这可不容易。接受培训的鸽子们从来都没有见过这两位画家的作品，正如三位教授在正式撰写的报告中指出的：它们是"八只用于实验的无知鸽子"。

用作教学道具的作品包括：莫奈的《圣阿德雷西的梯田》(1866 年)、《吉维尔尼的白杨》(1888 年)、《塘中睡莲》(1899 年)以及《威尼斯的达姆拉宫殿》(1908 年)，另外还有其他 7 幅作品；毕加索的《阿维尼翁的少女》(1907 年)、《海滩上打球的女人们》(1932 年)、《手拿梳子的裸女》(1940 年)以及《松树下的裸女》(1959 年)，另外还有其他 6 幅作品。鸽子们以看幻灯片的形式进行学习。

还有录像带教学，鸽子们观看的录像画作包括：莫奈的《河流》(1868 年)、《日出・印象》(1872 年)、《圣拉查尔车站》(1877 年)以及其他 6 幅作品；毕加索的《坐在椅子上的持扇女子》(1908 年)、《双手合抱的女人》(1909 年)以及《舞蹈》(1925 年)等 10 幅作品。

鸽子们上的课与大学里的艺术史课没有什么不同。教授们随意给鸽子们播放幻灯片，每幅作品播放的时间为 30 秒，每幅的时间间隔为 5 秒，整个播放期间，采用的都是 70 分贝的空白噪音（音响或电力噪音，在给定波段内所有频率上的强度都一样的噪音）。

当播放的画作是莫奈的作品时，教授们就给一半的鸽子吃大麻果实，另外一半就啥都没有；同样，播放的画作是毕加索的作品时，教授们就给另外一半的鸽子吃大麻果实，前面那一半就只能干看着。

鸽子们每天都重复这种强化训练，直到它们在测试中能够获得 90 分为止，然后再调整为两天一次课程进行训练。而测试则是这样的：每幅画作的幻灯片播放 2 次，它们看到画家甲的作品时就去啄一把钥匙，看到画家乙的作品或者任何其他东西时就闭上嘴。

这种基本的知识教授进行了两三周后，鸽子们进入了较为复杂的测试：开始时教授们并不把焦点调准就播放画作，如此 2 次，然后再把画作颠倒过来播放 2 次，鸽子们还是得到画家甲的作品时就去啄一把钥匙，看到画家乙的作品或者任何其他东西时就闭上嘴。

在没有对准焦点的测试中，鸽子们能轻而易举地辨认、识别两位画家的作品。不过把画作颠倒过来时，它们只能识别毕加索的作品，莫奈对它们就有点难度了。

总之，训练鸽子就像任何一个艺术老师指导自己的学生一样。

由于在鸽子、莫奈、毕加索方面所进行的研究，渡边茂、阪本顺子、脇田真清获得了 1995 年的搞笑诺贝尔心理学奖项。

这三位获奖者不能、或者不愿参加“搞笑诺贝尔奖”的颁奖典礼。

后来，渡边茂的兴趣由鸽子转到了麻雀，由绘画换成了音乐。1999 年，他和一位同事共同撰写的一篇研究报告称，他们教 7 只麻雀区分约翰・塞巴斯蒂安・巴赫与阿诺德・勋伯格的音乐作品，以及教不同的麻雀区分安东尼奥・维瓦尔第与艾略特・卡特（Eliot Carter）的音乐作品。

2001 年，渡边茂又重新回到了使他取得成功的研究领域：鸽子对绘画的研究。他扩展了研究的艺术风格，将毕加索、莫奈换成了其他画家的作品，并将鸽子与其他生物的能力进行比较，撰写了一份报告发表在《动物认知力》（*Animal Cognition*）周刊上。在报告中，渡边茂是这样说的：

"……我又重复了这个研究并进行了更多的实验，将鸽子的识别能力与4个学生的识别能力作比较（学生的年龄在19—21岁之间）。实验一是训练鸽子区分梵高与夏加尔的绘画作品；实验二是训练这4名学生区分同样两位画家的作品。实验结果表明，在视觉认知方面，鸽子具有和人类同等的能力。"

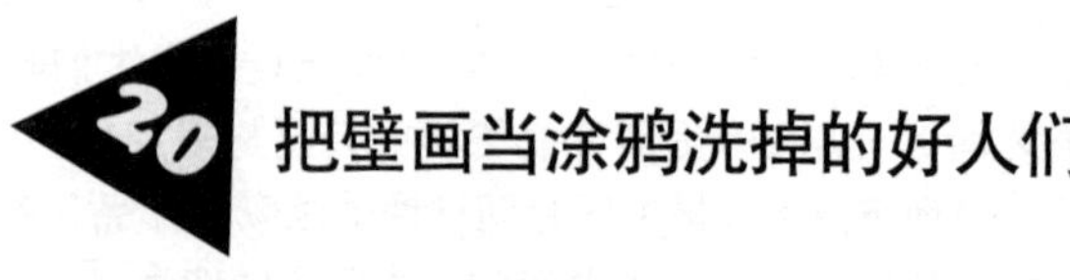

20 把壁画当涂鸦洗掉的好人们

考古学家让·克劳特（M. Jeun Clottes）先生告诉我们，这些壁画有的非常古老，具有历史价值。

——摘自1992年3月24日《世界报》的一份报道

正式宣布

兹将搞笑诺贝尔考古学奖授予：

法国的光明童子军（Les Eclaireurs de France），一个属于新教，负责洗刷墙上涂鸦的少年团体，因为他们将法国布鲁尼盖村附近梅里耶山洞壁上的古壁画洗掉了。

美国的男女童子军、突尼斯的男女童子军、德国的男女童子军、卡塔尔男童子军、摩纳哥童子军协会、利比里亚男童子军、列支敦士登男女童子军、巴西童子军、意大利男女童子军、保加利亚童子军、中国童子军、法国男女童子军等 150 多个国家童子军团队的男女队员都在努力为民众做好事。

这些团队中的大多数成员都有着一颗为他人谋福利的红心，他们的格言是：随时准备着！

1992 年的法国，当光明童子军接受清除涂鸦的任务时，他们也时刻准备着为人民做好事。

光明童子军的负责人与成员们一起来到了法国南部，在汇入加伦河的达恩湖附近的梅里耶岩洞游玩。在负责人的指导下，童子军们开始将洞穴上面的污垢与胡乱涂抹的脏东西清除掉。

对某些人来说是胡乱涂抹的脏东西，对另外一些人来说却是伟大的艺术，梅里耶岩洞洞穴里面所谓的污垢正是非常伟大的历史艺术。

光明童子军在完成了清理任务之后，才了解到一些艺术历史方面的知识。1952 年，一个业余的洞穴探险队在这里发现了具有重大历史意义的壁画。梅里耶洞穴（Mayrières Supérieures）蜿蜒崎岖，洞穴壁上是许多种古老的壁画，其中最令人惊叹的是入口附近的两幅欧洲野牛图，一幅是正面图，另一幅是侧面图。

考古学家估计，这些画的年代大约在 10000—15000 年之间，是法国南部唯一被发现的古壁画。上帝真得“感谢”这些童子军们，否则，这些图画会永远留在洞穴里。

因为其乐于助人的精神和所做的“贡献”，法国光明童子军获得了 1992 年的搞笑诺贝尔考古学奖。获得者们没有参加颁奖典礼，或许他们不乐意参加。

21 地狱技术研究

每年 10 月，南方的浸礼会都举行盛大仪式，强调浸礼会新一年的开始，并向教徒强调：地狱是实实在在存在的。2000 年 6 月 14 日，浸礼会福音传道者贝利 · 史密斯在年会上宣告成立“真实地狱主日”。

——《浸礼会联合新闻》(*Associated Baptist Press News*) 2000 年 6 月 14 日报道

正式宣布

兹将搞笑诺贝尔数学奖授予：

美国阿拉巴马州南方浸礼会的数学评估员们，因为他们利用数学方法以逐县统计的方式，对该州民众的道德进行了评估，并得出结论：阿拉巴马州的人民如果不忏悔的话，就会下地狱；并得出了该州将下地狱的人的具体数字。

阿拉巴马州南方浸礼会公布了第一个地区性的评估报告，评估出到底有多少阿拉巴马州人将下地狱。该报道是采用现代数据搜集和统计方法作出的，不过，南方浸礼会并没有把评估局限在本州，他们还对其他地区人们的道德状况进行了评估，从而确定这些地区有多少人将下地狱。

这个评估是作为实用工具和指南，来为浸礼会福音传道者指明努力方向的。

现代商业的运作通常如此：一家保险公司或者汽车公司在推销业务时，该公司的销售部门需要知道每个地区有多少可靠用户、潜在用户以及边缘客户（即那些不值得浪费时间去关注的用户）。有了这类信息，销售部门才能有效开展业务。商业销售尚且如此，南方浸礼会的福音传道也不例外。阿拉巴马州南方浸礼会发言人马丁·金（Martin King）在接受《纽约时报》的采访时说：

“如果要推销防滑轮胎，我们就会问自己：什么人需要这种轮胎，他们住在哪？以此类推，我们需要问的是，什么人需要上帝的拯救？”

他们认为，在某个特定地区，几乎所有的南方浸礼会教徒都已经得到了拯救（他们还认为，人毕竟是人，只有一少部分是白痴），而其他的浸礼会教徒与纯正福音教教徒混杂在一起——有的仍可拯救，有的则无可救药了。大多数（并不是所有的）天主教徒则迷失了方向。从福音传道的角度来说，那些信奉基督的人——犹太教徒、穆斯林、印度教教徒、无神论者以及其他不信奉耶稣基督的人都不是可以考虑的对象。

南方浸礼会的国内宣教部负责所有的这些工作。该委员会推演出一个秘密的数学公式，来推测每个宗教团体到底有多少人该下地狱：南方浸礼会有 x%，主教会有 y%，天主教会有 z% 等等，这个百分比是根据经验和本能推算的，而国内宣教部认为此数据或者推测是非常可信的。

要想知道阿拉巴马州各县的宗教信仰状况是很容易的，俄亥俄州就有一个叫做“格兰马丽国内传道局”的组织，他们每隔一

Baptists count the lost

46% of Alabamians face damnation, report says

By Greg Garrison
News staff writer

More than 1.86 million people in Alabama, 46.1 percent of the state's population, will be damned to hell if they don't have a born-again experience professing Jesus Christ as their savior, according to a report by Southern Baptist researchers.

The Southern Baptist Convention's Home Mission Board recently released its Evangelistic Index study, an estimate of the "lost" with a county-by-county tally across Alabama of how many souls the Baptists regard as doomed if they do not get saved before they die.

The Baptists' religious census, done nationwide to help the denomination know where it should intensify outreach efforts, counts many Catholics, Jews, non-born-again mainline Protestants, sect members and the religiously unaffiliated among those needing salvation.

Jefferson County leads the state in the number of lost souls, and Shelby County has the highest percentage of potentially hell-bound citizens, according to the Southern Baptist report. Jefferson County has 278,780 lost souls, 42.8 percent of its population; Shelby County has 63,080 unsaved people, or 63.5 percent, of its population, according to Home Mission Board estimates.

The saved and

Southern Baptist estimates for Alabama counties

Source: Southern Baptist Home Mission Board

Cloues said he expected to be inundated with requests for the report since it was publicized in state Baptist circles in July. Fewer than a dozen people asked for it, he said.

一篇 1993 年刊于《伯明翰新闻》报上白文章绘出了他们的第一份统计图表。

段时期就会公布全美国宗教信仰的统计情况，会具体到县。南方浸礼会就把该组织 1990 年的统计数字输进了他们设计的秘密数学公式，结果就是著名的“福音指数”，也就是阿拉巴马州各县有多少人需要上帝拯救的评估报告。

“福音指数”不是作展示用的，同商业销售评估报告一样，它是为公司或机构内部准备的，作参考依据之用。不过不知道怎么回事，《伯明翰新闻》(*Birmingham News*) 的记者格雷格·加里森 (Greg Garrison) 获得了该报告的一部分，于是该报用整整一版报道了这件事情。报道的开头是这么写的：

“据阿拉巴马州南方浸礼会研究人员所作的一个调查报告称，在阿拉巴马州，如果人们不把耶稣基督看作救世主，那么大约有 186 万人（占该州人口的 46.1%）将下地狱。”

《伯明翰新闻》在文章中提到，过去大约只有这个数字一半的人将下地狱——准确地说，只有这个数字的 1/50 的人将下地狱。

“汇编‘福音指数’的南方浸礼会研究人员并没有将报道对外公布，也没有说明其他教会教徒将下地狱的人员状况，这些教派包括：主教会、长老会、路德教会、卫理公会、天主教会以及其他教会。发言人史蒂夫·科罗斯（Steve Cloues）称：他们不会对外公布那个数学公式。他们只是以州为单位，试图说明哪些地区更需要得到上帝拯救。”

没错，这个报告的范围不只是本州，而是美国所有 50 个州。全国各地有多少人将下地狱的数字从来就没有对外公布过，不过，也很容易推算（可参阅下面的统计栏）。一旦破解了其中奥妙，你几乎可以根据这个秘密数学公式轻而易举推算出地球上任何国家的准地狱客。

搞笑诺贝尔之

阿拉巴马州将下地狱人口统计一览表（各县统计情况）：

县名	未得到拯救数人比率（%）	县名	未得到拯救人数比率（%）
奥陶加	47.4	休斯敦	39.6
鲍德温	56.3	拉克森	55.0
巴布尔	48.0	杰斐逊	42.8
布洛恩特	48.3	劳德戴尔	49.2
布劳克	36.1	劳伦斯	52.0
巴特勒	30.0	李	53.4
卡尔霍恩	41.2	利姆斯顿	55.5
钱伯斯	43.4	朗兹	38.8
切罗基	46.0	梅肯	47.3
奇尔顿	40.0	麦迪逊	55.2
乔克托	35.4	马伦戈	23.1
克拉克	35.1	马里恩	48.7

克雷	30.4	马绍尔	48.2
克利本	37.0	莫比尔	50.1
可菲	39.5	门罗	36.5
考伯特	41.3	蒙哥马利	44.9
康奈库	31.6	摩根	44.4
科萨	47.9	佩里	33.2
科文顿	36.5	皮金斯	35.6
克兰肖	30.9	派克	46.6
卡尔曼	38.2	伦道夫	46.0
戴尔	55.1	拉塞尔	47.2
达拉斯	47.0	谢尔比	63.5
德卡尔伯	45.8	圣克莱尔	51.6
埃尔摩	45.7	萨姆特	42.9
埃斯坎比亚	45.8	塔拉德加	43.9
埃托瓦	34.7	塔拉波萨	41.5
菲亚特	41.5	塔斯卡卢萨	51.6
弗兰克林	53.8	沃尔克	47.0
杰尼瓦	38.6	华盛顿	34.3
格林	34.8	威尔科克斯	42.8
黑尔	39.4	温斯顿	44.6
亨利	35.6	阿拉巴马州平均数	46.1

你会下地狱吗？

如果你想知道自己下地狱的概率，我们可以教给你一个计算方法。我们会帮你解开这个秘密数学公式的密码，从而得出你下地狱的概率。

我们需要一定的数学技巧，不过，任何一个有耐心、并且熟练运用计算机电子制表软件的人都能轻松解开这个公式。

* 首先，要选择阿拉巴马州的几个县。

* 其次，根据上表，查看选中的各县在 1990 年未得到拯救的人口数。

* 第三，找出各县每种宗教信仰的具体人口数。可以从格兰马丽研究中心查到，也可从美国宗教数据档案库查到。

* 最后，利用你喜欢的任何方法（联立方程式，或者电脑表格，或者凭着良好的直觉做出粗略估计），算出每个宗教团体灵魂未得到拯救的比率（USP)。只要你算的比率正确，这个方程式就能成立：

（圣公会教徒灵魂未得到拯救的比率 × 圣公会教徒人数）
+（天主教徒灵魂未得到拯救的比率 × 天主教徒人数）
+（犹太教徒灵魂未得到拯救的比率 × 犹太教徒人数）
+（穆斯林教徒灵魂未得到拯救的比率 × 穆斯林的人数）
+……
+（怀疑论者灵魂未得到拯救的比率 × 怀疑论者的人数）
+（无神论者灵魂未得到拯救的比率 × 无神论者的人数）

= 南方浸礼会分析得出的灵魂未得到拯救的总人数

然后你就可以知道美国任何一个县宗教信仰的分布状况，然后用这个公式算出到底有多少人会下地狱。

同样的方法，你还可以知道其他国家或者地区即将下地狱的人数。

这是一个获得成功的机会！（也是数学课上非常有趣、非常有意义的一次练习。）

获奖者没有，或是不愿意参加“搞笑诺贝尔奖”的颁奖典礼。颁奖委员会官员派了一名代表前往挪威的“地狱”（hell）镇，采访了当地的市民，请求他们祝贺获奖者。该镇的最高长官火车站站长，在搞笑诺贝尔奖的颁奖典礼上转达了他对获胜者的祝贺，挪威驻波士顿的领事泰尔吉·科尔斯尼斯（Terje Korsnes）则在颁奖典礼上发表了如下讲话：

“今晚我受邀前来，谨代表地狱镇人民领这个大奖。得知阿拉巴马州有那么多的人将下地狱，我由衷地感到高兴。我们特意在地狱镇为大家安排好了位置，恭候各位大驾光临。”

麦田里的怪圈

“最伟大的德裔美籍物理学家阿尔伯特·爱因斯坦证实，光子是存在的，但是，光子在时间上却是不存在的……他还声称，所有存在的物质都是基于光子的……他的说法似乎支持这样一个理论：圆圈是由未知的智能所控制的未知力量创造的。”

——摘自《圆圈证据》，该书由麦田怪圈研究者帕特·德尔加多编著

正式宣布

兹将搞笑诺贝尔物理学奖授予：

著名的低能物理学家戴维·考利伊（David Chorley）和道格·鲍尔（Doug Bower），因为他们根据英国麦田遭到的几何破坏而创立了麦田怪圈理论。

关于麦田怪圈的书很多，以下是观点完全相反的两本：

1998年：《麦田怪圈秘史》（*The Secret History of Crop Circles:the Ture Untold Story of the World's Greatest Mystery*）（麦田怪圈研究中心，泰瑞·威尔逊）

1994年：《怪圈》（*Round in Circles: Poltergeists, Pranksters, and the Secret History of the Cropwatchers*）（普罗米修斯出版社，吉姆·施纳贝尔）

它们是神秘的，不可思议的，也许还令人费解。它们往往在暗夜里出现；而且出现得很有趣——在英国的麦田、草地或者玉米地里留下平平的圆圈。过去10年里，这些圆圈以各种形式出现在更多地区。报纸、庶民百姓、科学界对此作出种种推测，他们发疯似的急于寻找原因。到底是什么样的自然或非自然的力量导致了这种离奇事件呢？找到答案的不是别人，正是事件制造者道格·鲍尔和戴维·考利伊。

20世纪70年代的一天夜里，戴维·考利伊和道格·鲍尔为了恶作剧，创造了历史上第一个吸引全世界注意的麦田怪圈。鲍尔在英国南部的南安普敦开了一个制作画框的店铺，考利伊则是一个业余艺术家，他们经常在一起喝酒，开玩笑。他们俩很喜欢的一个恶作剧就是，天黑之后在当地田间搞一些圆圈，然后再看有没人发现。

这种恶作剧搞了很多回之后，当地的一家报纸《威尔特时报》（*Wiltshire Times*）特意报道称：麦田怪圈是平坦的，怪圈上的麦子沿顺时针方向倒下；报道还登载了当地农民的说法，“我从来没有看到过这种印记”。而报道中怪圈所在的麦田名也非常古怪：奶酪脚之头。

由于公众越来越多的关注，这两个捣蛋鬼更活跃了。他们之前做怪圈的工具是金属棒，后来觉得金属棒用着费力，于是就改善技术，用绳子和木板来做。这两种工具轻便顺手，“工作”起来也更加如鱼得水了。

这两个家伙的“作品”越来越精妙，媒体的相关报道也更热心、更疯狂了，怪圈如星星之火燃遍了整个世界。而且，开始还只是偶尔出现一个，后来除了南极之外的地方全都有麦田怪圈了！整个英国、法国、荷兰、瑞典、意大利、德国、瑞士、罗马尼亚、加拿大、美国、墨西哥、肯尼亚、阿根廷、乌拉圭、新西兰、澳大利亚、日本、俄罗斯这些国家和地区全都有了。

人们对此有各种推测，比如是直升机造成的，或是异常的天气状况，或是一种前所未有的、未知的科学力量。此时，许多麦田怪圈热心人士都认为这涉及不明飞行物（UFO），不过也有很多人觉得这些都是骗人的，但他们却遭到了以上那些推测者的嘲笑。

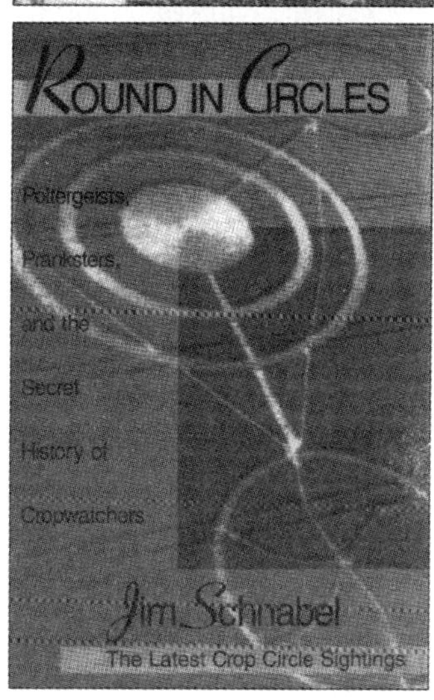

两本对麦田怪圈持相反意见的书。

不久，直升机理论似乎渐渐消失了，因为直升机噪音很大，在一个地方留下这种标记很难不被人发现。天气论者在《气象学期刊》（*Journal of Meteorology*）和其他杂志上发表文章，详细地阐述了他们的观点，解释说这种麦田怪圈是可以预测的，因为空气运动时，气流中心会形成一个旋涡，从而留下这种标记。他们还发表了许多其他的文章，用更为复杂的天气现象来解释麦田怪圈。

后来麦田怪圈的花样越来越多，更加复杂，而且还和真实事物相似：动物、昆虫、钥匙、雪花、民间艺术、宗教符号、风车、齿轮以及数学课本等。其中一些是考利伊和鲍尔做的，但是他们当然无论如何也搞不出这么多，最后这俩人非常恼火，因为肯定是有很多人在模仿他们，于是他们又在麦田里做了个怪圈，写着：我们并不孤单。

于是，一个名叫《麦田怪圈学者》（*The Cereologist*）的期刊问世了，一年出版三期，按时间顺序记录了麦田怪圈方面的研究。《圆圈》（*The Circular*）、《麦田守望者》（*The Crop Watcher*）以及其他竞争性的杂志相继问世。关于麦田怪圈的书籍、电视特别报道层出不穷，麦田怪圈组织也应运而生。

到 1991 年，考利伊和鲍尔已经制造了相当多的麦田怪圈，坚持了这么久，最初恶作剧的快感与刺激感也已经消失了。他们沮丧、生气地发现，很多人因为麦田怪圈（通过旅游、发行纪念品、写书等）发了财。他们是初创者，却毫无收益。最后，他们说明了事情的原委，把最开始的想法，被关注时的兴奋劲，持续做怪圈的过程一一道出，他们终于也被大家认识了，也小有名气了。

他们获得 1992 的搞笑诺贝尔物理学奖，不过没有参加颁奖典礼。

他们向公众讲明了事情的真相之后，许多麦田怪圈热心人士就没那么热心了。不过，还有一部分人认为他们是自吹自擂，反科学，专给人造麻烦。时至今日，仍有一批无畏的调查人员继续对麦田怪圈进行研究，寻找他们认为合理的解释。该工作颇为艰难，他们也心知肚明。1998 年，麦田怪圈研究中心出版了《麦田怪圈秘史》（*The Secret History of Crop Circles*）一书，对考利伊、鲍尔和所有的愤世嫉俗者、怀疑论者加以批驳：“我们有理由相信，20 世纪 90 年代早期以来的麦田怪圈研究竞赛是无足轻重的。”

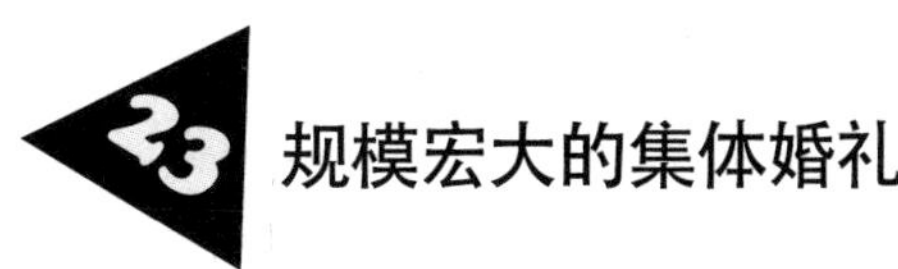

23 规模宏大的集体婚礼

“大规模生产是一种现代生产模式，是指大批量生产一种标准商品。一般用来强调产量，但最初是指生产模式本身。大规模生产并不仅仅强调数量，而是指按照有生产力、精确、经济、系统、持续和快速的原则，集中力量进行生产的项目。”

——摘自《大英百科全书》，1926 年版

正式宣布

兹将搞笑诺贝尔经济学奖授予：

文鲜明 (Sun Myung Moon) 牧师，因为他提高了集体婚礼的效率，并促进这一行业稳步增长。根据他的报告，1960 年他为 36 对夫妇举行了集体婚礼，1968 年这个数字上升为 430 对，1975 年 1800 对，1982 年 6000 对，1992 年为 3 万对，1995 年为 36 万对，而到 1997 年则成了 3600 万对。

文鲜明的网站（www.unification.net）上有关于集体婚礼的详细信息。

20 世纪的前几十年，亨利 · 福特把大规模生产引进了汽车制造业，使原先只占整个经济很小一部分的汽车业成为高效、稳定增长的模范产业。在 20 世纪的最后几十年，另一个人追随福特的脚步，把生产力、精确、经济、系统、持续和快速引进到另一个需要这一切的产业。

文鲜明牧师在 1960 年第一次举行了大型集体婚礼，一次就让 36 对夫妇结成连理。虽然这个规模和后面比起来是小巫见大巫，但它仍实践了一条人们时常期望却很少身体力行的商业原则："顾客就是上帝。"后来文鲜明一再对观众们说："我从来没有在自己的孩子身上花过那么多心思；我当然爱我的孩子，但是我把更多的精力放在了那 36 对夫妇身上，优先考虑他们。"

顾客能够受到上帝般待遇的消息传播得很快，1968 年，集体婚礼规模就扩展到了 430 对——十年不到的时间里，这个增长数字可谓惊人。迅速获得成功的文鲜明说他的组织"向世界上所有人开放"。

亨利 · 福特的大规模生产系统的基础就是可互换的零件。文鲜明很清楚福特成功的原因，随着营业量的增长，他也采取了同样的方法。为了让任何人都能轻松加入到集体婚礼的行列中，文鲜明会为想要参加却没有对象的人及时提供一个伴侣——不管要付出怎样代价，他一直恪守承诺。20 年后其他行业才宣布"发现"了 "实时管理"法，而文鲜明早就将这一原则发扬光大了。

文鲜明的业务扩展得很快，1975 年参加集体婚礼的夫妇突破了 1800 对。在那个喜庆的场合，他发明了一条新标语，帮助他的顾客适应他们的新伴侣：

"韩国人常说：'完美的伴侣来自陌生的地方'。（韩语中的'陌生'和'完美'发音相同）所以，张开你的双臂吧；不管对方什么样，接受他（她）。"他的话如同命令，人们接受了文鲜明为他们准备的另一半，不论对方长相如何，也不论对方讲何种语言。

文鲜明的业务仍在继续增长，1982 年有 6000 对夫妇参加集体婚礼。文鲜明引发了市场热潮，因为他会提前 20 天公开宣布将要举行大型集体婚礼的消息。这个消息所激发的狂热直到婚礼结束后仍久久不退。文鲜明一次又一次地、兴奋地对人群说："观礼者都大吃一惊，他们说：'我原来以为集体婚礼没什么大不了的——但是哇塞！这可真棒。'"

经过悉心策划和努力筹备，10年后3万对夫妇参加的集体婚礼上演。这足以证明对技术的精明投资会带来多么巨大的收益。这场婚礼通过最新的卫星设备向全世界进行了电视转播，人们的关注也到达了令人难以置信的程度。

他的组织已经准备让生产规模再次飙升，他们相当谨慎，成果斐然。1995年那场完美无缺的、有36万对新人参加的集体婚礼就是明证。文鲜明仍不遗余力地要将这种热情传递给新的潜在客户群。他在公开场合宣传：

"为什么要举行集体婚礼？如果我列出每一个优点来，恐怕连奶奶们的骨头都酥啦。她们会无限渴望地说：'如果时光能倒流，我也要去参加统一教的集体婚礼。'"

市场需求仍在上涨。从生产者的角度来说，规模经济让文鲜明可以迅速把婚礼规模再扩大10倍。1997年成功举办的3600万人的大型婚礼让分析家也为之赞叹，他们不禁想，这个组织还能有竞争敌手吗？

因为让一个曾经停滞不前的产业出现了指数般的增长，文鲜明获得了2000年搞笑诺贝尔经济学奖。获奖者无法，也许是并不愿意出席颁奖典礼。

此后，这种集体婚礼的规模仍在不断扩大。2002年2月16日，文鲜明和他的同事创下了新记录，4亿对夫妇同时参加了婚礼。这个数字让他们拥有整个世界市场的差不多10%的份额，把其他竞争对手远远地甩在了后面。

chapter 6

严肃而有爱的食物研究

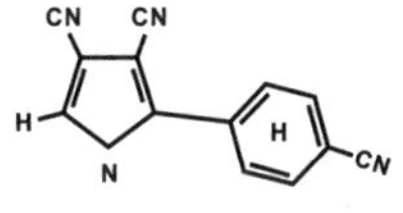

1 三秒点火的世界纪录

"'消防队真的急了，所以我不会再做这种事了。'他说，'我本来可以告诉他们，其他人也能做到，只要有汽油，就能升起一团大火，那还更危险。不过我不打算跟他们理论了。'

格布尔说，西拉斐特市消防队的官员们向他发出警告：如果他再干一次，消防队将以违反户外燃烧器械禁令的罪名传讯他。'我跟他们说，那他们得传讯每一个有木炭烤架的人。'不过，也有消防队员对他挺和善的：'他问我有没有点火时的录像带，他想用来做训练教材。'"

——摘自印第安纳州《印第安纳波利斯星报》（*Indianapolis Star*）1996 年 10 月 6 日刊登的一篇报道

正式宣布

兹将搞笑诺贝尔化学奖授予：

美国普度大学的乔治·格布尔（George Goble），因为他用木炭和液态氧在 3 秒钟内将野餐烤肉架上的木炭点燃，而打破了世界纪录。

观看快速点火视频可点击 http://ghg.ecn.purdue.edu/~ghg

乔治·格布尔是普度大学的计算机工程师，他下决心优化野餐烤肉架的点火程序——而且成功了。

乔治·格布尔喜欢野餐，也因此毁了野餐，不过这只是他实验的一个副作用。他所追求的一切就是：速度。

这个研究就跟点火本身一样，简短而闪亮。格布尔就曾向当地的一家报纸说明过这个过程，并被报道：

“格布尔说，和同伴们一起野餐了多年之后，他突然有了个想法。‘我们通常得花 30—40 分钟才能把烧烤用的木炭点燃，这简直是要我们的命啊。后来我们用吹风机、真空吸尘器和丙烷喷枪来帮忙。’格勃尔说：‘然后用一个氧气桶，就像潜水员的水下呼吸器一样，通过一根 10 英尺长的管子往木炭上喷，于是 30 秒钟内就点燃了木炭，开始烧烤了。后来我们每年都能再快点，越来越快，最后将点火时间缩短到了几秒钟。由于压力太大，火势太猛，有一次点火时，木炭都被吹出了烤肉架。’”

这种优化后的点火程序其实非常简单，格布尔让人往烤肉的木炭上扔了一根点燃的香烟，然后，他拿起装液态氧的桶朝香烟上浇了 3 加仑的氧气。对格布尔来说，安全是首要的，最差……

乔治·格尔布正在为他的午餐点火。照片由乔·塞科斯兹（Joe Cychosz）提供。

也是第二重要。格布尔是站在一根 8 英尺高的木柱上倾倒液态氧的，观众则站在一个距离相当远且安全的地方观看。“除非你本身斜视，否则不要朝火光看，”格布尔建议说，“燃烧的火焰就像强烈的太阳光一样。”

像这样点火烧烤，廉价的烤肉架就只能用一次了。不过，质量上乘的钢制韦伯牌烤肉架还是能经得住烈火考验的，不过也只能承受 2 到 3 次这样的野餐，此后，也一样被烧成灰烬。

实现了 4 秒钟内点燃起炭火的目标后，在招来了地方消防队员不断的抱怨后，格布尔公开宣布，以后准备速食野餐时不会再用这种办法了。

因为发明了一种全新的野餐烤肉架木炭点燃法，乔治·格布尔获得了 1996 年搞笑诺贝尔化学奖。

他没有参加颁奖典礼，也许他不乐意。不过，他的同事乔·塞科斯兹 (Joe Cychosz)（他简直花了一辈子的时间念这个名字 cychosz，念起来就像神经病 psycho 的复数）代表他出席了颁奖典礼，并发言：“现在回头看，很难想像这一切是由吹风机和一帮想快点吃烤肉的人引起的。我在此代表乔治，向搞笑诺贝尔奖董事会的所有成员表示感谢。”

2 跳跃的蓝色肉冻

“要想了解Jell-O牌肉冻的独特之处，先得搞清楚制作过程。首先，我们需要两只小牛蹄子，用热水清洗、去毛，劈成两半，把脂肪从蹄子中间挤出；然后将蹄子放在沸水锅中用清水煮，除掉浮渣之后，再煮上6—7个小时；然后把蹄子捞出，把肉汁用过滤器过滤，冷却，清除肉汁上凝结的脂肪；再把蹄子放到肉汁里煮，并添加5个鸡蛋的蛋壳与蛋白（以便去除汤中杂质），再除掉肉汁上的浮渣，并用肉冻袋过滤两次。然后，再往肉汁里面添加味精、香料、白糖，把肉汁放到肉冻模子里面，再把模子放到冰块上，肉冻成形时上床睡觉——已经是午夜时分了。”

——摘自《Jell-O牌肉冻传》（*Jell-O:A Biography*）一书

正式宣布

兹将搞笑诺贝尔化学奖授予：

色彩缤纷肉冻的发明者伊维特·巴萨（Ivette Bassa），因为她在20世纪化学领域取得的成就：合成了爽口的Jell-O牌蓝色肉冻。

了解详情请参考《Jell-O牌肉冻传》一书，2001年由Harcourt出版。

1992 年，生产 Jell-O 牌肉冻的卡夫综合食品公司一反传统，开发了一种故意做得恶心兮兮的甜点。

Jell-O 是美国甜点的一大知名品牌，自称为“美国最有名气的甜点”，一般人都觉得它好吃又好玩。在成为百年老店后，生产厂家试图有所创新，为肉冻添点诱人色彩。核心精神就在“诱人”二字，而他们本来的肉冻大部分颜色都——至少理论上——跟那些诱人的天然食物同色的：比如覆盆子、草莓、柠檬、樱桃、橙子、香蕉等。

于是 1992 年，卡夫综合食品公司进行了一次简单的尝试：他们研制了新的 Jell-O 肉冻。这些肉冻的颜色是想让成人作呕，从而让小朋友们因为这种恶心的反应而感到好奇，从而感兴趣。

这次试验立即取得了巨大的成功。这种名为“桨果蓝”的肉冻系列，闪闪发亮，呈现出外星人的入侵飞碟在暗处时的蓝色。这个系列卖得如此好，成为了 Jell-O 牌肉冻历史上的销售季军。

“桨果蓝”系列是由名为伊维特·巴萨的女美食家发明的，她找到了一种特殊配方，让这种颜色的肉冻仍然鲜美、可口。

因为对科学和营养学方面的贡献，伊维特·巴萨获得了 1992 年搞笑诺贝尔化学奖。

她和卡夫综合食品公司研发小组的全体成员乘坐公司的飞机前往桑德斯剧院，参加颁奖典礼。在接受奖项时，伊维特·巴萨发表了如下演讲：

“作为唯一接受这个大奖的人，我感到非常惭愧。我的成功不过是过去几百年来庞大的科学研究的缩影，我和我的同事们希望大家能关注三位为我们的工作奠定基础的化学家：埃米尔·费舍尔（Emil Fischer），这位德国化学家因为在糖和嘌呤的结构与合成方面的研究获得了 1902 年的诺贝尔奖；理查德·席格蒙迪（Richard A.Zsigmondy），这位德国化学家因研究胶体溶液获得了 1925 年的诺贝尔奖；利纳斯·鲍林（Linus Pauling），这位美国化学家因在化学键性质方面的成就获得了 1954 年的诺贝尔化学奖，1962 年又因其在裁军方面所付出的努力而获诺贝尔和平奖。

最为重要的是，我们应当向 19 世纪最伟大的科学家珀尔・韦特（Pearl B. Wait）表示感谢，因为他的研究打开了 20 世纪化学的大门。韦特是纽约州利罗伊市的咳嗽药制造商。1897 年，韦特合成了 Jell-O 牌肉冻甜点，他也是这个品牌的创始人。

在典礼完毕之后，巴萨同她的研究小组向现场观众分发刚出炉的“浆果蓝”肉冻，所有孩子都抢着要，而大多数的成年人则强调：他们不想要。

获得“搞笑诺贝尔奖”的“浆果蓝”系列肉冻。

3 让猪排出沙门氏菌的兜风实验

“我们把实验称为‘猪兜风实验’，因为这是基于跟猪们玩的小把戏。”

——摘自威廉和纽厄尔撰写的实验报告

正式宣布

兹将搞笑诺贝尔生物学奖授予：

俄勒冈州卫生管理部的保罗·威廉（Paul William）和英国英格兰利物浦热带医药学校敢做敢为的肯尼思·纽厄尔（Kenneth W. Newell）。这两位生物学的探索者进行了一项具有先驱意义的研究，“兜风会让猪排出沙门氏菌”（Salmonella Excretion in Joy-Riding Pigs）。

该研究发表在《美国公共卫生与国家卫生》（*American Journal of Public Health and the Nation's Health*）期刊上，60卷第5期，1970年5月，926—929页。

两位公共健康专家有勇有谋地解开了医学与肉猪之间一个急需解决的不解之迷。

对于“人们怎么预防沙门氏菌”的问题，保罗·威廉和肯尼思·纽厄尔用猪兜风实验给出了一些见解。

沙门氏菌是一种肮脏的、最令人讨厌的细菌，只要一丁点儿就能感染一个健康人。在被感染后几小时内，患者会出现恶心、呕吐、腹部绞痛、痢疾、发烧、头痛等症状。猪和其他家禽家畜都是讨厌的沙门氏菌携带者，它们一般通过接触携菌的水、土或者食物被感染。

农场里喂的猪都是会定期接受检查的，如果这些猪无病无灾，卫生部门就会签发一张健康证明书。但奇怪的是，这些拥有健康证明的猪经过从农场到屠宰场的简短旅行之后，其中30％—80％的沙门氏菌测试结果呈阳性。

测试过程是用棉球从即将被屠宰的肉猪的肛门取样，然后送到实验室化验。一些科学家认为，这些猪可能是在卡车或者其他猪圈接触了同类，而感染了沙门氏菌。但另一部分科学家则认为，它们在农场时就已经被感染了，只是病菌藏得深，暂未发作；后来因为被送去屠宰，可怕的命运让猪们非常沮丧，于是体内病菌得以发作，感染了肠道。

威廉与纽厄尔测试了后一种理论的可能性，他们把实验叫做“猪兜风实验”，具体是这么干的：

“首先，肛门取样，检验某个农场某群猪的沙门氏菌排泄率；然后，将一群没有被感染的猪装上卡车，隔离外界环境，就像要送往屠宰场一样。但我们真正要做的是让这群猪在美丽的乡村风景区兜风，然后再将它们运回农场。最后我们再对它们进行一次沙门氏菌检测。”

威廉和纽厄尔的报告称，在进行实验之前，“他们给这些猪喂了一些变了味的面包、蛋糕以及面包店里的一些磨碎了的东西（包括包装纸）”。在颁奖典礼发言时，纽厄尔还说，我们特意在碎面包和包装纸里混了点糠，让猪好嚼。

"猪兜风实验"进行得相当顺利：

"实验那天天气甚好，碧空万里，温度也适宜（摄氏21—25度）。猪被装上卡车，车行驶了60英里后，在一个树阴处歇了大约半小时，然后继续向前行驶了约90英里。最后再返回农场。整个兜风过程耗时3小时45分钟。然后威廉和纽厄尔对这些猪进行了沙门氏菌检测，发现有30%的猪排出了沙门氏菌。"

实验成功了！保罗·威廉和肯尼思·纽厄尔确实证明了：让猪兜风能让它们排出沙门氏菌。他们也因此获得了1993年搞笑诺贝尔生物学奖。

肯尼思·纽厄尔1990年去世了，保罗·威廉也没有能够出席颁奖典礼，不过他寄给颁奖委员会一盘录像带，发表了演说：

"纽厄尔医生为我们的实验报告起了这样一个醒目而恰当的标题。虽然实验和报告都显得有点与众不同，但是并不离奇。我非常荣幸地代表自己和纽厄尔医生接受颁奖委员会授予我们的荣誉。值得庆幸的是，我们的实验是在1967年进行的，如今就做不了这种实验了，因为动物保护主义者会出来反对的。在他们看来，同猪开这种带有欺骗性的玩笑，是不人道的，尤其是对那些被养肥了用来满足人类口腹之欲的猪。"

1994年，搞笑诺贝尔颁奖委员会主席在俄勒冈州的波特兰市鲍威尔的书店，举行了一个特殊的颁奖仪式，正式向保罗·威廉和肯尼思·纽厄尔颁发了他们应得的生物学奖，现场出人意料聚集了一大群对猪兜风实验感兴趣的观众。

搞笑诺贝尔之

兜风的猪和你

威廉和纽厄尔在报告中指出，这个猪兜风实验对人类也是有启发性的：

"如果其他动物和人类的行为反应与这些猪相似的话，那我们以前用来检测大肠杆菌的传染源和肠道感染与肠道疾病的关系的证据可能就无效了。”

也就是说，如果医生给化验了粪便，结果很正常，那也说明不了什么。

医生也许不知道我们这个新发现，所以下次去医院的时候可以带上这份报告，尤其要注意最后一部分：

“本研究假设人和体内的病菌很可能出现和兜风猪相似的行为反应，这种假设也得到了甘加罗莎和他团队的验证。他们的结论是：由人类排泄物来化验霍乱孤菌和埃尔托生物型病菌时，也可能因为之前的清洁而受影响。”

含水量对早餐麦片压缩状况的影响

“早餐麦片是用两种不同的技术压缩成圆柱形，然后施加100帕到85M帕的压力来测量体积。我们研究了含水量（从4%—18%）对麦片压缩状况的影响，对其施加了从1帕到85M帕的压力……赫克尔形变应力随着水分含量（从12%开始）的增加而降低，水分含量为18%的时候，该数值就会显示错误。在这个增加过程中，皮莱格压缩指数和川北屈服应力会明显下降。

——摘自乔格特、帕克和史密斯的研究报告

正式宣布

兹将搞笑诺贝尔物理学奖授予：

英格兰诺里奇食品研究院的乔格特（D. M. R. Georget）、罗杰·帕克（R. Parker）和史密斯（A. C. Smith）博士对浸水早餐麦片进行了不懈的研究与分析，发表了题为《含水量对早餐麦片压缩状况的影响》（A Study of the Effects of Water Content on the Compaction Behaviour of Breakfast Cereal Flakes）的研究报告。

以上研究发表在《粉体技术》（*Powder Technology*）期刊，81卷第2期，1994年11月，189—196页。

许多人发现自己的早餐麦片变得越来越潮湿，但是原因不明。好在有三人在1994年费尽千辛万苦进行了研究，终于搞明白其中玄机。

乔格特、帕克和史密斯三位博士研究了麦片的基本物理特性。

他们从全新角度来面对问题，还借助仪器检测：一台梅特勒LP16水分测定仪，一台英斯特朗1 122万能测试仪，一台活塞驱动熔融金属纯度计。

之前那些对麦片感兴趣的人，都是去工程学图书馆，挖掘任何与此相关的资料。而这次三位研究者的研究则很注意方法。在开始研究之前，他们搜集了所有著名的麦片研究小组的报告，这些研究小组包括：皮莱格（Peleg），川北（Kawakita），赫克尔（Heckel）；罗伯茨（Roberts）和罗韦（Rowe）；特雷恩（Train）和约克（York）；伊尔卡（Illka）和帕罗尼（Paronen）；以及永远都不会被人们遗忘的马罗西斯（Marousis）和萨拉瓦科斯（Sayavacos）。搞清楚过往的情况，和未知情况后，他们三人就开始了直接的实验。主要工作包括：搞些早餐麦片，进行系列实验，测量与计算，制定系列计划，制作系列图表。最终，他们解开了疑团。

首先，他们把一些早餐麦片浸水，然后把它们放到一个圆柱体内，再用重物压缩这些麦片，然后记录下麦片越来越潮湿时的不同压缩程度。为了搞清楚麦片潮湿的详细过程，他们进行了多次测试。

他们发现，在某个范围内，麦片虽然粘了水，却还如少女般矜持。但是，过了那个范围，麦片就突然变得非常软弱（容易弯曲）。简而言之：随含水量的增大，赫克尔变形应力对粒子密度开始变得越来越敏感。这一点在现在看是显而易见，但当时可没那么容易弄明白。

早餐麦片从松脆到潮湿是个相当有趣的过程，并不像人们想的那么乏味，数据上尤其如此。例如：麦片水分含量从12%增加到18%时，其潮湿程度变化最大。

不过要说明的是，乔格特、帕克和史密斯的结论都是用水进行试验得到的，理论上讲，在有人用牛奶做实验之前，这个结果都成立。所以目前为止，他们的结论还是滴水不漏的。

乔格特、帕克和史密斯撰写的《水分对早餐麦片压缩状况的影响》的研究报告是此领域内最有科学含量的分析。由于麦片直接关系着早餐时的碗中风云，他们获得了1995年搞笑诺贝尔物理学奖。

三位获得者没有出席颁奖典礼，他们向颁奖委员会邮寄了一盘在他们的实验室录制的录像带，里面有一碗麦片粥。安德鲁·史密斯博士作为代表发表了演讲：

“在进行麦片实验时，我们没有采用什么复杂的技术。相反，我们讨论了宏观的力学特性与食物组成分子颗粒的规模变化之间的关系。我们有了一个洞察食材的机会，这很有价值。可是这对麦片生产商还有在座的各位消费者有什么意义呢？我们的回答是，这可有关终极的进食体验。我们希望这个奖项的颁发会引发更深入的相关研究。”

5 对蝌蚪味道的比较

“本人衷心希望，将来有一天能用大样本的蝌蚪来验证这一结果。”

——摘自理查德·瓦瑟尔苏格研究报告的结束语。

正式宣布

兹将搞笑诺贝尔生物学奖授予:

英国达尔豪西大学理查德·瓦塞尔苏格（Richard Wassersug）教授，因为他撰写了第一手材料的研究报告:《哥斯达黎加干季蝌蚪的味道比较》(On the Comparative Palatability of Some Dry-Season Tadpoles from Costa Rica)。

该研究发表在《美国内地自然学家》(*The American Midland Naturalist*) 杂志，86卷第1期，1971年7月，101—119页。

大多数科学研究报告的开头都是摘要，这个摘要一般都干巴巴的很乏味，绝对无法引起人们的兴趣。而理查德·瓦瑟尔苏格1971年的这篇研究报告的概要，尽管有点干，却能引起食欲。内容是这样的：

“摘要：根据实验设计，11名志愿者品尝了8种青蛙的幼虫：蝌蚪。这些蝌蚪的可口程度各不相同，我们的评价标准是从‘不错’到‘特别难吃’。分析显示，蝌蚪的可口程度恰恰与它们的外表美艳程度相反。”

一个科学家为什么要吃蝌蚪呢？——或者说，他为什么要说服另外11人吃蝌蚪呢？是为了解开科学之谜，当然也因为，他就愿意。

蝌蚪的形状与皮肤颜色都很多样，令人眼花缭乱。大多数蝌蚪的皮肤颜色与生活环境，如周围的砂子、岩石、溪流和池塘中的水草、植被相同，使人难以分辨。不过也有部分蝌蚪的皮肤颜色与环境色截然不同，显得格外亮丽，图案也鲜明。那这些蝌蚪的天敌为什么不把它们吃了呢？它们这么显眼，还不等长成青蛙，就会被肉食者捕捉，被吃掉。如果这样，这种蝌蚪，或者说这个种类的青蛙将处于濒危境地。

过去人们一直认为：那些引人注目的蝌蚪一定难吃得不得了。只有难吃得让捕食者恶心，那些食客才会躲之惟恐不及。不过这只是一种假设——直到理查德·瓦瑟尔苏格想出一个验证的办法。他是在哥斯达黎加做这个实验的，这儿蝌蚪种类繁多，而且用来冲蝌蚪的啤酒也便宜。

蝌蚪们只是些“在水下吃海藻的小东西”，所以基本上是任人宰割。也确实有很多捕食者，如甲虫啊，蜻蜓啊，各种鱼，只要能吞得下蝌蚪的都会吃它们。但是你没办法让这些饥饿的捕食者端坐桌前乖乖进行品尝测试。所以，瓦瑟尔苏格决定使用天然捕食者的代替品，便宜的替代品：他的研究生。

瓦瑟尔苏格制定了非常严格的品尝程序。

他们费尽力气收集了同样大小的蝌蚪，放在洁净的淡水中，养了几个小时才开始试验。

“实验是在每个志愿者上一顿饭结束后至少 2 个半小时后才开始的，这样是想让他们有饥饿感。每个志愿者都是单独品尝的，而且整个实验中他们不能互相讨论。瓦瑟尔苏格给这些蝌蚪编了号，每次给每位志愿者尝一个，志愿者自己是不知道蝌蚪编号的。”

“在品尝试验之后，每个人要给每只蝌蚪各部位（皮、尾巴、身体）的味道评级（共五级）：第一级，味道不错；第二级，没有什么味道；第三级，有点不喜欢；第四级，不喜欢；第五级，非常不喜欢。品尝者还要对蝌蚪味道发表评论，在实验结束后要指出哪种蝌蚪味道最好，哪种最不好。实验的品尝标准包括以下几步：把蝌蚪放在清水中清洗；品尝者将蝌蚪放在口中，并在开

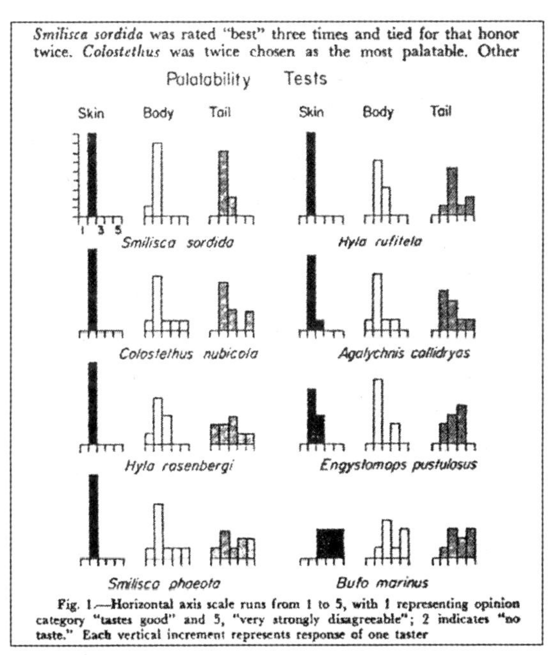
Smilisca sordida was rated "best" three times and tied for that honor twice. *Colostethus* was twice chosen as the most palatable. Other

Fig. 1.—Horizontal axis scale runs from 1 to 5, with 1 representing opinion category "tastes good" and 5, "very strongly disagreeable"; 2 indicates "no taste." Each vertical increment represents response of one taster

理查德·瓦瑟尔苏格教授的研究报告。

始咀嚼前让蝌蚪在口中停留 10—20 秒钟；然后开始咀嚼蝌蚪的尾巴，撕裂蝌蚪的皮，轻轻咀嚼 10—20 秒钟；最后狠狠咀嚼蝌蚪的整个身体。而且不能将蝌蚪吞进肚里，要把嚼后的蝌蚪吐出来，用清水漱口——不少于两次。漱口后品尝下一个蝌蚪。”

11 个志愿者还被淘汰了两个，因为他们爱抽烟，不能辨别味道好坏。其余 9 个志愿者的味觉具有专业的品尝水平，都很合格。

试验结果很清楚：9 个品尝者中有 6 个认为一种叫海蟾蜍的蝌蚪最难吃，味道最差，他们觉得那是“苦的”，没有人愿意吃这种蝌蚪；有很多种蝌蚪被认为是“味道不错”。总的来说，身体没皮好吃，但比尾巴美味。

实验证明了之前的理论：越光鲜亮丽的蝌蚪越难吃。由于瓦瑟尔苏格作出的小而新鲜的贡献，“搞笑诺贝尔奖”颁奖委员会将 2000 年的生物学奖颁给了他。

进行这次实验时瓦瑟尔苏格是加州大学伯克利分校的生物学教授，29 年后，也就是 2000 年，他已经是加拿大新斯科舍哈利法克斯市戴尔豪西大学的终身教授了。他自费从戴尔豪西大学来到哈佛，参加颁奖典礼。他还发表了以下演讲：

“‘搞笑诺贝尔奖’的一个奖项颁发给了一篇颇有趣味的研究报告。不过，我想指出的是，报告标题中的‘干季’蝌蚪只是指这些蝌蚪捕捞的时间，而不是指这些蝌蚪在实验中的烹饪状况。也就是说，它们既不‘干’，也没添加‘调味剂’。”[干季在英文中是 dry season，这两个字分别是 dried（干的）和 seasoned（调味）的意思。——译者注]

“如果没有那些研究生们的大力协助，我是不可能获这个奖的。29 年前，我在哥斯达黎加给他们上丛林生物课，实验就是在课上做的。这些同学冲着几瓶啤酒，就愿意咀嚼、品尝这些蝌蚪，他们是真正的英雄，我要向他们表示感谢！我们大家也应向‘热带研究协会’表示感谢，因为该机构提供了这次实验以及喝哥斯达黎加啤酒的机会。

“我还要向休·科特表示感谢，因为他早在我之前就开始品尝陌生之地的野生植物，从而帮助了二战期间陷入困境的英军士兵。科特组织了一个由英国老人组成的鸟蛋品尝小组，并证明那些蛋很好吃的鸟儿们，会聪明地把蛋藏在悬崖峭壁上，防止被英国士兵偷走。”

为了向迟了两天才到的瓦瑟尔苏格表示祝贺，搞笑诺贝尔颁奖委员会曾试图举行一次蝌蚪品尝试验。但是，由于美国法律、大学的规定以及志愿者人数过少等因素未能举行。

搞笑诺贝尔之

瓦瑟尔苏格教授进行的其他研究

理查德·瓦瑟尔苏格教授对不同寻常的事物总有一股令人无法想像的激情。在整个生物学家生涯中，他孜孜不倦地对生物学的各种问题进行了广泛的研究，其中大部分都具有重大科学意义。其中一些尤其多彩多姿:

1.1993 年，瓦瑟尔苏格与一位同行共同发表《蛇和海龟在突然失去重力时的反应》(The Behavioral Reactions of a Snake and a Turtle to Abrupt Decreases in Gravity）一文。

2.1993 年，瓦瑟尔苏格与另外两位同行撰写了题为《两栖动物的晕机情况》(Motion Sickness in Amphibians）的报告，对无尾动物（如青蛙、蟾蜍等）和有尾动物（如蝾螈等）在飞机上进行抛物式飞行时是否会晕机的问题进行了研究与探讨。实验中，三位教授先给被试动物喂食，飞行完之后，在它们栖身的容器中发现了呕吐物。因此可以证明，两栖类动物是可以通过运动刺激而眩晕的。

3.1996 年，日本北九州的太空游乐园里，日本树蛙被放在改变了重力的自由落体游戏机里，结果显示，青蛙具有在微重力状态繁衍的潜力，因为合适做太空生物学实验。

麦芽啤酒、大蒜与酸奶油对水蛭胃口的影响

“医用水蛭因其在显微手术方面的用途再次赢得了人们的尊重和欢迎，不过，有时水蛭却不愿意合作，为了解决这一难题，19 世纪的医学界人士曾在治病前把水蛭浸泡在麦芽啤酒里。20 世纪 20 年代，一位基督教女执事发现，将一点酸奶油涂抹在皮肤上，似乎能刺激水蛭进食。最近我们发现，大蒜对水蛭似乎也很有吸引力。为此，我们进行了一项研究，评估这些物质对水蛭产生的影响。”

——摘自贝尔哈姆和桑德维克刊登在
《英国医学周刊》上的医学报告

正式宣布

兹将搞笑诺贝尔生物学奖授予：

挪威卑尔根大学的安德斯 · 贝尔哈姆（Ander Baerheim）和霍格尼 · 桑德维克（Hogne Sandvik），因为他们撰写了具有鉴赏力，且颇具魅力的医学报告《麦芽啤酒、大蒜、酸奶油对水蛭的胃口所产生的影响》(Effect of Ale, Garlic, and Soured Cream on the Appetite of Leeches)。

该研究发表在《英国医学期刊》(*British Medical Journal*) 上，309 卷，1994 年 12 月，1689 页。

到底怎样才能刺激水蛭的胃口呢?

直到 20 世纪中期，水蛭都是医学界的常用工具。但此后几十年人们却放弃了水蛭，再之后它又返回医学舞台，成了新的亮点。从事显微外科手术的医生对水蛭情有独钟，极力呼吁让它重返医学界。外科手术中要想将切断的手指再连上时，防止凝血至关重要，这时候水蛭就能派上大用场了，它是防止血液凝结的最好工具。

所以外科医生们是非常欢迎饥饿的水蛭的，但是水蛭和大多数人类一样，并不是可靠的吸血者。在紧急手术中，一条食欲不振、被动的水蛭是不能满足需要的。

那怎样才能刺激水蛭的食欲，让它们“尽职尽责”呢？一些人遵循早期的医学权威传下来的妙方：啤酒或者酸奶油能够让一条喝得饱饱的水蛭变得贪得无厌，胃口大开。

其实不久之前，医学还只是一门艺术，不能算是一门科学。1994 年，安德斯・贝尔哈姆和霍格尼・桑德维克意识到，到目前为止都没人对传统的刺激水蛭胃口的方法进行科学研究。于是他们决定试试，而且除了传统的啤酒和酸奶油之外，他们还加了一种新的刺激物——大蒜。

他们的实验过程非常简单：

“我们把 6 条水蛭放在两种啤酒 (Guinness 黑啤和 Hansa 黑啤) 中的一种里，浸泡很短时间后，再把它们放在一个人的前臂上 (霍格尼・桑德维克的)。我们记录了从水蛭粘着皮肤到霍格尼·桑德维克感到水蛭叮咬之间的时间，而且分别用三种物质对每条水蛭都进行了实验。

实验的结果是清楚的，而且出人意料：

啤酒："在啤酒里浸泡之后，一些水蛭的行为发生了变化，它们摇摆前躯，无法抓握，或倒头掉下。"

大蒜："两条放在前臂（已经涂抹了大蒜）上的水蛭开始蜿蜒爬行、蠕动，但一点儿也没有要叮咬的意思……后来它们的状况越来越糟糕。再把这两条水蛭放在裸露的前臂（什么也不涂抹）上时，它们试图叮咬，却没能力做到。两条水蛭在接触大蒜2个半小时后便死了。基于道德考虑，这只已经涂抹了大蒜的前臂就不再参与实验了。"

酸奶油：那些接触过酸奶油的水蛭变得很贪婪，食欲也很旺

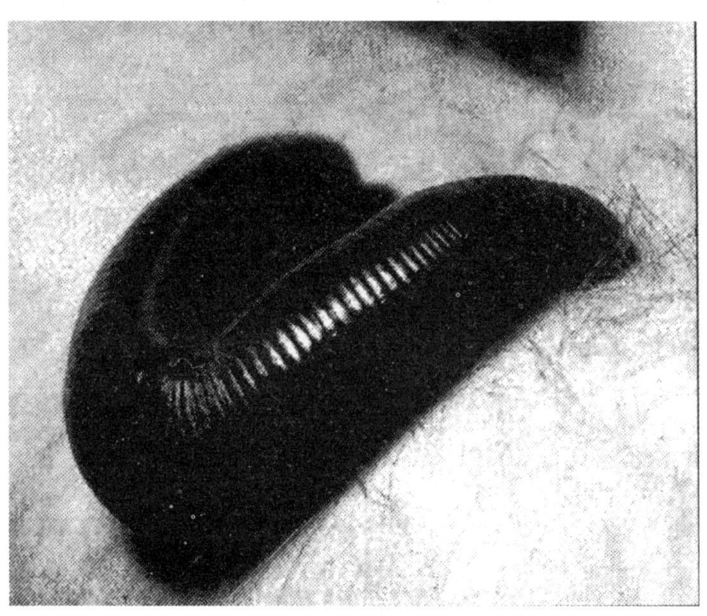

这是在试验中一条放在胳膊上的水蛭。图片来源：《英国医学期刊》。

盛。先把它们放在胳膊上，再把它们放到大口玻璃杯里时，它们会“立即疯狂地吮吸容器壁”。不过，不管有没有接触酸奶油或别的刺激，水蛭都会遇皮肤就吸食。

那么，到底怎样才能刺激水蛭的胃口呢？其实科学并不能得出准确结论，不过最好不要用啤酒或者大蒜来刺激；酸奶油也一样没必要。

安德斯·贝尔哈姆和霍格尼·桑德维克科学地、勇敢地对医学界公认的“至理名言”进行了一次挑战，他们证明，在水蛭的医用方面，人们想当然的“尊重传统”是不对的，他们还因此获得了1996年的搞笑诺贝尔生物学奖。

获得者没有出席颁奖典礼，但是他们寄了一盘录像带来发表演讲：

“我们怀着感激之心接受搞笑诺贝尔颁奖委员会颁发给我们的奖，并把荣誉献给了我们的伙伴：水蛭们。因为它们在实验中表现出极大的热情；另外也是因为，实验室的动物很少因为自己的成就被嘉奖。因为水蛭们不能来领奖，所以我们打算求助于一个替身，他不是水蛭，所以我们相信他会举止得体的。”

这个神秘的替身叫泰尔吉·科尔斯尼斯（Terje Korshes）。他又高又大、神态严肃，是挪威驻麻省名誉领事。科尔斯尼斯大踏步走向演讲台，对着1 200名观众发表了他简短的演讲：

“谢谢。我的同胞贝尔哈姆和桑德维克不能亲自赶来参加这个典礼了。很显然，这种突破性的研究应当得到肯定，我认为，这个大奖是卑尔根科学界一直期待的。不过我实在担心这个课题在剑桥不会引起重视。也许，在座的观众中会有些明智之士选择水蛭来进行研究，为了帮助这些人，我带来了一些水蛭。现在就把它们发给大家，以便大家能立刻行动。”

说完，科尔斯尼斯从口袋中掏出了一个装满水蛭的袋子，朝台下的观众抛去。这些水蛭都是用塑料做的，但是搞笑诺贝尔奖的组织者对此一无所知，台下的观众更是毫不知情。

就在这天，这个世界了解到了一点水蛭知识，一点医学知识，和一点挪威的外交状况。

搞笑诺贝尔之

关注近期的研究

贝尔哈姆和桑德维克的发现可能是非常有用的，对你来说甚至更重要，我们建议你把这篇文章影印下来，随身携带。原因如下：

假如，你不幸折断了一根手指，然后你幸运地找回了那根手指，并把它带到医院。你被带到手术室去，外科医生与护士也都到了，手术设备都安排好了，准备工作完全就绪，手术马上开始。为了保留手指上的血，又不让指关节的血液凝结，护士们取来了一条水蛭。目前为止，一切进展顺利。

可是，假如那条水蛭不饿或者没有胃口，该怎么办呢?

如果给你动手术的医生没有看到这篇研究，她 / 他就可能想到用啤酒、大蒜来刺激水蛭。这样就可能导致水蛭食欲不振，甚至死亡，你的手指可能就无法连接了。

不过，如果你将随身携带的这篇研究报告呈给她 / 他，医务人员就会恰当地处理水蛭，避免使用大蒜或者啤酒，从而保证手术快速而顺利地进行。

搞笑诺贝尔之

科学家要勇于“毛遂自荐”

安德斯 · 贝尔哈姆和霍格尼 · 桑德维克是搞笑诺贝尔奖获得者中非常独特的一对。

《麦芽啤酒、大蒜、酸奶油对水蛭的胃口所产生的影响》在权威的《英国医学期刊》上发表后不久，他们将这篇文章的副本寄给了搞笑诺贝尔奖委员会，还附了张便条解释为什么他们认为自己应当获得搞笑诺贝尔奖。

1996 年，他们获得了搞笑诺贝尔生物学奖。1996 年的搞笑诺贝尔生物学奖有几千个提名人，其中有几百个是“毛遂自荐”的。尽管每年都有许多人“毛遂自荐”，但到目前为止，在已颁布的 100 多个搞笑诺贝尔奖项中，只有贝尔哈姆和桑德维克是通过“毛遂自荐”获得的。

7. 人不需要吃饭的证据

“这并不是个否认的过程。过去这些年还有大师指导我说，停止喝流质。他们肯定地说，身体需要的仅仅是‘流光’。可是，我喜欢与朋友们一起喝杯茶，或其他流质。”

——摘自贾斯穆希著的《以光为食》的前言

正式宣布

兹将搞笑诺贝尔文学奖授予：

澳大利亚的贾斯穆希（Jasmuheen）[原名埃伦·格雷夫（Ellen Greve）]，因为她著述了《以光为食》（*Living on Light*）一书，该书阐述了一个事实：尽管人们会吃一些食物，但是他们并不真的需要吃。

该书 1998 年由 KOHA 出版社出版。

贾斯穆希是名为“以气养身”组织的第一夫人。“以气养身”是一个结构松散、充满快乐的团体，还声称，在吃饭这件事情上，他们既不独乐乐，也不众乐乐。事实上他们根本就不吃东西，即使吃也是由于社交或娱乐原因，而不是出于营养需求。

贾斯穆希本名埃伦·格雷夫，她说自己的最后一顿正餐是在1993年吃的。此后，她生命与活力都由“一个具有选择性的营养来源”供给。她工作勤勤恳恳，充满活力又不吃饭，这使得她成为有名的“以气养身”主义者。

什么是“以气养身”主义呢？对于那些听她讲课或购买她著作的人，贾斯穆希清楚地说明了怎样才算是一个真正的“以气养身”主义者：

“‘以气养身’主义就是一个人从宇宙的生命力量中汲取各种营养、维生素及各种养分，以维持一个健康肌体。有这种能力的人就没有必要进食。”

贾斯穆希就是这么实践的，所以她不需要吃饭。她在最畅销的《以光为食》书中讲道：“自1993年以来，我身体所需的营养都是来自普拉纳（Prana，由梵语音译而来，指生命能量）的无限生命力量。”

尽管贾斯穆希身体健康，精神愉快，但她还是被那些吹毛求疵者和怀疑论者不断地无情地鞭挞与讨伐。2000年4月6日，英国《泰晤士报》刊登了一篇报道称，一名澳大利亚记者在与贾斯穆希一起登机时，听到一名空姐要求贾斯穆希承认自己点过一份素食。贾斯穆希立即否认此事，不过她之后又改变了想法：“是，我点了一份，不过我没吃。”

对于那些怀疑论者，贾斯穆希表现得极其宽容大度。她在自己的网站上解释道：

“一名《每日镜报》（*Daily Mirror*）的记者无意中听到一位登机检查人员证实：10年来，我的机票上一直有张我懒得改换的素食菜单。在漫长的旅途中，我有时会吃一个马铃薯帮助入睡，因为什么都不吃的话我无法入睡。少量的食物能活跃使我们的消化系统，降低我们的能量水平，帮助我们入睡。这不是什么大不了的事情。”

后来，澳大利亚《60 分钟》（*60 Minutes*）节目做了一次实验来检验贾斯穆希的说法。他们要把她关在布里斯班一个旅馆的房间内，关上 7 天。这 7 天里，有记者对她进行严密监督，确保她一点食物都不吃；另有一名医生可以随时为她检查身体。到了第 3 天，这名医生对她的健康状况表示担忧，因为她有脱水现象与巨大的身体压力。于是，贾斯穆希与其他相关人员都搬到了城外一个压力小且环境宜人的山间疗养院。2 天后，《60 分钟》节目组人员停止了这次实验，并急忙把贾斯穆希送往医院。

这一次，贾斯穆希要怎样面对那些批评者呢？她还是一样老练和真诚。贾斯穆希的团队召开了一个新闻发布会称：

“《60 分钟》节目组在实验进行到第 5 天时，在监护医生温科博士的建议下，决定不再继续挑战贾斯穆希的身体了。由于温科博士没有拜读过贾斯穆希在这方面的深入研究，所以当贾斯穆希出现轻微脱水和身体消瘦时，他就开始担忧了。这很正常，因为他对我们在过去 7 年所做的研究一无所知，或者知之不多。在实验之前，贾斯穆希就告诉《60 分钟》剧组，应当先读下她的研究书籍，他们才会对此有个全面、系统的了解，这样如果她的身体在实验中有所变化时，他们就不会恐慌了。不过，节目制作人理查德·卡莱顿与温科博士向贾斯穆希承认，他们没有拜读她的书，所以当他们觉得她情况危险时就终止了这次实验——尽管贾斯穆希也对此感到欣慰，但不幸的是，他们没有将实验进行到底。”

尽管遭到怀疑和挑剔，贾斯穆希的事业却仍越做越大，发展的越来越好。她成立的机构——宇宙网络学会（简写为 CIA，该学会致力于地球人类的和谐统一）主要从事散发教育材料、组织研讨会、开发度假区等活动。报道称，她出版的书籍、灌制的录音及组织的 5 日豪华大放松疗养和 7 日 MPAS（乐观觉醒协会的活动）国际疗养等都很受欢迎，于是她相当忙碌，行程紧凑，满世界跑。（贾斯穆希出版的书籍有《普拉纳营养摄取法》、《共鸣》、《灵感三部曲》、《意识流三部曲》、《我们的瘦身法》、《日光大使》、《以光为食》、《我们的后裔——再生的 X 一代》；灌制的录音有：《澳大利亚的外国人》、《生活的气息》、《心灵的庇护所》、《调整心情》、《沉思的权利》等）。

经常有人问她这个问题：放弃吃饭之后是否变得苗条了？答案是肯定的："按照计划，我将自己的体重控制并保持在合适的程度，一直是 47—49 公斤，无论喝什么流质，或是其他东西，体重都没有变化。"

她继续解释说："经过这个过程之后，试图增加体重会比减轻体重更困难。"不过，经过一年的努力，她克服了重重困难，增加了 8 公斤体重。

尽管"以气养身"主义者能够完全控制自己的身体功能，但贾斯穆希仍建议，他们有时也得根据社交情况吃点东西。就像例假一样，当我初次来潮时，我希望能写一个让身体停止流血的程序，那多方便啊。后来程序还是失败了。于是我向大师请教，他们教导我说，规律的例假是"传统的"、可接受的，也是身体健康的标志，所以我们有必要保持这种健康标志。

贾斯穆希在她的网站（www.jasmuheen.com）上宣称，她的首要目标就是"健康饮食、健康穿衣，惬意安居，孜孜传道于地球人民，直到 2012 年"。

因对人类进食所做的努力，贾斯穆希获得 2000 年搞笑诺贝尔文学奖。

这位获奖者不能，或者不愿出席颁奖典礼。不过她通过电子邮件与颁奖委员会进行了一场非同寻常的对话。涉及的话题很广，不过关于她辗转于多国，召开研讨会、品尝阳光这种话题就聊得比较少。她对获得搞笑诺贝尔文学奖表示高兴与自豪，但因为她得前往巴西主持一个盛大的仪式，所以无法分身出席典礼，她也表达了遗憾。

请记住：不能吃的食物

贾斯穆希不是“以气养身”的创始者，她也没宣称自己是。她在书中写道：“‘以气养身’是与时光一起诞生的。”

以下是之前宣称人不需要进食的人，都挺有代表性的：

这些信息是由加拿大蒙特利尔的防疫所一位名叫朱尔根·布赫（Juergen Buche）的理疗家编纂的。布赫是在“秘传发行物”中搜集到这些资料的。本文引用的大部分文字都出自布赫：

1．朱达·米勒（Judan Mehler）(1660—1751)：“非常节俭，每周只吃一天饭。一年内12次打破禁忌，都在犹太假日。作为三个社区的拉比，工作忙碌，享年91岁。”

2．玛丽·弗鲁特纳（Marie Frutner）：一个巴伐利亚女人，“40年里只喝水不进食，1835年曾留院察看过一阵”。

3．彦德·梅尔（Yand Mel）：20岁，“在过去9年里，她从未进食；也没有任何饥饿迹象；除了没食欲，她的生活非常正常”。她的消化道尚未发育，还处于睡眠状态；她也不喝水。

4．吉利·芭拉（Giri Bala）：印度孟加拉邦人，“现年70岁。幼年时期食欲非常大，非常能吃，12岁以后开始不吃不喝。从来没有生过病，是一位普拉纳与瑜伽专家。她天真活泼，幸福快乐，看起来像个孩子。她操持普通家务，不排便。印度布尔达宛的比加里·昌德·马特伯和马哈拉贾后来对她进行过研究”。

5．达那拉克·舒米（Danalak Shumi）：18岁，印度马卡拉人，“在一年多时间里，她不吃不喝，但生活正常。她在14岁时丧失了食欲，直至身体无法吸收任何食物。后来印度政府把她送往班加罗总医院进行检查”。

6．巴拉约吉尼·萨拉斯瓦蒂（Balayogini Sarasvati）：印度阿马人，“3年多来一直靠喝水维持生命”。

7．卡里巴拉·达西（Caribala Dassi）：“巴布拉姆博克塞修道院修女。40年来，她既不进食也不喝水，从事日常家务。身体健康。至少表面上看身体无大碍。”

8．特里萨·阿维拉（Teresa Avila）：“一名巴伐利亚农民，出生于1898年。自1926年以来，不吃不喝，也不睡觉。她既不消瘦，也无疾病，从事园艺工作，被认为是20世纪60年代最幸福的人之一。”

9．特雷塞·诺尔曼（Therese Neumann）：“一位德国修女，1952年去世。40年里，既不吃饭也不喝水，生活得非常惬意。”

英国官方泡茶标准

“我们制定了正确的泡茶标准，这项工作很重要。对搞笑诺贝尔奖给予的肯定，我们感到由衷的高兴。”

——引自英国标准协会（BSI）史蒂夫·泰勒（Steve Tyler）接受英国《卫报》记者的采访

正式宣布

兹将搞笑诺贝尔文学奖授予：

英国标准协会（BSI），因为该协会制定了长达6页的正确泡茶标准。

怎样才能泡出一杯好茶呢？怎样泡茶才算是最标准的呢？这个问题有很多答案，但只有一个是英国官方的。

该标准标准（TS）是由英国标准协会制定的，该协会的简称为 BSI。

因为由标准协会制定的，泡茶标准（TS）还有个正式的名称和编号——名称：《用于官能测试的茶水冲泡法》；编号：BS6008。

BS6008 自制定以来就没有修改过。1980 年，BS6008 以印刷本对外发放，共 6 页。尽管可出售，但价格着实不菲：英国标准协会定为每份 20 英镑。

对那些对茶道不求甚解的人来说，《用于官能测试的茶水冲泡法》中的“水”（liquor）就有些令人困惑了。英国标准协会专门对这个词作了说明，指出“它与酒精或者烈酒没有任何关联”，相反，它是“一种萃取可溶解物质的溶液”。

那泡茶到底是什么意思呢？它的意思是：“将干茶叶装在一瓷器或陶壶中，再用新煮沸的水冲泡，从干茶叶中萃取一种可溶物质，再将这种茶水倒入一白色瓷器或陶碗中。”在这里，陶壶“必须有一部分是突出的齿槽，还要有个盖子。这个盖子有一齿边，能够置于壶内，与壶的齿槽吻合。”

BS6008 标准也很灵活，其中一些条款指出，泡茶时可添加牛奶（“可将牛奶或多或少地注入碗内”）以增添其味道的多样性。

下面是 BS6008 泡茶标准的缩略版本：

- 每 100 克水需要 2 克茶叶，茶叶量可上下浮动 2%。
- 茶水的味道、颜色与泡茶的水的硬度关系密切。
- 将开水注入陶壶中，以距陶壶上沿 4—6 毫米处为上限。
- 盖上陶壶盖子，使茶叶在开水中浸泡 6 分钟。
- 添加牛奶的比例：每 100 毫升茶水配 1.75 毫升牛奶。
- 把陶壶盖子揭开，将浸泡出的茶水注入杯中。
- 把茶水注入牛奶中，以免温牛奶的茶水温度过高。如果牛奶后放入，则要等到茶水温度降至 65—80 摄氏度。

身穿黑色西服的布莱克，头戴一顶放着一把小茶壶的礼帽，并戴着茶杯做的耳坠。

英国标准协会一共售出15000多份泡茶标准，影响到了生活的方方面面。按销售数据排，BS6008排在BS6007（用于电力和电灯的绝缘胶标准）之后，却排在BS6009（一次性注射器：颜色代码确认标准）之前。另外，在6000序列中受欢迎的标准还有：

BS6094——实验室碎纸标准

BS6102——装自行车车头的拧螺丝标准

BS6271——迷你钢锯刀片标准

BS6310——测量耳塞式耳机的入耳模拟器标准

BS6366——英式橄榄球球靴的防滑钉标准

BS6386——直柄铣刀专用螺丝钳夹具的尺寸标准

对许多文学批评家来说，英国标准协会其他广受欢迎的标准都无法与BS6008相媲美。

由于制定了长达6页的一流泡茶标准，英国标准协会获得了1999年搞笑诺贝尔文学奖。

英国标准协会出资派一位代表前往哈佛，出席了颁奖典礼。雷金纳德·布莱克（Reginald Blake）身穿西服，头戴一顶放着把小茶壶的礼帽，用小茶杯做耳坠，抵达了波士顿机场，然后乘出租来到哈佛大学颁奖现场。布莱克明确表示，他不仅仅代表英国标准协会，而且还代表着整个英国的泡茶传统。他说：

“我们花了5000年的时间才制定了泡热茶的标准，因此，不要期望在7000年的时候就能看到泡凉茶或冰茶的标准。顺便说一下，我们英国人总结了下波士顿倾茶事件，认为那只是我们第一次大规模泡冰茶的尝试。如何才能快速泡制一杯茶呢？只要按照每2克茶叶100毫升茶水的比例就可以了。当然，我在这里就不演示了……你得往茶壶中倒开水，以距离壶口处4—6毫米为宜，然后盖上盖子，浸泡6分钟，将5毫升的牛奶倒入杯中，再将茶水倒入杯中。我得向英国标准协会和波士顿交响乐团表示感谢，正如古罗马大将军尤利乌斯·凯撒一样，‘我来到、看到、拥有’了茶香。谢谢！”

观众们向布莱克抛去了纸飞机、茶叶袋和热吻以表达热爱。

搞笑诺贝尔之

利普斯科姆教授给大家泡上一杯香茶：

出席颁奖典礼的人中，有一位因为这份泡茶标准(TS)异常激动。他甚至向英国标准协会代表雷金纳德·布莱克送上了一份礼品。为了雷金纳德·布莱克，以及颁奖现场1200名热衷于茶道的观众，1976年诺贝尔化学奖的获得者威廉·利普斯科姆(William Lipscomb)教授给大家放映了一个幻灯片“利普斯科姆教授给大家泡上一杯香茶”，并亲自解说。下面的这两幅图片说明，哈佛这位化学教授是如何科学泡茶的。

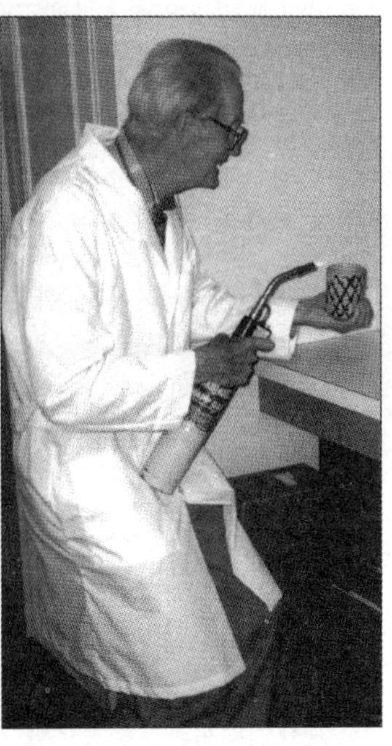

这是幻灯片“利普斯科姆教授给大家泡上一杯香茶”中的精彩片断：诺贝尔医学奖获得者威廉·利普斯科姆为1999年度搞笑诺贝尔文学奖的获得者献上他的一片心意。

左：利普斯科姆教授取水；右：利普斯科姆教授在容器中煮水。

9 小动物排出的咖啡豆

“去东爪哇种植园的游客们，早餐时都会喝到一杯鲁阿克咖啡。主人通常会在客人喝完这种香浓可口的咖啡后才讲述其制作秘方：这种咖啡是由一种叫做鲁阿克的山猫挑选的咖啡豆制作而成。鲁阿克是棕榈猫的一种，属于印度尼西亚瓜哇地区特有的动物。它专吃成熟的刚刚好的上好咖啡豆，数小时后排出未完全消化的豆子。然后，种植园员工就把这些可立即烘焙的豆子捡起来，制作咖啡。”

——援引自印度尼西亚旅游促进委员会的介绍

正式宣布

兹将搞笑诺贝尔营养学奖授予：

亚特兰大马丁内斯公司的约翰·马丁内斯（John Martinez），因为他制作出了“鲁阿克”（Luak）这种世界上最昂贵的咖啡：这种咖啡由印度尼西亚当地的鲁阿克（即棕榈猫，一种类似美洲山猫的猫）摄取并排出的咖啡豆制成。

制作鲁阿克咖啡需要勇气，喝这种咖啡，至少第一次喝的时候，也需要勇气。

世界上最昂贵的咖啡来自印度尼西亚。在这儿，咖啡豆由一种动物吞食、排泄，再由当地居民收集，然后高价销售给远方的咖啡爱好者们（这正是它价格不菲的原因）。而要展示这种错乱而刺激的食物，一位出身于咖啡世家、受过良好教育，名为约翰·马丁内斯的先生则是不二人选。

鲁阿克，也就是我们所熟知的棕榈麝香猫，正式学名是 *Paradoxurus hermaphroditue*。它是一种体形小的咖啡色野猫，看起来很像美洲山猫，居住在印度尼西亚的一些热带雨林，大部分时间都在树上度过。它是一种食果动物，食物包括莓果和浆果类。据说，鲁阿克品味很高，只选那些完全成熟、处于最佳状态的草莓和多肉的果实。果实种子在经过鲁阿克的消化之后变得质朴洁净。人们对鲁阿克极的兴趣在于，它会寻找并吃掉那些最红、最成熟的咖啡豆（它只吃这种），但这些豆子在经过它的消化系统之后并没有被消化掉，可以说，鲁阿克简直是行家中的鉴赏家啊。

鲁阿克咖啡来自印度尼西亚的苏门答腊岛、爪哇岛和苏拉威西岛。每年，大约有 80—500 磅（在这种贸易中，很难统计出一个确切可靠的数字）用于出口，其中大部分出口到日本和美国。

鲁阿克对咖啡豆作了前期处理，但是非专业人员可能无法想像到底是怎么回事。咖啡豆一般都包在一层黏性的、富含蛋白质的果肉内，焙烧时得先把这层果肉除掉。近些年，大部分时候是由机器来去除果肉的，不过鲁阿克咖啡豆的果肉则是纯天然方法去除的——在鲁阿克肠道内进行。咖啡豆被排泄出来的时候，已经没有果肉了。收集这种咖啡豆也很简单：到处走走，将鲁阿克遗弃的小堆东西拣起来就行了。

正如一名评论家说的，“这种咖啡不同寻常的滋味与芳香都归结于这样一个事实：这种咖啡豆一部分已经被鲁阿克消化系统处理过了”。鲁阿克具备发育完善的香腺系统，不过，那些鲁阿克咖啡的热情支持者坚持认为，这与其良好口感关系不大。到目前为止，几乎所有人都认为这种咖啡营养充足、浓郁醇厚，虽然有人觉得它喝起来有点“腐烂”味，但许多人还是坚持认为它是世界上最香浓可口的咖啡，其他任何饮料都无法比拟其美味。

约翰·马丁内斯出生在牙买加一个咖啡种植园家族，后来移民美国，并创建了马丁内斯公司，逐渐赢得了行业声誉，成为“世界上最伟大的咖啡专家与商人之一”。可以说，他能由一个名不见经传的小人物一跃而成为世界明星，很大程度上都归功于鲁阿克。在接受《亚特兰大宪法报》（*Atlanta Journal-Constitution*）记者采访时，马丁内斯称，既然“你要做一项竞争激烈程度国际排行第二的咖啡贸易，那就得做出特色，显出与众不同来。”

那鲁阿克咖啡的价格为什么不是一般贵，而是非常贵呢？而且人们还常说：任何在一只鲁阿克和一些咖啡树旁边的人，都能轻松拣到鲁阿克咖啡豆。可是不管怎样，人家就是这么贵。

由于将这种稀有的、可能也挺精致的香醇咖啡向世界展示，约翰·马丁内斯获得了1995年搞笑诺贝尔营养学奖。

获奖者自己出资，从乔治亚州的亚特兰大市赶往哈佛大学，出席了颁奖典礼。他身穿裁剪考究、合身得体的西服，沉着自然又不失尊严，在接受了奖杯时，为了表达自己对鲁阿克咖啡的感激之情，他发表了以下演讲：

为了烘托气氛，我写了一首诗与大家共勉。题目是：《鲁阿克赞》。

鲁阿克，鲁阿克，
我们已经听到了你的呼唤。
是一架飞机？还是一只小鸟？
不，我的朋友，都不是，
这个宝贝是臭鼬的堂兄。

鲁阿克，鲁阿克，
我们问，“它是什么？”
大英百科全书说它是一只棕榈麝香猫。
属名是 Paradoxurus，种名是 hermaphroditue
——学术名称让我们激动。

鲁阿克，鲁阿克，
你居住在何方？
居住在炼狱般炎热的苏门答腊岛。
就是它，在夜深人静之际，
找寻那熟透的、樱桃红的、亮晶晶的咖啡。

鲁阿克，鲁阿克
你吃饱了
也创造了一种新的滋味
在座各位，就是那一坨——
我们正在喝那一坨便便做成的咖啡。

马丁内斯朗诵完这首诗后，眼睛眨巴了几下，五位年轻漂亮的姑娘踏着轻盈的舞步走进颁奖大厅。每位漂亮的姑娘都身着实验服，手端一杯新制作的、热气腾腾的鲁阿克咖啡。她们步态洒脱而沉稳，庄重地将这些咖啡献给了五位真正的诺贝尔奖获得者。

这五位诺贝尔奖获得者相互打量着对方和咖啡杯，此刻大厅里的每个人似乎都心知肚明：“只要有一个人喝下这个……大家就都得喝了。”经过一声长长的、吱吱咯咯的、极其痛苦的大笑与暂停之后，在多次端起来又放下之后，一位诺贝尔奖获得者轻轻地品尝了这种昂贵的饮料，其他几个人也随后端起杯子，郑重喝下去。然后这五位德高望重的公众人物开始无聊地开起便便的玩笑来，并且一发不可收拾了。颁奖主持人只能郁闷地说，“好了，伙计们……”

五位年轻漂亮的姑娘给了五位诺贝尔奖的获得者一个惊喜：向他们献上一杯热气腾腾的鲁阿克咖啡。照片由《不大可能的研究年报》杂志社的亚历山大·墨菲（Alexandra Murphy）提供。

本着公平原则，颁奖主持人借来了一个杯子，痛快地大口喝了一杯鲁阿克咖啡。“味道怎么样？”人们大声问。“比你想像的还要好！”他回答说。

左：1986 年潜贝尔化学奖获得者达德利·赫施巴赫、1979 年诺贝尔物理学奖获得者谢尔顿·格拉肖（Sheldon Glashow）、1990 年诺贝尔医学奖获得者约瑟夫·默里（Joseph Murray）和 1976 年诺贝尔化学奖获得者威廉·利普斯科姆第一次品尝鲁阿克咖啡。不过这张照片上看不到 1993 年获得诺贝尔生理学或者医学奖的理查德·罗伯茨（Richard Roberts）。照片由《不大可能的研究年报》杂志社的杰夫·皮特安托尼提供。

右：利普斯科姆教授像一位饮料分析家一样品尝鲁阿克咖啡。照片由哈佛大学新闻办公室的乔恩·蔡斯提供。

10 加拿大甜甜圈店的社会学

“甜甜圈是一种批量生产批量消费的食物；但在加拿大，它离奇地获得了政治认同。”

——摘自史蒂夫·彭福尔德撰写的论文《甜甜圈的社会化生活》

正式宣布

兹将搞笑诺贝尔社会学奖授予：

加拿大多伦多约克大学的史蒂夫·彭福尔德（Steve Penfold），因为他就加拿大甜甜圈店撰写了博士论文。

该论文是作者的博士毕业论文，名为《甜甜圈的社会化生活》（*The Social Life of Donuts: Commodity and Community in the Golden Horseshoe,*1950—1999）。

作为约克大学历史系的一名毕业生，史蒂夫·彭福尔德必须选择一个新颖的、学者们都感兴趣的主题。于是，他就甜甜圈店在加拿大社会结构中的地位进行了探讨。

按人口比例计算，加拿大人吃的甜甜圈比地球上其他国家的人吃得都多。加拿大人吃的甜甜圈大部分来自遍布全国的2000多家蒂姆·霍尔顿甜甜圈店。该连锁店是根据一位已去世的职业曲棍球球星命名的。据统计，蒂姆·霍尔顿甜甜圈店（Tim Horton's）的总数已超过美国的麦当劳餐厅。对许多加拿大人和加拿大城市来说，该甜甜圈店以及该店的甜甜圈、咖啡和冬季完善的供暖系统是他们的心灵伴侣，是社会生活的关键组成部分。彭福尔德向《华尔街日报》解释说："在英国，人们到当地小酒馆去社交；在加拿大，人们则到当地的甜甜圈店去。"

我们从论文原文中摘录了一部分，用来阐明作者观点：

"在加拿大，甜甜圈被广泛接受，且被认为是一种没有明文规定的国民食品。事实上，这种让人发胖的商品已被视为国界线以南那个国家的国家象征的替代品，且意味微妙。我们消费着美国的产品，但是某种程度上却都渴望有'真正'的加拿大文化气质的东西，比如二月的早晨在蒂姆·霍尔顿甜甜圈店喝上一杯热气腾腾的咖啡。移民国外的加拿大人回家时，总商量着去甜甜圈店看看。

"这种情结和商品本身的起源和命运似乎没什么联系……甜甜圈零售业是按照美国的规模生产模式，在加拿大开设连锁分店，或者加盟店。1995年，蒂姆·霍尔顿被温蒂公司（Wendy's）收购。尽管一般的加拿大人对美国公司带来的经济威胁非常敏感，但甜甜圈这种'国民食品'被卖给美国汉堡公司似乎并没有影响蒂姆·霍尔顿的'国民神话'地位。

"如果我们认为大规模生产模式一方面会降低产品质量，另一方面又影响消费体验的话，那甜甜圈就非常值得关注了。在加拿大，甜甜圈一般是由大公司统一生产，在一个模子刻出来的店里销售，由无需太高技能的的低收入者搬上餐桌。尽管如此，甜甜圈还是在加拿大人生活中举足轻重。甜甜圈的传说，也即甜甜圈能调和人们的生活结构和身份认同，能融合大众和社区的这种功能，仍然没有被深入分析过。”

由于发现了甜甜圈的新意义，史蒂夫·彭福尔德获得了1999年的搞笑诺贝尔社会学奖。

获奖者自费前往哈佛大学出席颁奖典礼，他说：

“咳，我明白，在美国，写一篇关于甜甜圈店的社会学和历史学博士论文可能被认为有点离谱，我也不知道，但是在加拿大这种事就很正常，甚至可以说很高尚呢。在我的祖国，走在大街上，人们会跟我打招呼说，‘小伙子，干得不错，继续加油！’美国人不觉得正常可能是因为他们没有意识到甜甜圈是加拿大特色。我们有很多诗歌、歌曲都是关于甜甜圈的。不过，作为一个加拿大人，在甜甜圈连锁店的发源地——马萨诸塞州的波士顿获得此项大奖，我非常自豪。而且这里的甜甜圈供应十分充足，我本来想移民到这儿的，只是有个问题：走在街上的时候，我身边都是美国人！这个城市到处是美国人。你在自己家做美国人就好了，不要跑到大街上人人都能看见的地方还这种做派嘛。”

在所有可能的经历中，撰写一篇关于加拿大甜甜圈店的社会学博士论文并不是最糟的。在2001年的一篇历史系简讯中，史蒂夫·彭福尔德的一个同学写道：

“我参加了一个专门为论文作者举办的讲习班，学习论文撰写的方法和秘诀。至于我学没学到东西？史蒂夫·彭福尔德也许就无意中给我上了一课。那天，我听说，史蒂夫·彭福尔德，就是那个甜甜圈男（那些不知道他真名的人都这么叫他），问了这样一个问题：怎么才能在写论文的时候忍住不杀人——他问了两次。他第二次提问时，我就忍不住担心他是不是脑子出问题了。可能在写论文的时候他脑子就不正常了，那么到底不正常了多久了呢？史蒂夫·彭福尔德的敢作敢为使我不禁开始深思自己的工作、尤其是学术之外的生活……我仍然希望，他是因对甜甜圈的热情而闻名，而不因为什么惊魂夜杀全家事件而出名。”

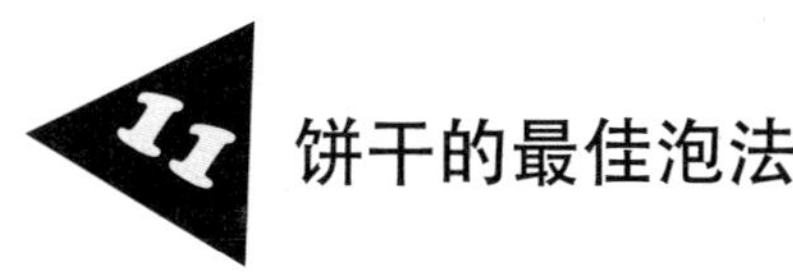

11 饼干的最佳泡法

这是一个热茶方程式：

$$L^2=\frac{r\times D\times t}{4\times\eta}$$

$$\text{茶水渗透饼干的距离（平方）}=\frac{\text{茶水的表面张力}\times\text{饼干的平均直径}\times\text{时间}}{4\times\text{茶的粘性}}$$

——摘自林·费舍尔撰写的文章，这篇物理学论文是教人们泡饼干，虽然未发表过却已广泛流传。

正式宣布

兹将搞笑诺贝尔物理学奖授予：

英格兰巴斯的林·费舍尔（Len Fisher）博士，因为他计算出了饼干的最佳泡法。

……以及……英格兰东英吉利亚大学教授、比利时人让马克·凡登布洛克（Jean-Marc Vanden-Broeck），因为他算出了制作不滴水的茶壶嘴的方法。

泡块饼干，从茶壶中倒杯茶，这都是令人愉快的雅致活动，都是典型的文艺生活。和生命中其他事一样，这些活动也在日益成熟，可经受科学分析了。两位学识渊博而又有毅力的科学家因对知识的忘我渴望与追求而努力着，他们各自进行了独立研究，并从天然配方中找出了泡饼干和倒茶的妙方。

林·费舍尔是第一个意识到，或者至少是第一个花心思去想这件事的人。他意识到，如果你用一台抛光机、一台 X 射线机、一台天平、一架显微镜，并用沃什伯恩方程（液体芯吸的动力学方程）来计算多孔介质中的毛细管渗流，如果你还像林一样懂物理的话，那你就能让泡饼干变成有意思的活动了。

喜欢吃泡饼干的人们会很高兴的，因为费舍尔博士花费了大量时间（在麦克维蒂研究基金会的资助下）进行了这项研究，并将这一技术转化为能街头零售的美味食品。他还列出了一个相当简单的方程式和应用方法：

- 不同饼干有不同的最佳泡法，泡的时间也不同。（姜汁饼干大约泡 3 秒就到头了；消化饼干则需 8 秒）
- 一面是巧克力的饼干的最佳泡法是将非巧克力的一面浸入水中。

作为一名科学家，费舍尔先生也生成了很多漂亮的数据和图表。

17 年来，让马克·凡登布洛克先生一直都在进行不滴水的茶壶嘴的设计工作，至少理论说是这样的，而此时他的工作也进入了冲锋阶段。这位比利时出生的数学家目前是英国东英吉利亚大学的教授、流体力学领域的专家。

他潜心于茶壶嘴研究的原因部分在于，在流体与表面的物理数学研究方面，这的确是一个非常有趣、却难解决的问题。尽管流体如何滴落这一问题很少能引起公众关注，但科学家们却在不断探索与研究。建议有兴趣的读者阅读著名物理研究期刊《物理评记》（*Physical Review*）。最近几年，该周刊登载了许多论文，包括：2000 年《一个滴水龙头的理论分析》（Theoretical Analysis of a Dripping Faucet）、2001 年《流体从房顶滴下的压制力》

(Suppression of Dripping From a Ceiling) 以及 1998 年具有煽动性的论文《蚂蚁从水龙头中滴出》(Dripping Faucet With Ants)。

大概也有些别的原因。许多著名数学家都曾被邀请到全球各地的大学发表演讲或座谈，而且活动前也总是会喝到茶水，由于喝茶时茶水多次滴漏，一名有专业高度的科学家，很可能化烦恼为动力，发挥创造力解决这一棘手问题。

在发现了不滴水茶壶的秘密后，凡登布洛克教授多次受邀参加学术讨论。比如，2001 年 6 月 1 日，爱丁堡大学发布了如下通告：

讲 座

让马克 · 凡登布洛克 (UEA：东英吉利亚大学)
下午 3 时 30 分开始，欢迎各界人士参加。
茶歇时间为下午 3 时，厅内供应。

同样，林 • 费舍尔博士，作为饼干最佳泡法的发现者，也成了茶和饼干学界一位受欢迎的人物。

由于他们在茶壶和饼干方面的科学发现，凡登布洛克和林 • 费舍尔并列获得 1999 年搞笑诺贝尔物理学奖。凡登布洛克不能，或者不愿参加颁奖典礼。不过，费舍尔博士自费从英国布里斯托赶往哈佛大学出席颁奖典礼。在颁奖大厅，他说：

“谢谢！ 200 年了，终于有英国人在波士顿茶会上获得了大奖（注：200 年前发生的著名历史事件波士顿倾茶事件于此同音）。为了向观众表达敬意，在至少一名诺贝尔奖获得者（他还不知道自己是一个志愿者）的协助下，我想介绍下我的理论的扩展版。这种延伸是关于甜甜圈的一个非常困难深奥的问题。轻轻拿起甜甜圈，现在，格拉肖教授，我希望由你来向这些不了解情况的观众展示一下我新发现的甜甜圈投掷法。”

这时，费舍尔博士举起了一个迷你的篮球网，诺贝尔奖获得者谢尔顿·格拉肖则把甜甜圈投进网内。过了一会儿，一个巨大的、人造甜甜圈从剧院后方的房顶降下，越过观众头顶，落到舞台上，浸泡在一个跳踢踏舞的诱人高脚杯中。

几天后林·费舍尔博士就回到实验室继续工作。一年以后，他又回来了，带着两项引人注目的发现：第一，将饼干放在牛奶中泡要比放在普通茶水中泡更有味道；第二，把饼干泡在柠檬水中效果不好。

chapter 7

各有千秋的教育体系

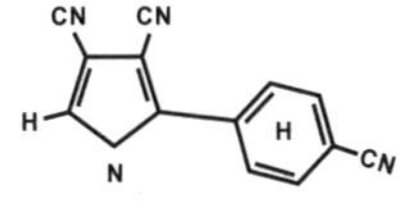

触摸疗法：摸摸就好了

“对于这种奇怪的事，我自己也有许多不理解之处。”

——摘自德洛丽丝·克里杰编著的《触摸疗法》

正式宣布

兹将搞笑诺贝尔科学教育奖授予：

纽约大学荣誉教授德洛丽丝·克里杰（Dolores Krieger），因为她向我们展示了“触摸疗法”（Therapeutic Touch）的价值所在：通过这种方法，护理人员就可以在不进行接触的情况下巧妙处理病人的能量场。

德洛丽丝·克里杰的著作《触摸疗法》（*The Therapeutic Touch:How to Use Your Hands to Help or to Heal*），由 Prentice Hall 公司于 1979 年出版。作者也录制了自己朗诵的磁带，由加州安大略市的 Ventana Catalog 公司发行，也有录像带版本。

有天赋的医疗人员(以及育儿的妈妈们)都知道对身体抚摸的力量。他们甚至还知道，坐在一个人的身边，让对方知道自己的存在，就能产生一种力量。在通常的人际交往中，触摸、交谈、表明兴趣，都会让人放松，感到他人的温暖与关怀。同样，这么对待一个病人(无论他得了什么病)也是有益处的。

这一切可谓老生常谈，不过，德洛丽丝·克里杰却给触摸赋予了新意，她将“触摸”这部分省略了，同时加入了科学的力量。

德洛丽丝·克里杰是纽约大学的一位护理学教授(现已退休)。在书中，她解释说自己是从一位名为奥斯卡尔·埃斯塔巴尼（Oskar Estabaney）的上校那里学到了手势疗法。她说，奥斯卡·埃斯塔巴尼上校因加入了匈牙利骑兵而成为远近闻名的人物。在匈牙利，他通过在宠物旁边为它们祈祷来进行治疗。她认识上校时，他已经是一个“体格健美的男子汉，有着欢快的蓝眼睛和迷人的微笑”。克里杰说，她经常看到他磁化一卷卷棉絮：

“他经常把磁化的棉絮分发给病人；其中一些病人告诉我，即使过了一年，他们还是能够感到有一种能量从棉絮中穿过。”

这也许是人们第一次提到磁化棉絮。

克里杰教授的书中提到了许多类似的具有重大突破意义的科学发现，这些科学发现意义非常重大，非常惊人，甚至任何一项都足以获得诺贝尔奖。不过，克里杰教授非常谦虚，她从来不昭告天下这些特别之处。

还有一个发现是她和埃斯塔巴尼一起得到的：她的手在病人身边晃过的时候，“病人血色素中的红细胞发生了重大变化”。

他们还发现，人体内部器官存在科学至今尚未发现的特殊能量场。克里杰教授能够在一段距离之外“感觉”到这些能量场的存在，还能够控制它们。她称之为“触摸疗法”。

后来，通过与心灵对话、阅读精神疗法方面的书籍，她变得越来越了解“触摸疗法”了。最后，她成为美国纽约大学护理学教授。在纽约大学，她开始向学生们传授触摸疗法方面的护理知识。她甚至还劝说其他学校向学生讲授触摸疗法。

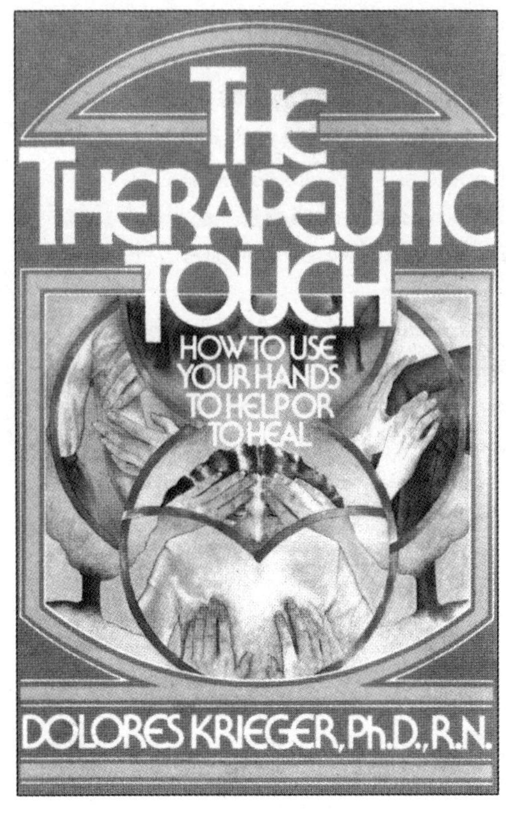

克里杰在她的一本书里解释了触摸疗法的基础技术。

她于1979年编著了《触摸疗法》一书，讲解了以下几个基本论题：在不触摸棉垫的情况下把手置于棉垫之上；用金属衣架制作一个卜杖（有神秘力量的，可以探测水源和财宝的工具）。

该书还包括一些先进概念：利用一块彩色玻璃窗调整一个人的能量概念；将能量场转到一条狗身上；使棉花能量化；对自己进行触摸疗法；用触摸疗法修理坏了的电子胎儿扫描仪。

克里杰教授称，在出版了《触摸疗法》一书后，触摸疗法成为了一项建立在牢固科学理论基础上的重要医疗技术。

某一科学理论的好和坏（某些情况下）都在于，在得知这一理论后，人们就想试试，看这个理论是否成立。如果一个理论能经得住严格的测试，就是个好理论，如果经不住简单的测试，那也说明了一些问题。

在美国科罗拉多州洛夫兰德市，一个名叫艾米丽·罗莎（Emily Rosa）的9岁女孩正在寻找一个科学项目来参加学校的科学评论会。艾米丽的妈妈，一位护士，给她讲了触摸疗法。然后艾米丽认为，触摸疗法是个纯粹的、有趣的理论。于是她决定用一种简单的方法来实验，看看一个人能否感觉到另一个人的能量场。艾米丽和妈妈召集了几个技术熟练的触摸疗法练习者。她们要求这些练习者用的胳膊穿过一个纸板上的洞，然后，艾米丽问他们是否能够感到自己的手就在他们的手边。结果是：练习者没有感觉到艾米丽的手在他们手边。

一位医生听说了艾米丽的试验之后，建议艾米丽和她父母一起撰写一份正式的实验报告，并投给一本非常有名望的医学杂志。后来这一医学杂志刊登了这份报告（1998年愚人节刊登的），此事有两个结果：一，艾米丽变得小有名气——她是在著名的《美国医学会学报》上发表报告的最年轻的作者；二，大众第一次听说了“触摸疗法”这个词。一些人很高兴，另一些人不然，特别是病人们，因为许多医院配备了“触摸疗法”护士。这些护士并没有触摸他们，还照样收费。

尽管发生了许多事，德洛丽丝·克里杰教授仍坚持不懈地努力着。

由于激励了如此多的人参与科学思考与研究，德洛丽丝·克里杰获得1998年搞笑诺贝尔科学教育奖。

德洛丽丝·克里杰不能、或者不愿出席颁奖典礼。为此，搞笑诺贝尔奖颁奖委员会安排艾米丽·罗莎前往，并担任主讲。时年11岁的艾米丽·罗莎在父母的陪同下来到了哈佛大学。她是一个不同寻常的、爱思考的孩子。她的演说如下：

“触摸疗法护士说，他们可以用手感觉并控制一种叫做‘人类能量场’的东西，从而对病人进行治疗。触摸疗法的发明人德

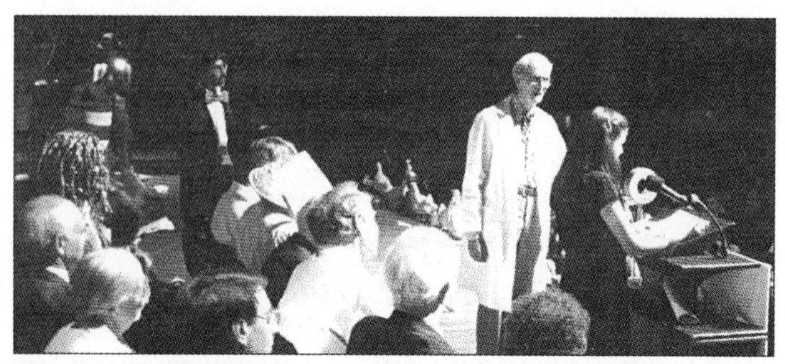

11 岁的艾米丽·罗莎在“搞笑诺贝尔奖”的颁奖典礼上发表基础演说。诺贝尔奖的获得者威廉·利普斯科姆站在她身后。照片由《不大可能的研究年报》杂志社的埃里克沃克曼提供。

洛丽丝·克里杰甚至说，触摸疗法可以使人起死回生——只要你将这个能量场的能量送回到细胞中去，这些细胞会使‘蛋白质钟摆’重新摇摆，——只要做到这一点就可以了。克里杰教授还用她的能量场与树交谈。我不明白她是什么意思。

“触摸疗法护士说，人类的能量场一直都存在着——据说他们现在能够通过电话给病人治病，他们还刊登广告说明其‘电话治疗的水平’。

“不过，我想亲眼看看，他们是否能找到这些‘人类能量场’中的任何一个。我做的实验结果表明，他们是找不到的。

“我还听说了一些关于自己能量场的信息，触摸疗法护士说，我的个人能量场干扰了这个实验。我的能量场太健康了，所以我无法感觉到它的存在；要不就是它太庞大或太弱小，或者因为我表示怀疑而关闭了。还有些人说，我的磁场被空调吹走了。或者是因为我要进入青春期了，所以它到处窜。

“要是生病了，你可得当心。一些护士仍然在进行触摸疗法治疗，或者其他说明不可思议的事。”

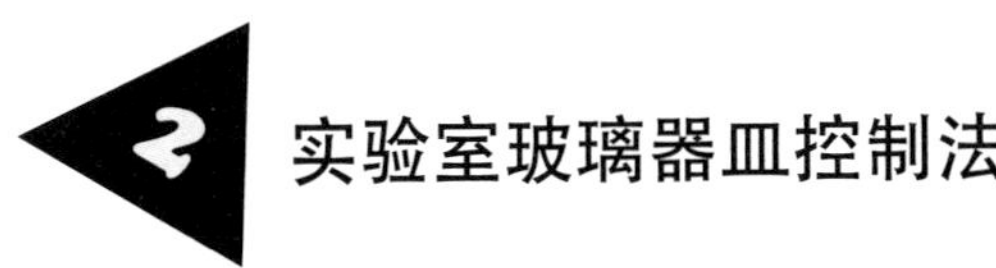

实验室玻璃器皿控制法

本法条中，“化学实验室玻璃器皿”的意思是指任何经过设计、制造或改造后，可以制造出受管制物质的设备，包括：

1）冷凝器
2）蒸馏器
3）真空干燥器
4）三颈烧瓶
5）蒸馏瓶
6）……

——摘自得克萨斯州玻璃器皿法

正式宣布

兹将搞笑诺贝尔化学奖授予：

得克萨斯州的参议员、高明的立法提案人鲍勃·格拉斯哥(Bob Glasgow)，因为他主持制定了1989年药品控制法。该法律规定，如果没有得到许可，私自采购烧杯、烧瓶、试管或者其他实验室的琉璃器皿都属于非法行为。

该法条是得州管制物质法（Texas Controlled Substances Act）的一部分，列在得州民法第4476—15条，得州健康安全法第17-20条，于1989年由第七十一届州议会通过。

一些政治家只在乎能否保住饭碗，另一些政治家则要尽最大努力服务公众，保护公共财产与人身安全。只有极少数意志坚定的人时刻都警惕着，防止那些危险的不该发生的事情发生。得克萨斯州的鲍勃·格拉斯哥就是这样一个意志坚决、警惕性很高的人。

1989 年，鲍勃·格拉斯哥向得克萨斯州参议院的同行游说称，实验室玻璃器皿，包括烧杯、烧瓶、试管等诸如此类的器皿都应当被视为制造非法物质的器材。参议院同意了这种说法。根据他们制定的法律，现在，如果没有得到州政府许可的话，购买、出售或转让上述玻璃器皿，就是违法，属于 A 级不正当行为；触法者会被追究法律责任，最严重者可判处 1 年监禁，并处以 4 000 美元的罚金。

得克萨斯州公共安全部负责核发申请许可。这项法律有长达 8 页的规定文本；而许可规定则有 7 页之多。

任何非得克萨斯州公民现在应当知道，在未被许可的情况下，向某人邮寄实验室用品，如一个圆锥烧瓶，一个煮沸用烧杯、一个玻璃漏斗、甚至是具有异国情调的索氏萃取仪，都是违法的。得克萨斯州将毫不留情地打击那些违法者。

鲍勃·格拉斯哥于 1993 年离开了参议院。他现在开了一个律师事务所，公司网站是 www. robertjglass-gow. com。这个网站自豪地指出，《得克萨斯月刊》（*Texas Monthly*）把格拉斯哥列位 1987 年“十佳立法委员”之一。不过，该网站没有指出，同本杂志在 1989 年把他列为“十恶立法委员”之一。尽管如此，该网站指出（没有多解释），由于这个有趣的事实，格拉斯哥于 1991 年 5 月 11 日当选为得克萨斯州州长。

由于使公众免受试管和烧瓶的危害，鲍勃·格拉斯哥获得了 1994 年搞笑诺贝尔化学奖项。

获奖者不能、或者不愿出席颁奖典礼。因此，根据搞笑诺贝尔奖颁奖委员会的安排，一个实验室玻璃器皿制造商发表了一次演讲。科宁公司的蒂姆·米切尔（Tim Mitchell）出席了颁奖典礼，发言如下：

(1) Apparatus—Any chemical laboratory equipment designed, made, or adapted to manufacture a controlled substance or a controlled substance analogue including:

(A) the following items listed under the Health and Safety Code, Chapter 481, §481.080(a):

(i) condensers;

(ii) distilling apparatus;

(iii) vacuum dryers;

(iv) three-neck flasks;

(v) distilling flasks;

(vi) tableting machines;

(vii) encapsulating machines; and

(B) the following additional items determined by the director to jeopardize public health and welfare by evidenced use in the illicit manufacturer of controlled substances or controlled substance analogues:

(i) filter funnels, buchner funnels, and separatory funnels;

(ii) erlenmeyer flasks, two-neck flasks, single-neck flasks, round bottom flasks, florence flasks, thermometer flasks, and filtering flasks;

(iii) soxhlet extractors;

(iv) transformers;

(v) flask heaters;

这是得克萨斯州玻璃器皿法的一部分。

“我是代表真正的获奖者来领奖的。今夜，我想在此对得州立法委员制定的法律所引起的社会与科学争论发表些看法。

“现在，一场民众运动正在酝酿中。运动主要目的是要使得州明白修改实验室玻璃器皿法的必要性。这个组织的建议是，不禁用器皿，而是给购买者一个为期 5 天的冷静期，他们认为，5 天足够让他们失去购买烧瓶并在不理智情况下伤人的勇气。

“我至今仍认为，难道有个等待期还不行吗？你看，一切都是由一根试管引起的。你会觉得，‘嗨！看在上帝份上，那只不过是根试管嘛！’不过很快你就会知道：试管是不能解气的，你还想要更多。然后，还不知道怎么回事呢，你就一手抓起了实验室某角落的索氏萃取仪，另一手抓着一个三颈烧瓶，去索取你的补助金了。”

搞笑诺贝尔之

遵守法律！

如果你居住在得克萨斯州，或者你要到那旅游，搞笑诺贝尔奖颁奖委员会建议，你必须发誓绝不非法使用烧瓶、试管和烧杯。不过，如果你必须采购这些器皿中的某一种的话，那请依法办事。得州公共安全事务部网站上有申请表格，请你依法使用。

3 身高、阴茎长度和脚尺寸

为了判断阴茎尺寸和身高及脚长关系的“大众迷思”是否有事实根据，我们对63位普通男性进行了研究。研究员丈量了他们的身高和勃起时的阴茎长度，记录下鞋子的尺寸，而后转换为脚的长度。最终发现阴茎长度在统计意义上与身体尺寸和脚的长度都有关系，但是这种相关性很微弱。身高和脚的尺寸无法作为估计阴茎长度的依据。

——摘自贝恩和西米诺斯基的报告

正式宣布

兹将搞笑诺贝尔统计学奖授予：

来自多伦多西奈山医院的杰拉尔德·贝恩（Jerald Bain）和来自阿尔伯塔大学的克里·西米诺斯基（Kerry Siminoski）共同撰写的经过仔细测量的报告：《身高、阴茎长度和脚尺寸的关系》(The Relationship Among Height,Penile Lengrh,and Foot Size)。

该研究发表在《性研究记录》（*Annals of Sex Research*）上，6卷第3期，1993年，231—235页。

科学是判定“每个人”都相信的事是否能称之为事实的最好方法。杰拉尔德·贝恩博士和克里·西米诺斯基博士就鉴定了一个人们最珍爱也最惧怕的信念。他们用尺解决了这个问题。

“这是流传甚广的一个观点。”两位教授写道，“有理论认为男人的阴茎大小可以靠个人身材和他的附属器官尺寸（诸如耳垂、鼻子、手指或脚）来作出评估，甚而推算他的阴茎长度。根据这种潜在假设，阴茎被认为与这些部位的长度有直接的关系（或是反比关系）。为了科学地论证这点，我们研究了阴茎长度与两个解剖学变量的关系：身高和脚长。”

贝恩博士和西米诺斯基博士招募了 63 名愿意被测量身体器官的男性。在报告中，两位博士没有明确给出研究对象的招募方式。

两位博士测量了这些被试相应的身体部位，他们身高从 157 厘米到 194 厘米不等；脚的长度从 24.4 厘米到 29.4 厘米不等；阴茎长度则从 6.0 厘米到 13.5 厘米不等，长度为阴茎伸展时测得。两位研究者在报告中并未明确指出使阴茎伸展的方式。

运用得到的数据，贝恩博士和西米诺斯基博士作了统计分析，并明确说明分析采用的是最小二乘线性回归分析法。

杰拉尔德·贝恩教授领受搞笑诺贝尔奖。图片摄影：莉莉娜·厄斯金（Relena Erskine）安娜·宝珊（Anna Boysen）《不大可能的研究年报》。

分析表明男性的身高和其阴茎长度之间存在所谓的“微弱”关联，脚尺寸和阴茎长度之间也有这种“微弱”关联。

他们的最终结论是：“我们的数据……表明以脚长和身高来推测男性的身高并无实效。”

杰拉尔德・贝恩博士和克里・西米诺斯基博士因其使普通男性对统计学感兴趣而获得 1998 年搞笑诺贝尔统计学奖。

贝恩博士自费从多伦多抵达颁奖典礼现场，他在得奖感言中说：

“这是一个真实存在的研究，并且相当重要，我希望大家都能严肃对待。关于特定的身体器官和脚尺寸之间的关系，曾有一个古老的全民迷思。我之前也不太了解这种迷思，直到几年前我的前岳母——我亲爱的前岳母啊——她是个了不起的女性——我深爱过她，我想她也深爱过我……

哈佛物理学教授罗伊・格劳贝尔正在扫台上的纸飞机，诺贝尔奖获得者（从右至左）一起展示了他们穿的大鞋了。谢尔登・格拉肖（从格劳贝尔的肩膀处能看到他）冲过来加入他们中。获奖者们用这种方式向贝恩和西米诺斯基的得奖报告《身高、阴茎长度和脚尺寸的关系》致敬。图片摄影：埃瑞克・沃克曾（Eric Workman）。

“在我和太太有了三个孩子后的某天——我们现在有四个娃了——我的岳母对我太太说：‘你有没有看到杰瑞的脚有多小？’我太太希拉问说：‘怎么了？’岳母的回答是，‘你真不知道啊？’

“这项研究是为了鞭策我们去回答那些永恒的疑问。我必须告诉你们答案是‘是的’，是有那么一些——很难找到合适的字眼来说明这事——这之间是有一些极其微弱的联系。阴茎大小和人的高度之间确实有关系，就是说越高大的人——所谓高大只是对人体尺寸的表述——但是，振作、振作一点！因为如果有女人想要借此估计什么潜在的大小那可真是又傻又浅薄——这很难预测的嘛，因为最重要的事实是：勃起就是胜利啊！”

颁奖典礼第二天，贝恩博士去哈佛演讲，解释了他为何着迷于测量阴茎与其他身体部位，给出了他的专家意见，并且用彩色的幻灯片、数据和一些个人回忆具象地表达观点。

量子健康，量子意识和量子营养学

“生物学将随之改变，医学也一样。与目前的医师们所推想的相反，与其说糖尿病患者的胰腺出现异常，不如说是胰腺细胞内的记忆被扭曲了。这一观点开启了量子疗法的大门。”

——摘自迪帕克·查普拉著述的《量子疗法》一书

正式宣布

兹将搞笑诺贝尔物理奖授予：

美国加州拉赫亚市查普拉健康中心的迪帕克·查普拉（Deepak Chopra），因为他对量子物理进行了独特诠释，并把它应用到生活，自由和实际生活中。

查普最著名的两本著作是：《量子疗法》（*Quantum Healing:Exploring the Frontiers of Mind/Body Medicine*）与《不老的心》（*Ageless Body,Timeless Mind:The Quantum Alternative to Growing Old*）。

一个多世纪以来，物理学领域最有趣、最神秘的莫过于量子力学了。为什么那么微小、少得不能再少的能量与物质却能运转得那么不同寻常呢？物理学家推断：如果他们足够努力，坚持不懈地研究量子运动的话，最后会发现这种运动并不奇怪。不过，出现了一个孤独却强烈的不和谐音符——医学博士迪帕克·查普拉觉得，不寻常本身就相当重要，是一件值得称颂，而不需要搞明白的事情。

量子概念起始于 1900 年。德国物理学家普朗克意识到：能量似乎以极其微小的能量出现——他就把这个微小的量叫“量子”；所有量子的大小都是一样的，而且，这些量子不能分成更小的个体。不久，科学证实了普朗克的量子理论。普朗克获得了 1918 年的诺贝尔物理学奖。以后几乎所有的诺贝尔物理学奖都以不同的形式颁发这个领域的科学家，他们都通过研究表明，量子并不像最初发现的那么奇怪。

关于量子，迪帕克·查普拉在他的网站上（www.chopra.com）发表观点称，他坚信现代量子力学理论将与古老文化中永恒的智慧相融合。

1998 年他还出版了《量子疗法》一书。读过这本书的物理学家认为，这本书使用“量子”这个词的方式与他们的方式不同——他们从来没想到要那样使用这个词。关于这本书最奇怪的事情是书里很少用到“量子”这个词，用得最多的地方是概要，即《人体量子力学》。下面是部分摘录：

“量子领域的发现打开了一条通往太阳、月亮以及海洋对人类自身更深影响的道路。我同你一样，希望在这一领域发现更多治疗方法。我们知道，人类的胎儿是通过记忆和模仿鱼类、两栖类以及早期动物而发育的，量子会使我们深入到自身的原子，并回忆起宇宙的初始。”

用迪帕克·查普拉的话说：“人体在最开始的时候，呈现为剧烈但看不见的震颤，即所谓的量子波动的形式。”他还说：“关于量子，人们最需要做的就是超越：即与你自身的量子水平保持联

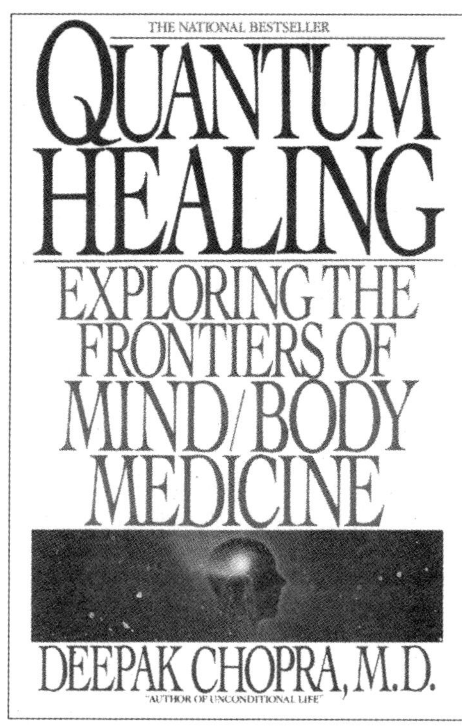

迪帕克·查普拉众多讲述量子疗法的畅销书中的一本。

系。”“量子健康建立在这样一个概念的基础上：我们总是、也将永远处于变换之中。”

迪帕克·查普拉认为，宇宙是由一个“包含所有可能性的场”组成的，即所谓的“纯粹的潜能场”或“量子汤”。

在加州拉赫亚市查普拉健康中心，人们可以在一个叫做“量子汤”的小餐馆用餐。

在迪帕克·查普拉的鼓励下，美国新泽西州伊泽林市的美国量子医学协会向那些提供按摩疗法、针刺疗法、营养咨询服务的保健员、资格营养师、注册护理人员、注册营养学家以及具有博士等级学位的“医疗专业人员”颁发“量子营养证书”。

受迪帕克·查普拉的启发，一个名叫斯蒂芬·乌林斯基（Stephen Wolinsky）的博士开发了心理学量子场和心理疗法量子场。乌林斯基博士还写了《量子意识》（*Quantum Consciousenss*）一书。据称，这本书让我们绕了一个大圈子才意识到内心深处的自我存在。

因在量子方面作出的贡献，迪帕克·查普拉获得了1998年搞笑诺贝尔物理学奖。获奖者不能、或者不愿出席颁奖典礼。在颁奖典礼上，哈佛大学两位著名教授表达了对他的赞美之情。

物理学教授罗伊·格劳博（Roy Glauber）是莫林克劳物理学教授和美国二战期间洛斯阿拉莫斯原子弹计划中最年轻的教授，他说：

“我没必要再向大家讲述相对论量子力学方面的东西了，相对量子力学在原子与分子世界所取得的成就是巨大的。不过，它对心理疗法和情绪健康的好处却微乎其微。而这两方面对相对论量子力学也是知之甚少。不过，一切都过去了，今夜这位获奖人所做的工作，改变了我们的生活。当然，成功只是定义问题。相对论与量子力学在人们的健康方面也许会，也许不会有什么益处，但是，这毕竟开启了一扇新的研究之门。”

希金斯大学物理学教授、1979年诺贝尔物理学奖的获得者谢尔顿·格拉肖说：

“能够到这里讨论大奖的获胜者，我感到非常荣幸。我是这里少数与他见过面、一起吃过饭并交谈过的人之一，他是年轻人学习的楷模，是全球高校的年轻人学习的榜样。的确，他是一个自造之才。”

“除了他之外，还有谁能想到量子营养学？在此，我对他以及他的成就致以崇高敬意。和格劳博教授一样，我也教授一门叫做‘相对论量子力学’的课程，我备课的认真就跟准备这次致辞一样。可是，我得说，我的讲课同迪帕克·查普拉教授所作出的重大贡献比，简直不值一说。”

“他是一个值得我们尊敬的、实至名归的获奖者。让我们为他欢呼吧！迪—帕克！迪—帕克！迪—帕克！迪一帕克！”

整个大厅一片沸腾，众人都和格拉肖一样大声呼唤着：迪一帕克！

5 动物王国的阴茎

"《动物王国的阴茎》是一份比较解剖学图谱，里面特别描绘了包括人类在内多种动物的生殖器。图像很是精致，其比例与尺寸都是根据成年雄性的平均阴茎尺寸得出的。所有勃起状态的器官都以五分之一的缩小比例呈现。"

——摘自海报的插入说明文字

正式宣布

兹将搞笑诺贝尔美术奖联合授予：

现代文艺复兴人士，经典解剖学海报《动物王国的阴茎》(*Penises of the Animal Kingdom*) 的作者吉姆·诺尔顿 (Jim Knowlton)，以及美国国家艺术基金会，因为他们鼓励诺尔顿先生把他的作品变成了立体书。

原版的《动物王国的阴茎》已经绝版。至于吉姆·诺尔顿是否以及何时会完成高级版本的工作，我们可以从新奇科技公司（Scientific Novelties）获悉。通信地址：Box 673, Bloomington, IN 47402, USA.

吉姆·诺尔顿的作品是20世纪最特别、最创新、最受追捧以及最准确的解剖学图谱之一。它将永远深深烙印在读者的头脑和心灵中。

1984年，吉姆·诺尔顿是一名哥伦比亚大学物理学专业的毕业生。在与朋友的一次闲聊中，他听说某种蛇有两根阴茎，猫的阴茎上布满锋利的小刺。他们又详细讨论了动物阴茎的古怪形态，就在那天晚上，诺尔顿有了一个想法，那就是用一张大海报来描绘动物阴茎的解剖形态。

他在纽约的多所大学和公共图书馆进行了大量的调研，研究与不同物种阴茎相关的照片、资料及统计数据等。

为了保证这份海报的科学性，诺尔顿选择使用铅笔线描插图，这也是向经典的医学教科书《格氏解剖学》（Gray's Anatomy）致敬。1984年12月的最后一个星期，他首次印刷了1 000份作品准备销售。

《动物王国的阴茎》很快造成了轰动，诺尔顿先生随即来到印第安纳州的布卢明顿，成立了新奇科技公司，公司员工只有他一个人，而主要产品就是这张海报。

生物学教师、兽医和教授有关阴茎学科的教师们立刻被这幅海报所吸引了。在一个科学被很多学生视为严苛、强硬的教条的年代，《动物王国的阴茎》给出了直白而有趣的一击。

这张图谱非常流行，但并没有得到广泛的认同。在一些医学院，解剖学教授拒绝把它当成正式教材使用，可能因为解剖学教授需要在很短时间内讲授大量内容，而不能使用太过精细的视觉道具。

“在我看来，关于这张海报最有趣和出乎意料的反应是来自一些应该具有自由精神的媒体，”诺尔顿对记者感叹道。“虽然一些主流杂志愿意为海报登广告，但大多数媒体都拒绝了，即使是标榜自由宽容的媒体领袖，包括《花花公子》、《时尚》以及《大西洋月刊》等都拒绝登广告。”

1992年，诺尔顿无意中读到一篇关于美国国家艺术基金会的文章，这是一个致力于鼓励和资助艺术项目的政府机构。他们不久前曾经资助罗伯特·梅普尔索普（Robert Mapplethorpe）的解剖学摄影。诺尔顿期望他们愿意资助一个在形式上更保守，但内容上更科学的艺术项目。

他致电给美国国家艺术基金会位于华盛顿的总部，告诉他们《动物王国的阴茎》这幅海报，并解释说他将进一步把这件作品做成一本立体书。基金会没有让诺尔顿失望，他们和他一起讨论了他的计划和需求，并鼓励他正式提出资助申请。

Penises of the Animal Kingdom is a comparative anatomy chart featuring the male copulatory organs of several animals, including man. The illustrations were rendered with close attention to proportion and scale, the sizes determined by the average physical dimensions of the genitalia of adult males. All organs are depicted erect at one-fifth actual size.

Each penis has certain outstanding features. The **human** organ possesses a well defined glans, or tip. This mushroom-shaped end is one of the most developed glandes of the animal kingdom.

The **dog** penis has a bulbous enlargement that is present only during erection. This bulb is the reason dogs "get stuck" while copulating. The female contracts her vagina around the trapped penis to extract seminal fluids.

Hyenas are well known for the similarity of the male and female genitalia. A female's erect clitoris is nearly identical, in both size and shape, to a male's penis. Covering the glans of each organ are sharp, backwardly directed spines.

The penises of the **goat, ram** and **giraffe** have extensions of the urethra. The urethras of the giraffe and ram can extend several centimeters beyond the glans of the penis, forming a pliant worm-like tube.

The **porpoise** has a remarkable penis. The copulatory part of the organ is jointed, allowing the tip to rotate or swivel. The animal has voluntary control over this action and uses the fingerlike appendage to manipulate and investigate objects in its environment.

Perhaps the oddest penis is that of the **pig**. During erection, the end of the penis convolutes into a corkscrew bearing an uncanny resemblance to the animal's coiled tail. The helical end of the erect organ conforms to the twisted contours of the female's vagina.

The **horse** penis is similar to that of the human; it also has a well defined glans. A dissimilar feature is a slight extension of the urethra.

The **bull** penis has an interesting history. Because of its rope-like consistency and proportions, it was used in the Middle Ages as a flogging stick. Today in some parts of the world it is dried and used as a walking cane.

The **elephant** has a very muscular penis. More than half of the curved organ forms the pendulous portion, yet only the very end penetrates the hard-to-reach vagina of the female during copulation.

Whales have the largest penises of all animals. A blue whale penis can measure thirteen feet in length and one foot in diameter. The poster depicts the sperm whale penis with a length of over seven feet.

To order: Send $9.95, plus $3 for postage and handling, to Scientific Novelty Co., Post Office Box 673, Bloomington, IN 47402. Please allow two weeks for delivery.

这些“插入的说明文字”来自经典解剖图谱《动物王国的阴茎》的原始版本。此处经由吉姆·诺尔顿的允许重新制作。

基于他们对科学和艺术的贡献，吉姆·诺尔顿和美国国家艺术基金会共同分享了1992年的搞笑诺贝尔艺术奖。

诺尔顿先生自费从印第安纳州的布卢明顿前往颁奖典礼。另一位获奖者美国国家艺术基金会没有派出代表出席。以下是诺尔顿先生获奖感言的全部内容：

“近一个世纪以来，在科学和艺术之间形成了一道坚固的壁垒。作为一位艺术家兼科学家，我坚信这是一件危险的事情。

我的创新作品是一张比较解剖图，包括了从人类到鲸的各种动物的雄性生殖器。它们都创作于我从哥伦比亚大学毕业的那段时间。我总是着迷于一些含糊的，很少被人了解的概念性工作。《动物王国的阴茎》揭示和利用了主题（阴茎）和枯燥的背景（经典解剖图谱）之间的张力，促使艺术家和科学家们重新检视主流社会价值观。

创作一本《动物王国的阴茎》的立体书是我一直以来的愿望和梦想。我和美国国家艺术基金会进行过详细的探讨。他们非常支持我去申请基金，并愿意为我刊登广告，以便我们能更好地一起工作。

我代表艺术，代表科学，代表动物王国的所有成员，感谢你们。”

在典礼的结尾，诺尔顿被人们紧紧包围，被索要签名、建议和海报。他们中间有动物狂热分子、崇拜他的女粉丝（19-93岁不等）以及解剖学家等。

两年以后，在一众粉丝的强烈要求下，他重返搞笑诺贝尔奖的颁奖典礼，在《动物王国的阴茎》追随者震耳欲聋的欢呼声中，他走上领奖台说道：“这幅图有双重的吸引力。虽然在概念和形式上它看起来很有科学性，但显然它也有幽默的一面。在创作这幅图谱的时候，我特意选择了一个极具煽动性的话题——阴茎，和内容严肃的形式——生理解剖图。这个主题和枯燥的背景之间的张力是幽默的来源，但我希望这种冲突最终可以通过重新检视主流社会价值观（维持生殖器的神秘性）来和解，我也希望这幅海报能让人更加清楚地认识阴茎的生物学意义。

1996年，他回到剑桥祝贺第6届搞笑诺贝尔奖的新晋获奖者。

他在论坛上公开讨论生物多样性的概念，并面对诺贝尔获奖者以及桑德斯剧院里的1 200名各色嘉宾说：我的研究揭示出动物王国的成员具有惊人的差异性。有的体型巨大，有的则没那么大。既然我现在来到了哈佛，那我想给我最喜欢的一本书做做宣传——斯蒂芬·杰·古尔德教授的《人的不可测量》。

在从艺术与解剖领域暂时退休之前，吉姆·诺尔顿一共售出了25 000张海报。2001年，他重新着手开始制作《动物王国的阴茎》的修订版。

致力于科学教育的美国前副总统詹姆斯·丹佛斯·奎尔

“一个人脑子不失常，是多大的浪费啊；或者，没有脑子更加浪费。这些话说得太好了！”

——摘自美国前副总统詹姆斯·丹佛斯·奎尔于 1989 年在联合黑人学院基金会发表的演讲

正式宣布

兹将搞笑诺贝尔教育奖授予：

时间的消费者、空间的占有者、美国前副总统詹姆斯·丹佛斯·奎尔（J. Danforth Quayle）。因为他比其他人更好地向我们展示了科学教育的必要性。

詹姆斯 · 丹佛斯 · 奎尔是 1989 年至 1993 年的美国副总统（乔治 · 布什时任美国总统）。在此期间，他还是美国航空委员会（NSC）主席，以及自称的教育冠军。他的教义是 20 世纪最具号召力、最具灵感的教义。他发表的演讲和说过的话发人深思；他激发了人们对修辞与逻辑学的兴趣；他使得人们认识到了知识的价值。

他给我们留下了不可理解的宝贵经验，让人难忘。他的至理名言至今广为流传，因为谁也无法像他那样从平凡小事中总结出那样的真谛。以下为出詹姆斯 • 丹佛斯 • 奎尔语录：

• 如果你给某个人一条鱼，他就只会钓一天鱼。但如果你教会他捕鱼，他就会钓一辈子鱼。

• 坦率地说，教师是唯一教育下一代的职业。

• 对于未来可能发生、可能不发生的未知事件，我们尚未做好准备。

• 在过去，我作出了正确判断；对未来，我也作出了正确判断。

• 用一句话总结一个有责任心的副总统的话，就是：时刻准备着。

• 我将对我的错误陈述负责，并请求指正。

• 朋友，无论道路多么坎坷，我们都不会向对的事情屈服。

• 《尼古拉斯和亚历山大》是一本讲述拉斯普廷和俄国宫廷的好书，因为它表明了，那些行为异常的人是如何获得重要职位并影响历史的。

• 我相信，我们正朝着更加自由、更加民主的方向发展，但是，这一方向是可以改变的。

• 投票率低，意味着……很少民主参与投票。

• 如果有人睡在故乡的大街上，那他就不是无家可归。

• 我们（美国人民）对北约有坚定的承诺，我们是北约的一部分。我们对欧洲有坚定的承诺，我们是欧洲的一部分。

- 中东地区对全球的重要性在于，它避免了远东与近东的蚕食与侵占。
- 银行倒闭是存款人造成的，因为他们没有储存足够多的钱，以弥补由于经营不善而造成的损失。
- 对环境造成危害的不是污染，而是空气和水的不洁净。
- 该是人类进入太阳系的时候了。
- 火星基本上是在同一轨道上的……地球与火星之间的距离大致与地球到太阳之间的距离相等，这是非常重要的。我们也看到了一些图片：火星上有运河。因此，我们可以相信火星上有水。有水就意味有氧气，有氧气就意味着我们可以在那呼吸了。
- 太空几乎是无边无际的。事实上，我们认为它是无边无际的。
- 如果不能成功，那我们就有失败的风险。

由于经常激励人们停下来思考，美国副总统詹姆斯·丹佛斯·奎尔获得了 1991 年的搞笑诺贝尔奖教育奖。获奖者不能、或者不愿出席颁奖典礼。

chapter 8

百花齐放的文学

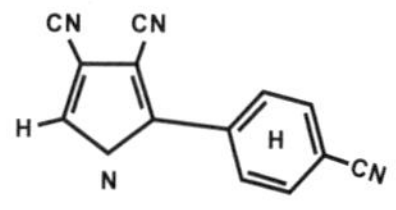

较真的“撇号保护协会”会长

“亲爱的先生或女士，关于撇号的应用似乎有诸多不妥之处，为此，我们冒昧地致函给您，请予以更正。”

——摘自“撇号保护协会”发出的标准信

正式宣布

兹将搞笑诺贝尔文学奖授予：

“撇号保护协会”的创始人、英格兰波士顿的约翰·理查兹(John Richards)，因为他为正确使用撇号、并区分单数与所有格作出了不懈努力。

“撇号保护协会”的具体地址是：23 Vauxhall Road，Boston，Lincs，PE21 OJB，United Kingdom.

在为同事们的错误做了多年校对之后，约翰 · 理查兹从一家报纸副总编辑的位置上退了下来。理查兹一生中遇到的撇号使用错误不计其数。这使他大伤脑筋，也很恼火，也为他打造了真正的事业。

约翰·理查兹注定要与新闻打一辈子交道。他曾经在《布赖顿阿耳戈斯晚报》、《阅读晚报》、《诺丁汉晚报》、《西萨塞克斯公报》以及《西萨塞克斯县时报》工作过。在为这些报纸工作的日子里，这位来自林肯郡波士顿市的较真新闻编辑满脑子都是用错的撇号。

后来他退休了，终于可以摆脱世俗的繁杂颐养天年了。但好景不长，刚退休没几个星期就发生了许多令人不痛快的事情：他所在的城市里用错撇号的情况随处可见！他这个副总编辑怎么能置之不理呢？很快，理查兹心中的愤怒就达到了“沸点”，他再也不能听之任之了。于是，“撇号保护协会”应运而生。最初该协会由理查兹和他的儿子斯蒂芬组成。“我感到我的呼喊太孤单了（尽管还有我的儿子同我站在一起），但是管不了那么多了，我要行动起来！”他说。后来该协会的队伍开始壮大，最后发展成一个拥有 100 名会员的组织。当然，理查兹担任会长。

理查兹会长在接受《每日电讯报》采访时说，“长期以来，我对人们错误使用撇号这件事很恼火。无论走到哪里都能看到这样那样的错误。要么是省略了撇号，要么是放错了撇号。当地的水果小贩出售‘好几磅的香蕉’（pounds of banana’s），公共图书馆以及所有其他的地方到处都挂着出售‘光碟的’（CD’S）的招牌，甚至特易购公司也承诺有‘1000 种的’（1000’S ’ of products）商品要降价销售。这样误用撇号的地方太多了，简直让人无法忍受。我想，是该采取行动了。”

理查兹会长漫步在波士顿街头，到处寻找用错撇号的地方（当然，这次他是心平气和的），并做好解决任何问题的准备。“撇号保护协会”写了一封公告信函，几乎囊括了所有的使用错误。这封信的语气也很礼貌，绝不是得理不饶人：“要强调的是，我们无意发表任何谴责，我们只是想提醒您正确使用撇号，希望您能更正错误”。

“撇号保护协会”的一名成员“拿着粘着撇号的胶带。他在街上四处走，只要有用错撇号的地方，他都会根据要求把撇号粘在上面。”不过，理查兹会长除了致函外，不携带任何武器来帮助人们纠正错误；当然他有时也会尖刻地批评几句。

“撇号保护协会”的成员们明白，他们是面临的是一场战争，而不是一场小战役；他们有生之年可能都看不到战争胜利。尽管如此，他们还是像勇敢的战士一样冲锋陷阵，奋勇拼杀，理查兹会长则是指挥战争的将军。

因在正确使用英语语法方面的工作，约翰·理查兹会长获得了 2001 年搞笑诺贝尔奖文学奖。

获奖者没有参加颁奖典礼，因为他不喜欢乘飞机。不过他给颁奖委员会邮寄了一盘录像带发表演讲：

“很抱歉不能参加这个典礼。对于获此大奖，我深感惊讶，甚至是受宠若惊，但也相当荣幸。事实上，这简直是无法相信啊，看起来太不真实了（也许在这种情况下，用这个词更合适）。不过，对撇号的命运，我关注已久。正是它，使我鼓足勇气干下去，也正是它使我发现有那么多人同我看法相同。真的，我深感责任重大，因为我至今仍不能明白，为什么有那么多人错误使用这么一个小小的、无助的家伙！只要花一点点时间，任何人都能学会撇号的基本使用方法。我想，我的讲话就到这里吧，因为其他演讲者的发言会更精彩。所以，谢谢，谢谢你们给我的荣誉。”

如何正确使用撇号

下面所讲的是“撇号保护协会”简明撇号使用指南。

在书面英语中，正确使用撇号的规则其实很简单：

1. 撇号用来表示字母的省略（一个或多个），例如：

- I can't 是用来指 I can not 的。
- I don't 是用来指 I do not 的。
- It's 是用来指 It is 的。

2．撇号用来表示所有格的，例如：

- the dog 's bone（狗的骨头）。
- the company's logo（公司的标识）。
- Jones 's bakery（琼斯的面包店）。

注意：有时，在使用所有格时省略撇号的情况：

- the bone is in its mouth（骨头在它的嘴里）。

不过，如果有两条或者多条狗、两家或者多家公司、两个或者多个琼斯的话，撇号就要放在 s 之后了：

- the dogs' bones（狗儿们的骨头）。
- the companies' logo（很多公司的标识）。
- Joneses' bakeries（琼斯家的面包店）。

3．撇号从来没有用来表示复数这种用法！通常看到错误用法如下：

- Banana 's for sale（香蕉出售），正确用法应当是：Bananas for sale。
- Menu 's printed to order（印好的点菜单），正确用法应当是：Menus printed to order。
- MOT 's at this garage（本车库的车检证），正确的用法应当是：MOTs at this garage。
- 1000's of bargains here！（此处有 1000 种特价商品！），正确的用法应当是：1000 s of bargains here!

• New CD 'S just in! （新到 CD 盘！），正确的用法应当是：New CD's just in!

• uy your Xmas tree's here！（本地出售圣诞树！），正确的用法应当是：Buy your Xmas trees here!

在使用 your（你的）和 you're 的时候一定要特别注意，因为它们发音相同，但用法大不相同：

• Your is possessive，as in'this is your pen'.（your 是所有格，例如：这是你的钢笔）

• You're is short for you are，as in'you're coming over to my house.（you' re 是 you are 的简写形式，例如：你到我家来吧）

2 一篇论文的976名联合作者

“我不知道到底有多少作者参与撰写了这篇论文，我让助理数数。但是她说她宁可做一次牙根管填充手术也不愿数。”

——《新英格兰医学周刊》总编辑
玛西娅·安吉尔（Marcia Angell）

正式宣布

兹将搞笑诺贝尔文学奖授予：

托普尔（E.Topol）、卡里菲（R.Califf）、凡·德韦尔夫（F.Van de Werf）、阿姆斯特朗（P.W.Armstrong）以及其他972名联合著者，因为他们共同撰写了一篇医学研究论文，页码数也不过作者数目的百分之一。

该报告发表时名为《比较四种急性心肌梗塞的血栓溶解治疗方法的跨国随机测验》（An International Randomized Trial Comparing Four Thrombolytic Strategies for Acute Myocardial Infarction），发表在《新英格兰医学周刊》上，329卷第10期，1993年9月2日，673—682页。

在医学界，如果有一篇公开发表的论文会使你的简历增色不少，也能提高你的知名度。所有一篇论文有二三个、甚或四五个联合作者也不奇怪，如果一篇论文有六七个、甚至八九个联合作者的话，也不是特别异常。如果一篇论文有976名联合作者的话，那就确实非同小可了。

1993年9月，《新英格兰医学周刊》刊登了一篇医学研究论文，该论文大约共有976名联合著者。我们用了“大约”这个词，是因为那些试图联合作者人数的观察家们也不能给出确切数目，他们也搞不清楚到底有多少人。不过大约在976名左右，要么多点，要么少点。这些联合作者发表的论文并不长，全部算下来，页码数也不过作者数目的百分之一。

这些联合作者分布在15个不同国家，所以，他们是否彼此见过也很难说。至于某个作者是否听过或读过其他人的名字，那就不得而知了。尽管如此，他们还是联合作者，这是铁一般的事实。

由于发表了这篇非凡的医学论文，这些各种各样的、各种种族与肤色的联合作者们获得了1993年搞笑诺贝尔文学奖。

获奖者不能、或者不愿出席颁奖典礼，可能因为他们在演讲用词上不能达成一致。如果他们都出席的话，可能会占整个桑德斯剧场2/3的空间。《新英格兰医学周刊》的总编、医学博士玛西娅·安吉尔代表这些联合作者领奖，安吉尔博士说：

“我代表《新英格兰医学周刊》，十分尴尬地来领这个大奖。我不知道这篇论文到底有多少作者，我要助理数数，可是她说她宁可做一次牙根管填充手术也不愿数。据估计，如果把这篇论文均分的话，每个作者只能分到两句话。

“这只是医学界一直进行的、提高作者知名度运动的一部分。写的论文越多，你的提升机会越大，获得资金的机会也越大。如果大家都可以是所有论文的作者的话，那大家都成了终身教授了，也都将得到研究经费了。所以，谁会拒绝这样做呢？”

以下为原论文的作者列表：

THE (APPROXIMATELY) 976 CO-AUTHORS

Here is the complete list of co-authors of the medical research report that won the 1993 Ig Nobel Literature Prize. Some may be unaware that they are Ig Nobel Prize winners so if you know any of these individuals, please inform them of their good fortune.

STEERING COMMITTEE: E. Topol (Study Chairman), United States; R. Califf (Clinical Director, Coordinating Center), United States; F. Van de Werf (Director, Intermediate Coordinating Center), Belgium; P.W. Armstrong, Canada; P. Aylward, Australia; G. Barbash, Israel; E. Bates, United States; A. Betriu, Spain; J.P. Boissel, France; J. Chesebro, United States; J. Col, Belgium; D. de Bono, United Kingdom; J. Gore, United States; A. Guerci, United States; J. Hampton, United Kingdom; J. Hirsh, Canada; D. Holmes, United States; J. Horgan, Ireland; N. Kleiman, United States; V. Marder, United States; D. Morris, United States; M. Ohman, United States; M. Pfisterer, Switzerland; A. Ross, United States; W. Rutsch, Germany; Z. Sadowski, Poland; M. Simoons, Netherlands; A. Vahanian, France; W.D. Weaver, United States; H. White, New Zealand; and R. Wilcox, United Kingdom.

COORDINATING CENTER: DUKE UNIVERSITY MEDICAL CENTER, DURHAM, N.C.: CLINICIANS: R. Califf and G. Granger; STATISTICAL DIRECTOR: K. Lee; Statisticians: K. Pieper and L. Woodlief; Administrators: S. Karnash, J. Melton, and J. Snapp; COORDINATORS: L. Berdan, K. Davis, B. Hensley, C. Huffman, E. Kline-Rogers, J. Lee, I. Moffie, and D. Smith; PHARMACY: D. Christopher and M. Dorsey; PROGRAMMERS: C. Blackmon, B. Moss, and J. Shavendar; ON-CALL PHYSICIANS: R. Califf, C. Granger, B. Harrington, B. Hillegass, and M. Ohman.

EXECUTIVE CENTER: THE CLEVELAND CLINIC FOUNDATION, CLEVELAND: E. Topol, V. Stosik, D. Shyne, A. Thomas, D. Passmore, R. Wagner, D. Debowey, B. Keogh, and P. Brickenden.

INTERMEDIATE COORDINATING CENTER: UNIVERSITY OF LEUVEN, LEUVEN, BELGIUM: F. Van de Werf, I. Anastassiou, R. Brower, A. de Clerck, E. Lesaffre, A. Luyten, A. Meuris, P. Tenaerts, S. Van Dessel, and K. Verberckmoes.

AUSTRALIAN COORDINATING CENTRE: NATIONAL MEDICAL RESEARCH COUNCIL CLINICAL TRIALS CENTRE, UNIVERSITY OF SYDNEY, SYDNEY, AUSTRALIA: J. Simes, E. Belles, S. Cho, J. Fabri, K. Farac, R. McCredie, and J. Sowden.

DATA AND SAFETY MONITORING BOARD: E. Braunwald (Chairman), M. Bertrand, M. Cheitlin, A. De Maria, D. De Mets, L. Fisher, P. Sleight, and L. Walters.

STROKE REVIEW COMMITTEE: N. Anderson, G. Barbash, J. Gore, P. Koudstaal, W. Longstreth, M. Simoons, M. Sloan, R. Tadmor, W.D. Weaver, and H. White.

UNITED STATES, NORTHEAST (CONNECTICUT, MASSACHUSETTS, MAINE, NEW HAMPSHIRE, VERMONT, NEW YORK, AND RHODE ISLAND): G. Macina, K. Salzsieder, C. Lambrew, R. Bishop, G. Gacioch, N. Jamal, J. Alexander, J. Layden, R. Grodman, J. DeSantis, H. Zarren, J. Cirbus, J. Morrison, D. Urbach, M. Capeless, E. Davison, G. MacDonald, B. Zola, G. Ryan, J. DiCola, J. Babb, W. Andrias, A. Binder, J. Robbins, P. Zwerner, M. Weinberg, J. Gore, C. Levick, A. Macina, R. Wallach, D. Miller, R. Kohn, A. Merliss, M. Falkoff, A. Sadaniantz, J. Greenberg, R. Parkes, W.H. Gaasch, S. Zeldis,

L. Pinsky, M. Bakerman, B. Gaffney, M. Kaulbach, S. Labib, M. Therrien, A. Riba, J. Hanna, N. Brandon, S. Jacoby, H. Cabin, R. Dewey, D. Miller, J. Moses, A. Khan, V. LaDelia, R. Klare, H. Seidenstein, D. Losordo, M. Kukin, J. Strain, A. Rosenfeld, D. McCord, P. Bruno, P. Reiter, S. Blatt, A. Fass, A. Thomas, R. Shulman, B. Lindenberg, M. Bleiberg, J. Holbrook, M. Dharawat, J. Tumolo, S. Sheikh, G. Farrish, N. Niles, J. George, A. Sgalia, D. Parikh, E. Funk, C. Manning, E. Kosinski, R. Vince, H. Sanghvi, L. Sherman, J. Hsueh, F. Zugibe, L. Pisaniello, M. Sands, E. Pollak, Jr, E. Kehoe, M. Abdel-Azim, and B. Platt.

SOUTHEAST (NORTH CAROLINA, SOUTH CAROLINA, VIRGINIA, AND FLORIDA): J. McBride, P. Goodfield, M. Frey, P. Micale, E. Alsbrook, G. Miller, W. Maddox, R. Iwaoka, H. Morse, G. Pilcher, N. Trask, III, R. Jesse, M. Collins, J. Schrank, L. Howard, K. Sheikh, J. Puma, R. Califf, J. Barnes, B. Hearon, J. Dorchak, J. Kenerson, M. Johnson, J. Pasteriza, A. Magee, R. Schneider, C. Ashby, J. Nobel, M. Goldberg, J. Morris, S. Mester, W. Stuck, A. Rosenblat, G. Thomas, J. Smith, W. Ellison, W. Levy, M. Glover, D. Eich, P. Popper, K. Gibbs, R. Seagle, G. Lane, K. Popio, A. Blaker, A. Tse, D. McMillan, R. Vicari, A. Whitaker, D. Mokotoff, S. Roark, D. Ike, A. Ghahramani, C. Davenport, J. Hoekstra, D. Givens, R. Dunkelberg, R. Schneider, M. Clark, F. Lenz, M. Whisenant, M. Lopez, S. Schnider, J. Strickland, R. Palaniyandi, R. Stack, A. Bartel, T. Long, E. Hawkins, R. Everhart, R. Goulah, R. Lewis, R. Thigpen, S. West, J. Anderson, M. Hajisheik, and D. Privette.

GREAT LAKES (INDIANA, KENTUCKY, MICHIGAN, AND OHIO): R. Josephson, R. Schumacher, K. Mohan, G. Litman, J. Formolo, D. Besley, A. Klaus, L. Calli, Jr., W. Duvernoy, J. Heinsimer, J. Schaeffer, R. Miller, R. Stomel, E. Papasifakis, M. Zande, J. Jacobs, J. Kazmierski, K. Holland, F. Griff, W. Whitaker, S. Weinberg, J. VanGilder, J. Rogers, D. Dageford, P. Bacidore, M. Rubin, R. Reynolds, A. Razavi, J. Hodgson, R. Millsaps, F. Wefald, T. Fraker, Jr., R. Vanderlaan, K. Scully, B. Morrice, J. Forchetti, R. Kurtz, W. Meengs, A. Weizenberg, M. Tejura, E. Bates, P. Fleisher, B. Perry, M. Kreindel, D. Kereiakes, T. Vrobel, M. James, E. Basse, P. Andres, B. Lew, S. Zampani, M. Gheorghiade, C. Milford, W. Wilson, S. Bhatia, T. Doyle, S. Traughber, W. Polinski, S. Brownstein, E. Topol, M. Meyer, T. Heft, K. Kuppler, B. Schilt, V. Mistry, and D. Booth.

MID-ATLANTIC (DISTRICT OF COLUMBIA, DELAWARE, MARYLAND, NEW JERSEY, PENNSYLVANIA, AND WEST VIRGINIA): R. Bahr, A. Doorey, T. Krisanda, J. Smith, R. Biern, J. Gregory, N. Strahan, A. Bramowitz, R. Gordon, J. Ibarra, A. Ross, S. Worley, W. Berkowitz, R. Fields, M. Effron, K. Lindgren, E. Roseff, M. Avington, S. Sharma, J. Banas, W. Beckwith, V. Krishnaswami, T. Boyek, H. Dale, J. Zimmerman, J. Burks, L. Gehl, A. Meshkov, R. Rubinstein, G. Groman, J. Ellis, IV, A. Popkave, D. Ferri, M. Santer, Jr., L. Konecke, K. Singal, J. Wertheimer, H. Selinger, M. Borsch, H. Starr, T. Parris, M. Pecora, J. Patankar, W. Noble, G. Grossman, B. Clemson, D. Rosing, L. Denlinger, L. Adler, H. Goldschmidt, J. O'Toole, D. McCormick, J. Granato, C. Naganna, E. Gerber, T. Little, R. Angeli, W. Markson, O. Randall, M. Kesselbrenner, K. Olsen, W. Esper, and K. Hawthorne.

SOUTHWEST (ARIZONA, COLORADO, IDAHO, KANSAS, MONTANA, NEW MEXICO, TEXAS, UTAH, AND WYOMING): M. Padnick, H. White, Jr., M. Stern, T. Lombardo, J. Svinarich, P. Browne, J. Saini, N. Laufer, S. Ung, D. Rigby, J. Perry, A. Mattern, N. Shadoff, V. Aquino, A. Newton, L. Lancaster, D. Gonzalez, G. Symkoviak, W. Falcone, N. Israel, R. Scott, G. Hui, J. Boerner, K. Nademanee, J. Sbarbaro, M. Kraus, H. Lee, D. Sellers, B. Owens, S. Harris, D. Brown, M. Solovay, A. Damien, S. Woolbert, B. Call, M. McGuire, T. Glatter, R. Davis, E. Terry, C. Castle, R. Oliveros, J. Laser, C. Haws, R. Park, F. Cecena, C. Dahl, S. Gollub, R. Heuser, G. Peese, M. Sanz, C. Brooks,

C. Schechter, J. Gladden, R. Bond, M. Crawford, R. Loge, J. Moreland, L. Faitelson, W. Lewis, R. Dattilo, M. Carbajal, R. Tabbaa, G. Rodgers, J. Morgan, M. Traylor, C. Unrein, R. Crossno, and C. Wilkins.

MIDWEST (ILLINOIS, WISCONSIN, MISSOURI, SOUTH DAKOTA, NORTH DAKOTA, NEBRASKA, IOWA, AND MINNESOTA): G. Hanovich, W. Hession, B. Abramowitz, J. Thompson, S. Kopecky, L. Cook, J. Drozda, L. Swenson, P. Schmidt, A. Mooss, B. Anderson, D. Goldsteen, F. Ferrigni, A. Edin, C. Santolin, J. Alexander, K. Fullin, J. McCriskin, G. Taylor, D. Shuster, L. Solberg, R. Menning, L. Abrahams, J. Epplin, S. Benton, B. Handler, N. Streitmatter, M. Saddin, W. Lam, I. Silverman, R. Dinter, W. Frank, D. Zwicke, D. Pfefferkorn, T. Matzura, D. Meyers, S. Bloom, C. Jones, P. Quandt, M. Wheeler, C. Monroe, D. Jenny, H. Coleman, R. Holm, L. Shelhamer, Jr, G. Grix, P. Leutmer, R. Harner, C. Koeppl, R. Yawn, P. Anantachai, K. Jaeger, B. Patel, M. Cinquegrani, T. Dynes, C. Campanella, D. Larson, S. Gill, C. Thompson, K. Kavanaugh, N. Harb, D. Dixon, J. Carr, J. Shanes, V. Miscia, A. Hsieh, and R. Pensinger.

WEST (ALASKA, CALIFORNIA, HAWAII, NEVADA, OREGON, AND WASHINGTON): P. Lightfoot, R. Swenson, P. Sarkaria, R. Acheatel, J. Rudoff, R. Anschuetz, E. Lapin, R. Spiegel, P. Lai, B. Strunk, W. Rowe, R. Finegan, B. Gross, J. Chappell, T. Berndt, B. Titus, R. Oikawa, R. Ashmore, D. Bayne, G. Wesley, E. Quinn, K. Jutzy, G. Fehrenbacher, P. Kotha, P. Phillips, K. Ryman, J. Holmes, H. Kwee, D. Cislowski, R. Bream, T. Elder, III, H. Olson, R. Trenouth, C. Wolfe, S. Raskin, J. Comazzi, K. Stokke, M. Nallasivan, D. Hogle, B. Kennelly, E. Wroblewski, J. Altamirano, E. Chesne, A. Choe, and A. Brodersen.

MIDDLE SOUTH (ALABAMA, GEORGIA, LOUISIANA, OKLAHOMA, TENNESSEE, ARKANSAS, MISSISSIPPI, AND FLORIDA): S. Sherman, E. Pickering, J. Kalbfleisch, C. Williams, J. Dedonis, M. Silverman, M. Geer, K. Wright, D. Williams, W. Guest, R. Sinyard, Jr., Z. Baber, S. Howell, III, R. Ingram, D. Morris, W. Beeson, R. Schlant, V. McLaughlin, H. Hanley, G. Olson, P. Gainey, D. Shonkoff, Y. Ong, G. Phillips, F. Kushner, C. White, J. Hoopes, P. Breaux, J. Lam, M. Honan, R. Hill, M. Certain, H. Ba'abaki, T. Atha, H. Butler, L. Battey, J. Scott, G. Cash, P. Mullen, R. Wrenn, A. DeLeon, U. Thadani, L. Price, E. Magiros, and P. Subramaniam.
ISRAEL: H. Hamerman, D. David, S. Sklerovsky, G. Barbash, B. Peled, S. Laniado, N. Rogin, S. Schlezinger, I. Zehavi, A. Caspi, E. Barash, Y. Kishon, A. Keren, A. Palant, E. Avineder, T. Weis, L. Reisin, D. Zivony, L. Rudnik, B. Luis, A. Marmur, M. Gotesman, and E. Gelvan.

CANADA: S. Roth, D. Roth, M. Traboulsi, M. Henderson, K. Finnie, J. Burton, R. Trifts, J. McDowell, P. Klinke, R. Lesoway, M. Senaratne, B. Lubelsky, E. Goode, M. Cheung, P. Bogaty, B. Burke, C. Morgan, M. Turek, A. Hess, C. Lefkowitz, J. Charles, P. Armstrong, A. Fung, G. Kuruvilla, D. Langleben, B. Hrycyshyn, C. Kells, R. Delarochelliere, V. Sluzar, K. Kwok, M. Goddard, J. Fulop, J. Brophy, A. Zawadowski, B. Sahay, F. Ervin, C. Thompson, A. Abdulla, K. Boroomand, C. McMillan, P. Carter, P. Laramee, R. Hathaway, M. O'Reilly, S. Vizel, D. Hilton, G. Jablonsky, P. Bolduc, L. Simard, N. Ranganathan, D. Gould, L. Bate, D. Cameron, B. Mackenzie, P. Greenwood, D. Gossard, J. Blakely, J. Morch, R. Mildenberger, N. Racine, and H. Baillie.

NETHERLANDS: A.E.R. Arnold, J.G. Engbers, B.J.L. DeRode, G.P. Molhoek, P.M. Van Kalmthout, L. Cozijnsen, C.L. Van Engelen, J.H.M. Deppenbroek, S.K. Oei, J.B.L. ten Kate, M.J. de Leeuw, G.J. Laarman, J.V.C. Stevens, D. Haan, L. van Bogerijen, W.C.G. Smits, P.W. Westerhof, P.W.J. Stolwijk, H.A.M. Spierenburg, E.J. Muller, B. Cernohorsky, J.J.J. Bucx, H.J.A.M. Penn, H. Fintelman, C. Van Rees, M.L. Simoons, J. Kerker, E.G. Faber, R. Bergshoeff, H.W.O. Roeters Van Lennep, W. Muys v/d Moer,

L. Relik-van Wely, F. van Bemmel, R.J. Bos, A. Zwiers, C.M. Leenders, P. Zijnen, D.G. de Waal-Ultee, H. De Rebel-De Vries, S.A.G.J. Witteveen, and P. de Weerd.
AUSTRALIA: P. Aylward, B. Hockings, M. Brown, D. Cross, G. Lane, G. Aroney, D. Hunt, B. Singh, A. Tonkin, P. Thompson, G. Nelson, R. Newman, J. Federman, T. Campbell, J. Healey, D. Ramsey, W. Ryan, J. Counsell, D. Coles, A. Thomson, S. Woodhouse, G. Simmons, P. Harris, P. Caspari, A. Limaye, T. Donald, S. Coverdale, G. Smith, R. Walker, R. Harper, C. Gnanharan, P. Carroll, J. Woods, C. Hadfield, P. French, A. Groessler, B. Morphett, G. Phelps, B. Quinn, K. Gunawardane, P. Kertes, C. Medley, A. Soward, T. Htut, A. Appelbe, J. Johns, I. Beinart, R. Hynes, M. Knapp, P. Curteis, D. Owensby, P. Davidson, W. Renton, P. Windsor, L. Bolitho, B. Forge, R. Ziffer, R. McLeay, R. Cranswick, and L. Mollison.

BELGIUM: H. De Geest, F. Van de Werf, G. Verstreken, J. Col, R. Beeuwsaert, J. Boland, A. Vanrossum, H. Lesseliers, R. Popeye, Ph. Dejaegher, B. Pirenne, E. Van der Stichele, J. Chaudron, M. Castadot, L. Dermauw, G. Vanquickenborne, W. Van Meghem, H. Robijns, M. Vankuyk, C. Emmerechts, D. Dendooven, H. Van Brabandt, E. Installe, S. Dierickx, C. Haseldonckx, H. Lignian, J. Beys, P. Noyens, A. Van Dorpe, Ph. Henry, Ph. Van Iseghem, F. Gielen, D. Lanoy, P. DeCeuninck, J. Schurmans, L. Geutjens, M. Carlier, P. Surmont, Ch. Henuzet, P. Van Robays, R. Stroobandt, P. Peerenboom, C. Mortier, X. Dalle, K. Mitri, U. Van Walleghem, J. Bonte, D. Koentges, A. De Paepe, L. DeWolf, Th. Sottiaux, J. Van Besien, P. Van den Heuvel, H. Ulrichts, Y. Deheneffe, H. Jacobs, J. Croonenberghs, L. Pirot, J. Carpentier, R. Schreuer, L. Vermeersch, D. Stroobants, D. Missotten, E. Marchand, S. De Schepper, B. Carlier, Ch. Doyen, A. Palmer, M. Jottrand, C. Gillebert, M. Bayart, A. Van Wylick, J. Leonard, and E. Benit.

GERMANY: W. Rutsch, H. Topp, H. Simon, H. Ditter, P. Wylicil, H. Meyer-Hoffmann, H.P. Nast, R. Engberding, K. Caesar, U. Schmitz, W. Jansen, H.R. Ewers, H.U. Kreft, D. Kaut, P. Schweizer, J. Cyran, U. Peters, E. Horstmann, R. Koch, R. Scheemann, J. Bolte, W. Berges, K.P. Schueren, M.H. Hust, H.U. Koch, W. Overbuschmann, B. Henkel, S. Troost, R. Jacksch, W. Burkhardt, H. Loellgen, J. Schimanski, H. Callsen, P.W. Kummerhoff, H. Hochrein, G.M. Mueller, H. Schulz, V. Hossmann, F. Voehringer, D. Boettcher, P. Glogner, K.H. Hohmann, H.J. Von Mengden, W. Krengel, B. Maisch, P. Spiller, M. Adamczak, R. Wacker, W. Urbaszek, H.D. Bundschu, W. Ernst, R. Eisenreich, M. Konz, C. Dienst, J.G. Schmailzl, A. Gartemann, W. Sill, C. Piper, J. Schiffner, N. Meyer-Guenther, D. Siebenlist, E. Chorianapoulos, R. Schroeder, P. Oehl, W. Lengfelder, J. Djonlagic, H.W. Hopp, W. Weser, P. Kahl, P.H. Althoff, R. Hopf, R. Oberheiden, H.V. Lilienfeld-Toal, G. Schulte-Herbrueggen, and P. Doenecke.

FRANCE: J. Valty, A. Py, J. Acar, A. Vahanian, G. Grollier, D. Barreau, K. Khalife, J.C. Quiret, X. Tran Thanh, J.P. Bourdarias, P. Besse, M. Hiltgen, P. Bernadet, J. Boschat, C. Gully, J.M. Mossard, B. Charbonnier, F. Funck, M. Bedossa, R. Grolleau-Raoux, J. Cassagnes, J.C. Daubert, Ph. Beaufils, J.M. Juliard, G. Bessede, B. Vitoux, C. Thery, G. Hanania, C. Mycinski, E. Brochet, C. Cassat, C. Socolovsky, R. Mossaz, J.L. Fincker, M. Lang, J.L. Guermonprez, J.M. Demarcq, A. Page, C. Guerot, R. Barraine, Ph. Morand, A. Bajolet, J. Vedel, P. Dambrine, H. Lardoux, B. Veyre, A. Vacheron, F. Latour, J.P. Normand, J.Y. Thisse, J. Machecourt, J.P. Bassand, B. Carette, C. Toussaint, J.P. Cebron, M.F. Bragard, Ph. Geslin, O. Leroy, G. Allard-Latour, F. Fockenier, J. Gauthier, M. Escande, and M. Viallet.

UNITED KINGDOM: R.G. Wilcox, R.D. Thomas, R.M. Boyle, R.H. Smith, E.T.L. Davies, J. Kooner, G. Terry, B. Gould, M.O. Coupe, J.E.F. Pohl, E.W. Barnes, H. Simpson, A. Davis, J.A. Bell, I.N. Findlay, P. Wilkinson, G.C. Sutton, T.S. Callaghan, E.J. Wakely, D. Waller, G. Tildesley, and R.L. Blandford.

NEW ZEALAND: P. Leslie, H. Ikram, S. Foy, S. Mann, A. Mylius, S. Anandaraja, M. Singh, D. Friedlander, B. Bruns, L. Nairn, M. Abernethy, R. Rankin, D. Durham, J. Doran, M. Audeau, H. White, S. Reuben, G. Lewis, H. Hart, and G. Wilkins.

SPAIN: G. Froufe, X. Bosch, F.F. Aviles, C.M. Luengo, J. Corrons, L.L. Bescos, A. Loma, R. Masia, J. Figueras, V. Valle, L. Saenz, A. Betriu, E. Alegria, and J. Eizaguirre.

POLAND: T. Kraska, J. Kuch, A. Dyduszynski, J. Stepinska, K. Wrabec, E. Czestochowska, Z. Sadowski, K. Zawilska, Z. Kornacewicz-Jach, E. Nartowicz, W. Piwowarska, G. Swiatecka, J. Wodniecki, T. Petelenz, and A. Kalicinski.

SWITZERLAND: P. Urban, M. Pfisterer, O. Bertel, H.R. Jenzer, W. Angehrn, and H.R. Baur.

IRELAND: K.M. Daly, J. Horgan, M. Walsh, J. Taaffe, D. Murray, D. Sugrue, P. Sullivan, B.C. Muldoon, D. McCoy, B. Maurer, G. Fitzgerald, T. Pierce, and K. Balnave.

LUXEMBOURG: R. Erpelding.

3 直肠里也有异物

“我们在两名病患的手术中发现了他们自己塞进去又取不出来的异物。为此我们查阅了大量与此相关的早期文献，按照异物的类型和数量分类，总计研究了 182 的病例，并讨论了病人的年龄构成、病史、并发症和预后。”

——摘自大卫·布希和詹姆士·斯塔林共同撰写的医学报告

正式宣布

兹将搞笑诺贝尔文学奖授予：

来自威斯康星州麦迪逊市的大卫·布希（David B.Busch）和詹姆士·斯塔林（James R. Starling）与他们富有洞察力的研究报告《直肠异物：病例报告及相关全球文献综述》(Rectal Foreign Bodies:Case Reports and a Comprehensive Review of the World's Literature)。异物包括（还有些其他的东西）：7 枚灯泡、一台磨刀器、两只手电筒、一个钢丝弹簧、一只鼻烟盒、一个罐口塞着土豆的油罐、11 种不同的水果蔬菜等食物、一把宝石匠用的特殊锯子、一截冻猪尾、一只锡杯、一个啤酒瓶，以及一位病人体内令人匪夷所思的物品：一副眼镜、一把行李箱钥匙、一只鼻烟盒和一本杂志。

该研究发表在《外科学》（*Surgery*）上，100卷第3期，1986年9月，512—519页。

大多数外科医生都曾处理过一些让人瞠目结舌的病例——其病症是如此突出而完美，足以名垂医疗史。这些病例中却出人意料的有相当一部分是往自己直肠插入异物的病人。

詹姆士·斯塔林博士就曾处理过几个类似的病患，他因而受到启发，与另一名同事翻阅医疗文献，以期在这个问题上有更多的收获。两名博士发现了人所不知的内容。出于职业精神，他们就这些发现联合撰写了一份——也是世界上第一份——此议题的全面报告。

那个启发了斯塔林博士的案例一开始就很让人惊讶："一名39岁的已婚白人男子，往自己直肠内插入了一只香水瓶，他自己动用了包括一把痒痒挠在内的好多工具，最终也没能把香水瓶从身体里掏出来。"

斯塔林在办公室发现了第二例遗珠后，他寻求了伙伴布希博士的帮助，联手开始了这项成为了学术和医疗调查经典结合的研究。两位博士造访了多家医学图书馆，深入了外科医生从未系统研究过的领域，他们仔细研读了"大量可观的相关文献，发现了与200名病患相连的约700件物品"。

他们注意到了刊登在1937年《肯塔基医学期刊》（*Kentucky Medical Journal*）的一篇报道，报道称"一名52岁的祖父被几个喝醉了的'友人'插入了一枚灯泡"。

他们反复思考一则1959年刊登在《南美医学期刊》（*South African Medical Journal*）上的报道，该报道详细描述了"一名38

岁的男子被‘友人’插入了一副眼镜、一把行李箱钥匙、一只鼻烟盒和一本杂志”。

他们还被一则“疑似被误报的袭击案”所吸引，这篇评论于 1934 年刊登在《纽约州医学期刊》（*New York State Journal of Medical*）上，叙述说：“一名 54 岁已婚男性承认自我插入了两只苹果，此前他曾报称受到几名男子的攻击，他们强行在他体内插入了蔬菜（一支黄瓜和一个欧洲萝卜）”。

布希教授和斯塔林教授针对一些案例解释说，有此类痛苦的病人常常会误报一些事实。“这种问答显然是专门用来应付尴尬的，”他们写道，“医生应该同时以最大的关心和机智来对待这类病人，时刻记着他们是正在经受巨大尴尬的人。”一篇刊登在 1928 年《美国外科学期刊》（*American Journal of Surgery*）的文章就记录了一个这样的病例，“一名病人承认自己插入了一只柠檬和一个冷霜罐，在恢复期中他又声称是一名配药员建议他抹点柠檬汁和冷霜来缓解痔疮的，但是在后来的身体检查中并没有发现他有痔疮”。在同一份期刊 1935 年的一则报道中又提到了一个“被插入了一个破扫帚柄的病人，他声称是在用这玩意儿按摩前列腺，并说如果有钱的话，他的主治医生会给他一周做两次这种服务呢”。在 1932 年《伊利诺伊医学期刊》（*Illinois Medical Journal*）上还提到一个病人“插入了两个水杯来止痒”。

除了在学术和历史上获得成功之外，两位博士的《直肠异物：病例报告及相关全球文献综述》还为他们的业内同侪提供了技术信息。报告还给出了一些取物的辅助物件，病人们常借此成功地将体内异物从临时住所中取出来。

“用细网纱布和薄棉布垫着玻璃灯泡并仔细敲碎可以安全地把灯泡从身体里取出。其他移除灯泡的精妙装置包括一个带螺纹的扫帚把和两把餐勺。

“在一个病例中，医生把石膏打在直肠上，等石膏凝固后用绳子系住里面的水杯，把杯子拉出来。

“一个发生在 16 世纪值得特别击掌的案例是说一名女子的直肠高处被插了一截猪尾巴，其鬃毛指向尾部（也就是说正指着臀

Rectal foreign bodies: Case reports and a comprehensive review of the world's literature

David B. Busch, Ph.D., M.D., *and* James R. Starling, M.D., *Madison, Wis.*

The surgical management of two patients presenting with incarcerated, apparently self-inserted foreign bodies is reported. The large volume of prior literature on this subject is reviewed, with tabulation of 182 previous cases by type and number of objects recovered and with a discussion of patients' age distribution, history, complications, and prognosis. Management problems addressed include history, differential diagnosis of reported pruitis ani, and handling of suspected assault. The variety of surgical techniques used to remove rectal foreign bodies transanally or after celiotomy is discussed. Vaginal foreign bodies and large bowel injuries due to fist fornication, colorectal instrumentation, pneumatic rupture, foreign body ingestion, impalement, and abdominal trauma are also discussed.

From the Departments of Pathology and Surgery, University of Wisconsin Hospital and Clinics, Madison, Wis.

INJURIES TO THE colon, rectum, and anus are important causes of morbidity and death. Among the sources of such injuries is the introduction of foreign bodies into the rectum in the absence of medical advice or approval. We report two cases of nontherapeutic introduction of rectal foreign bodies and review the substantial

removed by manual or endoscopic means. The patient consented to extraction of the dildo under general anesthetic. Biopsy specimens of the hemorrhagic rectal mucosa were performed and were negative on Ziehl-Neelson stains for myobacterial or cryptosporidium infection. The patient was discharged without complications the following day.

斯塔林和布希的获奖报告。

部）。这个病例里，医生把一根空心芦苇巧妙地套在猪尾上，很容易就把两样东西一起拖了出来。”

为了表彰他们把聚光灯照到那些被困在黑暗深处的事物之上，布希教授和斯塔林教授被授予 1995 年搞笑诺贝尔文学奖。

获奖者本人未能赶到颁奖典礼现场，但斯塔林博士送来了一段颇受赞同的录像。在录像中他穿着手术衣、用一种厌世的单调嗓音说：

“很高兴获得今年的奖项，感谢与我一同工作的布希博士，是他鼓励我把一系列病患交给他，在之后的文献研究中也给予我很大的帮助。我之所以穿成这样，是想提醒在座的任何想要进入这个危机重重的行当的人，一定要确保你的穿着正确妥当，不然后果可能是毁灭性的。如果你打算做我这份工作，得穿着妥当，有点儿幽默感，最后，祝你好运！”

布希教授和斯塔林教授的报告中记录的异物们其实早在 1986 年报告发表前就已经被发现了。当时读过报告的人都意识到，这只是一个开始。随后的几年，消费高涨，消费者所购买的物品也

医生从病人直肠取出的异物。

貌似找到了进入人体直肠的通道。以下是报告发表后若干年中随机的病例：

1987 年：《美国法律医药及病理学期刊》（*Amencan Journal of Forensic Medicine*）曾发表一篇题为《直肠嵌入灌肠剂混合凝固剂》的报道。

1991 年：《日本法医学》（*Nippon Hoigaku Zasshi*）曾详述一个令人不快的案子，叫做“手杖插入直肠杀人案”。

1994 年：《美国肠胃病学期刊》（*American Journal of Gastroenterology*）曾报道过一例“肛门中的牙签”。

1996 年：《印度肠胃病学期刊》刊登过一篇题为《直肠中的威士忌酒瓶》（Whisky Bottle in the Rectum）的报道。第二年，同一份期刊上又刊登了两篇对此命题有兴趣的专家报道：第一篇题为《从直肠中拧出一根胡萝卜》（Screwing a carrot out of the

Rectum)，另一篇叫做《现在有一根针在直肠内》(And Now, a Needle in the Rectum)。

1999 年：《急诊医学期刊》(*Journal of Emergency Medicine*) 报道说在一名 20 岁男子直肠内发现了一只烤箱手套。

2001 年：《外科展望》(*Rozhledy v Chirurgii*) 报道在一名捷克男性的体内发现了一枚瓷杯；《英国牙科期刊》(*British Dental Journal*) 则发表了题为《别忘了你的牙刷！》(*Don't Forget Your Toothbrush*) 的报道，讽刺了一名病人的怪异行为。

以下是一份在病人直肠中发现的物体清单，由布希教授和斯塔林教授编辑整理：

玻璃或陶器

瓶子或罐子	31
带绳的瓶子	1
玻璃或杯子	12
电灯泡	7
管子	6

食物

苹果	1
香蕉	2
胡萝卜	4
黄瓜	3
洋葱	2
牛蒡	1
芭蕉（带有安全套）	1
土豆	1
香肠	1
白萝卜	1
日本小黄瓜	2

木制品

斧头柄	1
棍子或扫帚把	10
其他未注明	3

性用具

振动器	23*
人造阴茎	15

厨房用具

钝刀	1
冰钻	1
磨刀器	1
捣杵	2
锅铲（塑料）	1
勺子	1
罐头	1

其他器具

蜡烛	1
手电筒	2
铁棍	1
钢笔	2
橡胶管	1
螺丝刀	1
牙刷	1
圆线弹簧	1

充气的装置

气球	1
带有钢瓶的气球	1
安全套	1

球类

棒球	2
网球	1

其他各种容器

婴儿奶粉罐	1
蜡烛盒	1
灯花盒	1

其他

瓶盖	1
牛角	3
冻猪尾	1
塑料棒	1
石头	2
牙刷盒	1
牙刷袋	1
打蛋器手柄	2*

集合（每一种一盒）

2 根玻璃管
72 1/2 珠宝锯
塞着土豆的油罐
一片木头，花生
雨伞柄和灌肠器管子
2 个眼镜
火柴头
402 块石头

工具盒 **
2 块肥皂
啤酒杯和不沾锅
柠檬和冻奶油瓶
2 个苹果
眼镜，行李箱钥匙，香烟袋和杂志

* 数量可能会更多。

** 在一个罪犯体内，包括用于越狱的锯和其他物品。

10 年发表 948 篇科学论文的人

“人们也许会问：尤利为什么这么急于刊登文章呢？到底是什么动机让他都不给自己喘息呢？”

——摘自由阿拉约斯卡尔曼（Alajos Kálmán）撰写的尤利斯特拉科夫讣告

正式宣布

兹将搞笑诺贝尔文学奖授予：

莫斯科有机元素化合物研究院的尤利·斯特拉科夫（Yuri Struchkov），他在 1981 年至 1990 年期间共发表 948 篇科学研究论文，平均每 3.9 天发表一篇。

对许多科学家来说，发表论文对他们的声望、薪酬、升迁、工作都至关重要。有的科学家很多产，发表的论文比其他人更多，不过，有个人在这方面简直像个超人，还创造了世界纪录。10 年内，他不断发表各类论文，比地球上任何一位科学家发表的都多。他就是尤利 · 斯特拉科夫。

尤利·斯特拉科夫是莫斯科科学院有机元素化合物研究院的主任。他是世界上最伟大的晶体学家之一。一个晶体学家的主要工作就是用 X 射线机器拍摄晶体照片。20 世纪，这是一项非常重要和有效的技术。利用这种技术，化学家们就能了解复杂分子的结构。许多化学家就是因为用晶体学来探索自然界的化学秘密而取得了成就、获得了荣誉，有的甚至获得了诺贝尔奖。

尽管尤利·斯特拉科夫在晶体学界名声很广，但在世界范围内，他还是默默无闻。不过这是 1992 年以前的事了，就在这一年，不知道出于什么原因，美国费城科学信息研究院的戴维·彭德尔贝利（David Pendlebury）想要在庞大的数据库查查，看 1981 年到 1990 年这 10 年间，哪位科学家发表的论文最多。令他大吃一惊的是，这个桂冠竟属于斯特拉科夫这个名不见经传的人物。数据显示，尤利·斯特拉科夫独自或合著了 948 篇论文。平均下来，斯特拉科夫每 3.9 天就发表一篇新的科学论文。

这是在尤利 · 斯特拉科夫去世多年之后才发表的一篇论文。只是这篇论文发表的太晚了（1999 年）。

几乎所有论文都是晶体学领域的，而且几乎所有论文都有多个著者，斯特拉科夫是其中之一，他单独撰写并发表的论文并不多。

他可以说相当多产了——每年要发表 90 多篇论文。值得一提的是，1981 年以前，斯特拉科夫就进入了论文发表的黄金时期；1990 年以后，他仍笔耕不辍，继续大量发文。

由于对世界文学作出的巨大贡献，

尤利·斯特拉科夫获得了1992年搞笑诺贝尔文学奖。

获奖者不能、或者不愿出席颁奖典礼。他仍然以前所未有的速度疯狂发表科学论文。

斯特拉科夫于1995年去世。根据阿拉约斯·卡尔曼撰写的讣告称，他一生共发表2000多篇论文。卡尔曼对此很是惊讶，因此他贸然猜测了斯特拉科夫的动机：

“人们也许会问：尤利为什么这么急于刊登文章呢？到底是什么动机让他都不给自己喘息呢？可以认为，他不入党的最让人信服的原因是太过投入进行研究，没有时间顾及其他。他感到，努力工作是他唯一的选择。1988年他才获得尼斯米扬诺夫金质奖章，1990年才当选为科学院初级院士。

“据那些熟悉苏联体制的西方科学家称，尤利·斯特拉科夫之所以发表这么多科学论文，还有另一种解释。在前苏联，用来进行晶体研究的设备极少，据说莫斯科科学院有机元素化合物研究院欢迎那些有需要的科学家使用该研究院的设备，而且需要把该院的一位成员列为联合作者。”

搞笑诺贝尔之

死亡并不能阻止尤利·斯特拉科夫发表科学论文

尤利·斯特拉科夫已于1995年去世了，但他的研究论文仍在发表。如1998年投到《有机元素》（*Organometallics*）周刊，并与1999年发表的一篇论文，尤利·斯特拉科夫就是第七作者。这篇论文只是在他去世后发表的论文之一。从产量来讲，斯特拉科夫博士的高产科学家称号是当之无愧的。

5 外星太空人

"写这本书需要勇气，读这本书也需要勇气。"

——摘自《诸神的战车》

正式宣布

兹将搞笑诺贝尔文学奖授予：

善于讲故事的幻想家和《诸神的战车》(*Chariots of the God*)的作者埃里希·冯·戴尼肯(Erich Von Däniken)，因为他说明了人类文明是如何受外星太空人影响的。

1968年，埃里希·冯·戴尼肯像乘坐金质战车一样驾临，给图书出版业带来了灵感和财富。他的第一本书激发了人们探索、研究外星太空人的热潮。

作为一家瑞士旅馆的总经理，埃里希·冯·戴尼肯经常接待在暗夜中神秘而来，又在暗夜中神秘消失的客人，这些客人留下了神秘而诱惑的印迹，所以冯·戴尼肯写像《诸神的战车》这样的书再合适不过了。这本书于1968年在美国和德国出版发行，冯·戴尼肯的生活也随之发生了重大变化，他再也不用在一家旅馆工作了。

《诸神的战车》表明，历史并不是学校教的那些枯燥无味的事实总结。冯·戴尼肯书中有一句话也许能说明历史的本质："这些自圆其说的解释都是经不起检验的"。

《诸神的战车》表明，历史都是评论家搞出来的；甚至，它讲的都是些神秘事物，诸如：

- 秘鲁纳斯卡平原上神秘的古代机场跑道。
- 在玛雅的科潘城废墟发现的神秘精密图画：一名太空人在控制一枚火箭，他下面是火箭助推器喷出的火焰与气体；另外，公元前1世纪亚述人圆筒神秘事件，象征着原子结构的符号，还展现了一名太空人驾驶着火焰战车。
- 意大利北部卡莫尼卡河谷神秘的古代绘画表明，那位非凡的、陷入沉思的原始人身着航天服，头上戴着的是不同寻常的航天用头盔。
- 在土耳其伊斯坦布尔的托普卡帕宫发现的神秘的古代声纳地图表明，在南极洲数英里深的冰层与冰雪之下，有一个人类肉眼看不到的大陆。
- 在青铜器时代发现的精密电池（已经没电力）；以及《圣经》中所描绘的神秘约柜电线。

上面所列举的仅是众多不解之谜中的几个。

后来，《诸神的战车》这本书又被神秘地翻译成 28 种语言，并神秘地销售了几百万套。另外，这本书也有许多神秘之处。书的长度就是一个不解之谜。第一版是 189 页；之后的版本是 163 页，还有一个版本是 169 页。还有目击者称，他们看到过其他版本，页数与上面几种都不同。

这本书的成功促使电视台制作了一个特别节目，即《寻找古代外星太空人》。这一节目的播出吸引了大量观众，导致了更多其他记录片的出现。除了电视外，录像、电影、书籍也都在传播这个话题，那些不知埃里希·冯·戴尼肯为何人、也不知道古代宇宙飞行员为何物的投机商们趁此机会大大赚了一笔。

埃里希·冯·戴尼肯获得搞笑诺贝尔文学奖的作品——《诸神的战车》。

冯·戴尼肯对自己取得的成就与辉煌并不满足，仍在继续调查，并编写了大量书籍。此后的 20 年，他出版的书籍有：《来自外太空的神》、《诸神的黄金》、《寻找古代之神》、《诸神的奇迹》、《冯·戴尼肯的试验》、《调查正在进行》、《诸神的符号》、《通往神的大道》、《诸神的伟大设想》、《我爱整个世界》、《神降临的那一天》、《我们都是上帝的子民》等等。

冯·戴尼肯对来自外太空的古代宇宙飞行员的好奇心是永远无法满足的，他还作为一位学者确立了在学术界的牢固地位。但他尊重常识的边界，并对其敬而远之。

“我知道，古代曾有外星太空人到过地球”，1974 年，他对采访他的《国家询问报》记者说，因为“我见过他们，我知道他们还会回来的”。

由于不断挑战、刺激读者读他的书，埃里希·冯·戴尼肯获得了 1991 年的搞笑诺贝尔文学奖。

获奖者不能、或者不愿出席颁奖典礼。

获得搞笑诺贝尔文学奖并不能熄灭冯·戴尼肯的创作激情，或减缓他寻求更多利益的步伐。他继续在自己的领域探索，并发表了一系列作品，包括：《斯芬克司的眼神》、《诸神的回归——天外来客的证明》、《诸神抵达——外星人登陆纳斯卡揭秘》与《众神历险记——古希腊外星史》。

2002 年，冯·戴尼肯和一个投资团（包括索尼、可口可乐、惠普在内）在家乡附近、瑞士的因特拉肯建造了一个“世界不解之秘主题公园”。这个主题公园有两个广告口号：“在埃里希·冯·戴尼肯的家乡亲密接触！”以及“因特拉肯将成为世界不解之秘的圣地”。

6 放屁以应对无法言表的恐惧

“这篇报告描述了一名被收养的潜伏期（7岁至青春期）男孩的行为特征——当彼得面临危险时，他就发出臭味和屁把自己裹起来，利用这种熟悉的气味导致的安全感来保护自己，以应对无法言表的恐惧，让自己保持镇定。本报告的理论基础是德国精神分析学家弗里达·弗尔达姆（Fordham）的发展观点和法国精神分析学家迪迪埃·安齐厄（Didier Anzieu）的‘心灵封闭’概念。在涉及荣格的象征理论和心理包容观点时，我们也用到了英国精神分析学家威尔弗雷德·比昂（Wilfred Bion）的贝塔和阿尔法元素概念。”

——摘自玛拉·斯多利的报告

正式宣布

兹将搞笑诺贝尔文学奖授予：

华盛顿特区的玛拉·斯多利（Mara Sidoli）博士，她发表了一篇振奋人心的报告：《放屁是应对无以言表的恐惧的防御机制》(Farting as a Denfence Against Unspeakable Dread)。

该研究发表在《分析心理学期刊》(*Journal of Analytical Psychology*)上，41卷第2期，1996年，165—178页。

一位举世瞩目的荣格学派的儿童精神分析学家，遇到了人类有记忆以来最棘手的、最难闻的病例。三年后，出于自豪感和对后世的责任，她记录了这个过程。

斯多利博士向来愿意试试其他同僚都焦头烂额或干脆束手无策的病例，彼得这个病例又格外有挑战性，因为这个孩子处于困难重重的潜伏期，闻来也很臭（弗洛伊德把7—12岁这个阶段成为潜伏期，他认为，这是人一生中唯一对性没兴趣的阶段。彼得的兴趣在别的方面）。

当地的医院把这个奇怪病例转给了斯多利，她一开始就意识到其中的困难：

“每当彼得焦虑或愤怒时，他就会和想像中的朋友大声交谈，会放很大声的屁，还用嘴模拟屁声，而且感到压力他会大便失禁。虽然他受过训练，但是还是会失禁。”

斯多利很快就明白：“焦虑让他对父母的关心没有把握，需要再三确认。虽然我一眼就喜欢上这个孩子，但是我也知道，我们需要进行相当困难的磨合。”

她是对的。经过了好几周的缓慢进展后，她说了彼得不喜欢听的话。彼得反应激烈，她在报告里说，“他马上陷入混乱和恐惧状态，上窜下跳，大声喊叫，一直放屁，这是他保护自己的方法”。

又过了几周的缓慢的，只能说很小的进展之后，这个孩子慢慢能控制大便失禁了，分析师和他见面也越来越频繁，斯多利记录的简要摘录：

“彼得每周来看两次的时候，他的表现就进行了新阶段。他把自己想成众人唾弃的独裁者和喜欢施加刑罚的人，最常出现的幻想角色就是萨达姆。我必须制止他的暴力攻击，包括肢体上的，语言性的，还有一直都有的屁。只要他讨厌我——这经常发生——他就说他的屁是能制服我的毒气。不过有时候他的态度也很矛盾，讨厌的程度没那么重。他也会警告我，他在酝酿毒气，我得戴上防毒面罩。”

彼得后来讲了一个猫咪的故事，他们俩都在这个故事里扮演角色，彼得对猫咪态度恶劣：

“他命令我把所有食物都吃掉，然后假装吐掉。在整个治疗过程中，他都在喵喵叫和放屁。表演小猫吃掉了整个世界然后又吐出来的时候，屁声尤其大。他还得赶紧去厕所以防把裤子搞得一塌糊涂。”

治疗过程很微妙，在他们一起治疗的第二年，两人关系恶化了。彼得出现了短暂倒退——荣格认为这种倒退是服从于自我的。

这段时间对斯多利是种煎熬。

“虽然我努力解读屁和屁声的意义，但屁和屁声还是越来越多，我觉得自己也束手无策了，我没办法通过沟通来控制他或是改善我们的情况。我说的话似乎弹回自己身上，事情倒过来了。他把我的 α 元素（对原始欲望的接收和处理）转换成了 β 元素（原始欲望），都还给我了，不允许我来处理它们。他把自己封闭起来，用看不见的臭味把自己裹起来，把自己隔离在任何可能伤害到他的环境之外，来保护自己。”

斯多利想到荣格也在一个病人身上遇到过这种情况，所以决定采取相似的方法，发动反击，自顾自的发出很大的屁声。此举导致了大家都很期盼的结果：

“彼得开始对这种行为非常困惑和惊讶，他简直不相信我也这么干。我把这种困惑和惊讶当成他的关注，然后继续这么干。我一直发出屁声，他的反应从惊讶变成不高兴，然后是愤怒，他说我疯了，要我停止。过了会，他意味深长地看着我，然后大笑起来。我也停下来，告诉他我知道他就是用放屁来拒绝沟通的，就像他希望我以为他疯了一样。他以前就是用这种办法让周围的人觉得他不正常，确实有效，虽然他变成了别人不喜欢的人。在此之后，他跟我在一起的时候就是个正常的小孩了。”

斯多利最后说：“他终于可以用人类的方式表达恐惧和绝望了。没有用屁来攻击我，反而开始展露自己的痛苦，释放了内心的爱恨，还有他本来的观察力和幽默感。”

这篇报告结尾真是皆大欢喜，彼得的那种对抗恐惧的防御机制已经消散。

因其以勇气和毅力拯救了潜伏期的爱放屁男孩，以及用美文记录下这一切，斯多利获得了1998年的搞笑诺贝尔文学奖。

获奖者无法出席颁奖典礼，但她也深感荣幸。她总是接收那些病情最严重的精神病人，不仅很骄傲地的治好了他们，还能用自己的技巧和风格记录这些故事。1998年，她当选了“美国精神分析发展协会”（Nationd Association for the Advancement of Psychoanalysis）会长。

垃圾邮件之父

“桑福德 · 华莱士今天很高兴。他通过手机接收记者采访，谈论霍默尔食品公司寄给他的禁止警告信。在信中，霍默尔公司要求华莱士停止使用特定词汇来做生意，他的生意就是未经收信人许可发送垃圾邮件。

“你知道‘垃圾邮件’（spam）这个词吧？华莱士是不会停止使用的；他现在就要用，因为是这个词把他推到了聚光灯下，成了媒体焦点人物。他喜欢这样，他对社会大众的关注是永远不嫌多的。如果不是因为和霍默尔公司有法律争执的话，他很可能会给他们也寄一张电子答谢卡——当然也是未经允许的。”

——摘自 CNET 新闻 1997 年 7 月 2 日发表的一篇报道

正式宣布

兹将搞笑诺贝尔通信奖授予：

美国费城网络促销公司总裁桑福德 · 华莱士（Sanford Wallace），因为无论风霜雨雪还是漆黑深夜，任何恶劣的天气都不能阻止这位自诩为信使的总裁向全世界发送垃圾邮件。

人们给桑福德 · 华莱士取了很多绰号，有“垃圾邮件之王”、“互联网最遭人唾弃的人”等。尽管并不雅观，却也表达了人们对他的崇拜之情。不过，这些称号和骂名都是华莱士自己挣来的。由于他的不懈努力，垃圾邮件在全世界范围内越来越多，比老鼠、田鼠或者蟑螂还要多。在垃圾邮件的传播上，桑福德 · 华莱士功勋卓著。

华莱士在电子邮件还很新潮的时候就创建了他的网络促销公司。因为意识到自己没有能力帮助每一个人，于是他决定帮助那些愿意发送垃圾邮件、并愿意为此支付报酬的人，这些人愿意付酬给一个没良心的陌生人来做这种事。

在华莱士之前，人们在发邮件方面都遵守公认的道德，这种普遍原则就是：未经许可不能向陌生人发送广告。

发送电子邮件既简单又便宜，每个人都意识到这方面存在信息滥用和骚扰的问题。由于不了解上面说的公共道德，互联网的一些弄潮儿会向陌生人发送不请自来的广告。一般情况下，这些人会立即收到一些礼貌的、但多少有点不满之词的回邮。一般情况下，这些新人会因此收敛自己的行为。

桑福德 • 华莱士也知道发邮件上存在着信息滥用和骚扰的问题。不过，他也意识到，信息时代，在众多使用电邮的人群中，有很多发展空间和生存机会。如果他将一则广告发送给 1 万名陌生人，其中可能有 1—2 名陌生人会感兴趣，从而购买广告上推销的商品或服务；即使是 10 万人中有 1—2 名顾客，那也是机会。至于另外的 9999 名或者 99999 名陌生人是否会抱怨，或感觉被骚扰，他就不管了——那是他们自己的事情。于是，在华莱士的教唆和怂恿下，多个广告客户开始请他帮忙向数以万计的陌生人发送广告。

在发送过这种邮件之后，大量表达不满和抱怨的邮件如潮水般涌来，每隔几分钟就有一大波。华莱士对这些邮件一般都不理不问。数以万计的公司在短时间内就看到了电邮广告的魅力所在，纷纷与华莱士签约合作。网络促销公司立刻拥有了大量客户，华莱士的事业也如日中天、蓬勃繁荣起来。每天，人们只要打开邮箱就能看到铺天盖地、五花八门、不请自来的垃圾邮件。

“如果你想用垃圾邮件的话，”华莱士告诉那些潜在客户，“我跟你说，很管用。确实有用。”

华莱士宣称，他每天至少要发送1 500万—2 000万封垃圾邮件，也没人对这种说法表示怀疑。互联网上，人们开始仇恨“垃圾邮件”了，因为他们每天都得花很多精力和时间来处理成千上万件的垃圾邮件，得挑出真正的邮件。垃圾邮件推销的商品和服务有很多种，包括：快速致富经、阴茎增大法、黄色录像带、打折家具、名牌大学的假文凭、冒牌大学的真文凭，诸如此类。

也不知道是什么原因，“spam”成了人们公认的垃圾电子邮件的代名词。桑福德·华莱士宣称，他喜欢别人称他为“spam之王”；如果人们叫他“spam-福德·华莱士”，他将以此为荣。霍默尔食品公司（The Hormel Company），也就是名为“spam”的古怪食品的生产商对此感到非常恼火，因为该公司认为用“spam”代指垃圾电子邮件毁坏了该公司的声誉。霍默尔食品公司对华莱士本人更恼火，因为他竟然以此为荣；但霍默尔食品公司也没有办法从法律角度阻止人们使用“spam”这个词。

桑福德·华莱士的生意做得越来越红火，营利也非常丰厚，他也因此变得非常有名。不过，同其他取得商业成功的人士一样，他也有许多需要解决的问题。

为了发电邮，网络促销公司不得不设置一个电邮账户。如今，尽管有数以万计的网络公司为个人与公司提供电邮账户，但很少有公司愿意向华莱士这种客户提供服务。只要他开始使用某个服务商提供的电邮账户，几个小时内，那些恼火的接收人就会根据发送地址追查到这个公司，然后，抱怨、威胁、法律诉讼之类的恐吓邮件便如雪片一样纷至而来，使这家公司难以招架。

这就是互联网，那些技术高手手有用自己的方法表达不满。网络促销公司的网站就被黑过，还经常被黑，导致华莱士的工作无法正常开展。黑客都是匿名的、利他的，但不合法。但是，黑客们认为，如果他们能够用这种方式关掉这个令人讨厌的公司，那也是算为民服务了。

有那么一段时间（而且是相当长的时间），桑福德·华莱士的日子并不是太难过，要知道他是一个迎着困难上的人。黑客的破坏只是让他的生意增加了成本，却使他的名气越来越大——虽然是臭名昭著。尽管有很多服务商把网络促销公司从他们的系统中清除，但华莱士总有办法找到新的服务商，帮他度过一天、二天或者三天的时间，这就足够让他把几百万、甚至更多的垃圾邮件发出去。然后他就再找一个新的服务商。

由于努力向世界各地发送无以数计的垃圾邮件，桑福德·华莱士获得了1997年搞笑诺贝尔通信奖。获奖者没有出席搞笑诺贝尔的颁奖典礼，出于他个人安全方面的考虑，颁奖委员会也没有邀请他参加。

接下来几个月，网络促销公司仍然在奋斗，为能在任何时候、向任何人、任何地方发送令人讨厌的、未经许可的电子邮件的权力而战。在华莱士厚脸皮和广大客户群的鼓励与感召下，竞争者的数目以指数级增加，发送电子邮件的人多如蟑螂和田鼠。

在无休无止的法律诉讼和激烈竞争之下，桑福德·华莱士这位“垃圾邮件之父”的压力越来越大，他无法承受这一切了。1998年，华莱士关闭了网络促销公司，他同时也表示自己将痛改前非，金盆洗手，从此不再染指垃圾邮件业务。《有线新闻》对此事作了如下报道：

“‘我将不再发送垃圾邮件。我将不再与垃圾邮件有任何关系。’在说完这两句之后，桑福德·华莱士，这个29岁的互联网悲伤男孩，正式宣布拒绝接受授予他的‘垃圾邮件之王’称号，并承诺从此金盆洗手、浪子回头。他不仅要痛改前非，还将支持《史密斯法案》(Smith Bill)，即美国众议院即将表决通过的网民权力保护法案——这是美国联邦立法委员会即将通过的法案，如果通过，发送垃圾邮件将成为非法行为。6个月以前，华莱士还表示发送垃圾邮件没什么不对；现在他却说，‘垃圾邮件太多了，质量也变得无法忍受’。他还说，‘我也要承担一部分责任。’”

数天之后，宾夕法尼亚的一个法院判定桑福德·华莱士未经许可就发送垃圾传真违犯了 1991 年制定的联邦法律。

华莱士这为“垃圾邮件之王”后来继续做着网络生意。他总是宣称自己在与邪恶的垃圾邮件作斗争，而且总是设法提供效果差不多的替代品，但收益还是差一点。

华莱士作为“垃圾邮件之王”的日子也许结束了，但他的影响仍然存在，仍然鼓励着数百万跟随者。桑福德·华莱士为新一代的垃圾邮件发送者开辟了新的天地。新生的垃圾邮件发送者更加聪明，技术更加熟练，更具创新精神，他们将会把更多垃圾邮件发送到地球上更多的国家，因为华莱士向他们表明，没有摆不平的事情。

也许谁也不能阻止垃圾邮件的发送。

附录：历届“搞笑诺贝尔奖”获奖名单

1991年

经济学奖：迈克·弥尔肯，华尔街巨子、垃圾债券之父。全世界都欠他人情。

和平奖：爱德华·泰勒，氢弹之父，是“星球大战武器系统”的热情支持者。他为改变和平的含义而奉献了毕生精力。

生物学奖：罗伯特·克拉克·格雷厄姆，精子的挑选者，繁殖领域的先驱，他开发了“精子选择库”。“精子选择库”是一个只接收诺贝尔奖获得者和奥运会运动员捐献的精子的精子银行。

化学奖：雅克·本闻尼斯特，多产的信仰劝诱者和献身于《自然》的通讯记者。他不懈地追求，并发现水是一种智能液体；并且证明即使事情过去很久，水也能回忆起来。

医学奖：艾伦·克利杰尔曼，消化剂的设计者和肠气的征服者，以及Beano消化酵酶的发明者。他努力研制了防肠气的乳剂，使人避免了胀气、不适、困窘。

教育奖：詹姆斯·丹佛斯·奎尔，时间的消费者、空间的占有者，他比他人更好地向我们展示了科学教育的必要性。

文学奖：埃里希·冯·戴尼肯，想像力丰富，善于讲故事的人，《诸神战车》的作者，他说明了人类文明是如何受到外星太空人的影响的。

1992年

经济学奖：300多年来一直都以谨小慎微、管理审慎著称的伦敦劳合社的投资者，因为他们大胆的、给自己的灾难投保的尝试。

和平奖：前洛杉矶市警察局局长达里尔·盖茨，因为他非同寻常的、将人们聚集在一起的独特措施。

生物学奖：坚持不懈的、慷慨的精子捐献者、精子银行的创办人塞西尔·雅各布森博士，因为他设计了一个简单、只须一人进行的精子质量控制办法。

考古学奖：法国新教负责去除墙上乱涂污垢的少年团体光明童子军，因为他们将法国布鲁尼盖村附近梅里耶山洞壁上的古壁画洗掉了。

物理学奖：低能量物理学巨子戴维·乔利和道格·勃瓦尔，因为他们制造了麦田怪圈，而对物理学的场论作出了学术贡献。

艺术奖：现代文艺复兴人士吉姆·诺尔顿——因为他编著了《动物王国的阴茎》这本画册，并为其配上了一流的解剖插图和解说；以及美国国家艺术基金会——因为该基金会鼓励诺尔顿先生将其著作延伸成一本立体书。

医学奖：日本横滨资生堂研究中心的神田、八木、福冈、中岛、大田、和中田，因为他们作出了具有先驱意义的研究报告——《剖析引起脚臭的化合物》；以及得出的结论，那些认为自己有脚臭的人，他们的脚就有臭味；那些认为自己没有脚臭的人，他们的脚就没有臭味。

化学奖：色彩缤纷的肉冻的发明者伊维特·巴萨，因为她在20世纪化学领域取得的成就——合成了爽口的Jell-O牌蓝色肉冻。

营养学奖：罐装猪肉勇敢的使用者和消费者，因为54年来，他们一直消费着这种食品。

文学奖：莫斯科有机元素混合物研究院的尤利·斯特拉科夫，他在1981年至1990年期间共发表948篇科学研究论文，平均每3.9天发表1篇。

1993年

经济学奖：精明的经济学家、畅销书《1990年大萧条》（该书的定价为 17.95 美元）和《1990 年大萧条之生存法则》的作者、南方卫理公会大学的拉维·巴特拉（Ravi Batra），因为这两本书销售册数很多，避免了全球性经济崩溃。

和平奖：菲律宾百事可乐公司，因为该公司是甜蜜未来和梦想的支持者，赞助了一次赢百万大奖活动，然后错误地宣布获奖者的号码，因而使得 800 000 名以为自己获奖的民众联合起来，并形成了多区争斗，这在菲律宾历史上还是第一次。

医学奖：仁慈的医学家詹姆士·诺兰 (James F. Nolan)、托马斯·斯蒂尔韦尔 (Thomas J. Still well) 和约翰·桑德斯 (John P. Sands)，因为他们不辞辛劳的研究，并撰写了医学报告《对被拉链扯住的阴茎的紧急处理方法》。

物理学奖：法国炼金术的热情崇拜者路易斯·科夫兰，因为他得出结论称，鸡蛋壳所含钙的形成过程是一个冷聚变过程。

消费工程学奖：坚持不懈的发明人和电视夜间广告节目的主持人罗德·博比尔，因为他用诸如麦克风之类的装置更新了工业革命的定义。

幻影技术奖：密歇根州法明顿希尔斯的“自动影像”（一种影像播放装置，可以让人在驾车时欣赏电视节目）发明人杰伊·席弗曼；以及密歇根州的州立法院，因为该立法院通过了议案，给予了该发明合法性。

数学奖：美国南卡罗来纳州格林维尔的罗伯特·弗埃德（Rbert Faid），因为他是一位具有远见卓识、可靠的统计学预言家，他以 710 609 175 188 282 000：1 的几率准确地推算出这样一个结论：米克海尔·戈尔巴乔夫是个反基督主义者。

化学奖：美国田纳西州卢考特山致力于香水事业的詹姆士·坎贝尔（James Campbell）和盖恩斯·坎贝尔（Gaines Campbell），因为他们发明了香水带，这种方法使香水应用到书页中。

心理学奖：美国哈佛大学医学院的约翰·马克（John Mack）和美国坦普尔大学的戴维·雅各布（David Jacobs），因为他们得出结论，那些相信自己被外星人绑架的人可能真被绑架过；还因为他们得出的另外一个结论，外星人诱拐地球人的主要目的，就是造小孩。

生物学奖：俄勒冈州卫生管理部的保罗·威廉和英国英格兰利物浦热带医药学校敢做敢为的肯尼思·纽厄尔，因为这两位生物学的探索者进行了一项具有先驱意义的研究，“兜风会让猪排出沙门氏菌”。

文学奖：E. 托普尔、R. 卡里菲、F. 德韦尔夫、P. 阿姆斯特朗、以及他们的972名联合著者，因为他们共同撰写了一篇医学研究论文，不过论文的页码数的100倍才等于作者的总数目。

1994年

医学奖：美国前海军陆战队员——勇敢的病人甲，他被自己养的宠物——一只响尾蛇咬伤，并意志坚定地采用了电击疗法：在他自己的一再坚持下，朋友把汽车火花塞电线连在他的嘴唇上，然后，汽车发动机以每分钟3 000转的转数运转5分钟；以及美国洛矶山毒物研究中心的理查德·达特博士和亚利桑那大学卫生科学中心的理查德·古斯塔夫森博士，因为他们撰写的具有坚固基础的医学报告：电击疗法不能治疗响尾蛇咬伤。

心理学奖：逆反心理学法的实施者、新加坡前总理李光耀，因为他在30多年的实践中进行研究所取得的效果，惩罚300万新加坡公民当中胆敢随地吐痰、吐嚼过的口香糖，并不顾禁令喂养鸽子的人。

经济学奖：智利的胡安·帕布罗·达维拉，一位致力于金融期货的交易员和前国有公司科德拉科的雇员，因为在计算机上按错指令，该按“售出”时按了“购买”钮，之后又试图挽回损失，最终却使智利国民生产总值下降了0.5%。他所取得的成就也鼓舞了智利人，甚至产生了一个新词——达维拉尔，即“堂而皇之地把事情搞砸”之意。

和平奖：美国玛赫西大学科学技术和公共政策学院和平思想的传播者约翰·哈格林，因为他对4 000名冥想者进行试验，使得华盛顿特区暴力犯罪率下降了18%。

昆虫学奖：纽约的罗伯特·洛佩兹，敢作敢为的兽医和所有动物的朋友，因为他进行了一系列的试验，将猫耳朵里的螨虫放进自己的耳朵里，并观察分析其结果。

物理学奖：日本气象局，因为该局对地震是否因鲶鱼摆尾引起而进行了长达7年的研究。

数学奖：美国阿拉巴马州南方浸礼会，利用数学方法逐县统计，对该州民众的道德进行评估的数学评估员们，他们弄清楚了该州究竟会有多少民众会下地狱——如果他们不忏悔的话。

生物学奖：布赖恩·斯威尼（W. Brian Sweeney）、布赖恩·克拉夫特-雅各布斯（Brian Krafte-Jacobs）、杰弗雷·布里顿（Jeffrey W. Britton）和韦恩·汉森（Wayne Hansen），因为他们具有突破意义的研究——《美军里充满了便秘的士兵》。值得一提的是，他们对多例病人肠胃蠕动的频率进行了数学分析。

化学奖：得克萨斯州参议员、逻辑法的撰稿人鲍勃·格拉斯哥，因为他主持制定了1989年药品控制法。该法律规定，在未被许可的情况下私自采购烧杯、烧瓶、试管或者其他实验室玻璃器皿都属于非法行为。

文学奖：朗·哈伯德（L. Ron Hubbard），热情洋溢的科幻作家和“科学论”学派的奠基人，因为他编著了一本有意义的书《智力学》（*Dianetics*），对人类或者部分人类来说，该书是一部极为有益的书。

1995年

公众卫生学奖：挪威特隆赫姆辛特夫大学玛莎·科尔德·巴克凯维奇（Martha Kold Bakkevig）和丹麦技术大学卢斯·尼尔森（Ruth Nielson），因为他们不遗余力的研究湿内裤对体温调节反应与热舒适度的影响。

牙科学奖：明尼苏达州肖维明的罗伯特·博蒙特（Robert

H. Beaumont），因为他撰写了具有深刻意义的医学报告：病人对涂蜡或未涂蜡的牙线的好恶。

医学奖：玛西娅·比贝尔（Marcia E. Buebel）、戴维·夏纳霍夫－卡尔萨和迈克尔·博伊尔（David S. Shannahoff-Khalsa），因为他们令人鼓舞的研究：强迫性单鼻孔呼吸对认知产生的效果。

经济学奖：巴林银行的尼克·利森和他的上司，以及加利福尼亚橘子郡的罗伯特·塞琼，因为他们在金融衍生产品方面进行的交易，推算出这样一个结论：任何一家金融机构都不是无所不能的。

心理学奖：日本奎夫大学教授渡边茂、阪本顺子、脇田真清，因为他们训练鸽子区分毕加索与莫奈作品，最终获得成功。

化学奖：美国加利福尼亚贝弗利山的毕扬·帕克扎德（Bijun Pakzad），因为他开发了 DNA 古龙水和 DNA 香水，此二者都不含脱氧核糖酸（即 DNA），也都装在三螺旋造型的瓶子里。

物理学奖：英格兰诺里奇食品研究院的乔格特、罗杰·帕克以及史密斯博士，因为他们对浸水早餐麦片进行的不懈研究与分析，并发表了题名为《含水量对早餐麦片压缩状况的影响》的研究报告。

营养学奖：亚特兰大马丁内斯公司的约翰·马丁内斯，因为他制作出了“鲁阿克”这种世界上最昂贵的咖啡，这种咖啡由印度尼西亚当地的鲁阿克（亦即棕榈麝香猫，一种像美洲山猫的猫）摄取并排出的咖啡豆制成。

文学奖：威斯康星州麦迪逊市的戴维·布什和詹姆士·斯特林，因为他们所撰写的具有独到见解的医学报告：《直肠异物：病例报告和世界病例史综观》。根据二人撰写的报告，医生们通过手术，从病人直肠取出的异物包括：7 个电灯泡；1 块磨刀石；2 把手电筒；1 根弹簧丝；1 把鼻烟壶；1 把用马铃薯作塞子的油壶；11 种不同形状的水果、蔬菜和其他食品；1 条宝石商用的锯；1 个冷冻的猪尾巴；1 个锡制杯子；1 只啤酒杯；另外，仅从 1 个病人的直肠发现的东西就包括：1 幅眼镜、1 把公文包钥匙、1 个烟草袋和 1 本杂志。

1996年

公众卫生学奖：格陵兰岛努克镇的艾伦·克雷斯特和挪威奥斯陆的哈罗德·莫伊，因为他们撰写了一篇具有警告意义的医学报告：通过一个充气美女造成的淋病传播。

医学奖：R. 雷诺兹烟草公司的詹姆士·约翰斯顿（James Johnston）、美国烟草公司的约瑟夫·塔迪奥（Joseph Taddeo）、洛利拉德烟草公司的安德鲁·蒂什（Andrew Tisch）、菲利普·莫理斯烟草公司的威廉·坎贝尔（William Campbell）、利吉利烟草集团公司的爱德华·霍利根（Edward A. Horrigan）、美国国家烟草公司的唐纳德·约翰斯顿（Donald S. Johnston）以及布朗&威廉姆斯烟草公司总裁托马斯·E. 桑德福尔（Thomas E. Sandefur），他们在美国国会作证时说出了他们不可动摇的发现：尼古丁不会使人上瘾。

经济学奖：美国布法罗大学罗伯特·吉诺克（Robert J.Genco）博士，因为他的发现：资金紧张是具有破坏性牙周病的危险指示器。

和平奖：法国总统雅克·希拉克，因为他为50年前在日本广岛投掷原子弹举行纪念活动。

生物多样学奖：日本名古屋冈村化石实验室的冈村长南，因为他发现了恐龙、马、龙、以及其他1 000多种已经灭绝的“迷你物种”（这些物种仅有1英尺的百分之一那么长）化石。

物理学奖：英国阿斯顿大学的罗伯特·马修斯，因为他对墨菲法则进行了研究，并进行了实验展示，证明：烤面包片经常会抹黄油的一边着地。

艺术奖：出生于马萨诸塞州费奇伯格市的唐·费瑟斯通，因为他发明了举世闻名的装饰品：用塑料制成的粉红火烈鸟。

化学奖：美国普度大学的乔治·戈布尔，因为他利用木炭和液态氧气在3秒钟内将野餐烤架上的木炭点燃，从而打破了世界记录。

生物学奖：挪威卑尔根大学的安德斯·贝尔哈姆和霍格尼·桑德维克，因为他们撰写了具有鉴赏力、且颇具魅力的医学报告：《麦芽啤酒、大蒜、酸奶油对水蛭胃口所产生的影响》。

文学奖：《社会文本》（*Social Text*）周刊的编辑们，因为他们迫切希望刊登一篇他们自己不能理解的研究报告。据研究报告的作者称，这篇报告宣称：现实是不存在的。

1997年

和平奖：英国欧洲管理学校哈罗德·希尔曼（Harold Hillman），因为他撰写了一篇倡导和平的报告：执行死刑的不同方法可能导致的痛苦。

医学奖：威尔克斯大学的卡尔·卡内特斯基和小弗朗西斯·布里伦南、华盛顿州西雅图衬托音乐有限公司的詹姆斯·哈里森，因为他们发现：听电梯的背景音乐有助于刺激免疫球蛋白A的产生，从而可能有助于阻止感染流行感冒。

生物学奖：亚阿伍吉（T.Yagyu）和他来自瑞士苏黎世医学院大学、日本大阪关西医学院、捷克共和国布拉格神经系统科技研究院的同行，因为他们测量出了人们咀嚼口香糖时的脑波模式。

经济学奖：日本千叶市奇才公司的横井昭裕（Akihiro Yokoi）和东京万代公司的真板亚纪（Aki Maita），电子鸡的发明人，因为他们花了无数的时间研究怎么管理虚拟宠物。

昆虫学奖：佛罗里达大学的马克·霍斯特勒（Mark Hostetler），因为他出版了一部新书：《爱车上的污垢》，该书指出昆虫摔烂在车窗上会留下痕迹。

天文学奖：新泽西州的理查德·欧戈兰，因为他鉴别出在月亮和火星上有人类居住的迹象，包括在火星上一个人的面孔和月亮的背面10英里高的大楼。

物理学奖：得克萨斯大学的约翰·伯克里斯（John Bockris），因为他在冷聚变、基本元素变成金子、生活垃圾的电气化焚烧方面所取得的巨大成就。

气象学奖：阿拉巴马州立大学的伯纳德·冯内古特（Bernard

Vonnegut)，因为其具有启迪作用的报告：用鸡毛作为测定飓风风速的风向标。

文学奖：以色列的多伦·威兹图姆（Daron Witztum）、埃利亚胡·利普斯（Eliyahu Rips）以及尤夫·罗森伯格（Yoav Rosenberg）和美国的迈克尔·德洛斯尼恩（Michael Drosnin），因为他们所进行的细微的发现：《圣经》里隐藏着一个密码。

通信奖：美国费城计算机商品广告公司总裁桑福德·华莱士，因为无论风、雨、冰雪，还是漆黑的夜晚，这些恶劣的自然条件都不能阻止这位自封为信使的公司总裁向全世界发送垃圾邮件。

1998年

和平奖：印度总理阿塔尔·比哈里·瓦杰帕伊和巴基斯坦总统纳瓦兹·穆沙拉夫，因为他们都非常积极地、探索和平引爆原子弹的努力。

经济学奖：芝加哥的理查德·希德（Richard Seed），因为他通过克隆自身和其他人来刺激世界经济发展。

统计学奖：加拿大多伦多西奈山医学院的杰拉德·贝恩和加拿大阿尔博达大学的凯利·斯米诺斯基，因为他们撰写了一篇经过仔细研究的报告：《身高、阴茎长度和双脚的大小三者之间的关系》。

生物学奖：宾夕法尼亚州葛底斯堡市葛底斯堡大学的彼得·冯，因为他给蛤蜊喂百忧解，而使得它们获得了性福。

化学奖：法国的雅克·本闻尼斯特，因为他采用顺势疗法发现，水不仅有记忆功能，而且这些记忆信息还能通过电话线和因特网传递。

安全工程学奖：安大略省北湾市的特罗伊·赫图拜斯，因为他研制、并试穿了一件不能被灰熊损伤的盔甲。

医学奖：病人乙和英国威尔士纽波特自治区格温特郡皇家医院救治病人乙的医生们，他们是：卡罗琳·米尔斯、麦里奥·卢埃林、戴维·凯利和彼得·霍尔特，因为他们撰写了具有忠告性质的医学报告——《一个刺破了手指并因此被恶臭折磨了5年的人》。

科学教育奖：纽约大学荣誉教授德洛丽丝·克里杰，因为她向我们展示了“触摸疗法”的价值之所在：通过这种方法，护理人员就可以在不与病人接触的情况下巧妙地处理病人的能量场。

物理学奖：美国加利福尼亚拉霍亚查普拉幸福中心的迪帕克·查普拉，因为他对量子物理独特的诠释，把它应用到生活、自由和实用的人生当中去。

文学奖：华盛顿特区的玛拉·西多利博士，因为她撰写了具有启发意义的报告：《放屁以表达对难以言状的恐惧与不安的抗争》。

1999年

和平奖：南非约翰内斯堡的查尔·福里和米歇尔·王，因为他们发明了一种汽车防盗警报装置，这个防盗器由一个侦测电路和一个火焰喷射器构成。

化学奖：日本大阪安全调查局局长牧野武（Takeshi Makino），因为他参与了S-Check的研制工作。S-Check是一种妻子们可以安装在丈夫内裤上，用来侦察丈夫不贞行为的喷射装置。

公共卫生奖：美国纽约市的乔治·布隆斯基和夏洛特·布隆斯基，因为他们发明了一种帮助妇女分娩的装置：在分娩时，分娩妇女被束缚在一个旋转的桌子上，然后再高速旋转桌子，利用离心力帮助产妇分娩。

环境保护奖：韩国科隆公司的权在赫先生，因为他发明了自来香西装。

生物学奖：美国新墨西哥州拉斯克鲁塞斯新墨西哥州立大学辣椒学院院长保罗·波斯兰德（Paul Bosland）博士，因为他培育出了一种没有味道的辣椒。

文学奖：英国标准协会（BSI），因为该协会制定的长达6页的正确的泡茶标准。

社会学奖：加拿大多伦多约克大学的史蒂夫·彭福尔德，因为他就加拿大甜甜圈食品店撰写了博士论文。

物理学奖：英格兰巴思的林·费舍尔博士，因为他计算出了饼干的最佳浸泡方法。

以及英格兰东英吉利亚大学教授、比利时人的让马克·凡登布洛克，因为他计算出如何制作一个不漏水的茶壶嘴。

医学奖：挪威斯图尔的阿维德·瓦特尔（Arvid Vatle）博士，因为他非常仔细地观察、搜集病人在取尿样时所选择的容器，并对此进行分类和研究。

科学教育奖：美国堪萨斯州教育委员会和科罗拉多州教育委员会，因为他们要求学生们不要再相信达尔文的进化论，就如同要求他们不再相信牛顿的牛顿定律、法拉第和麦克斯韦尔的电磁感应理论或者巴斯德的现代微生物理论一样。

2000 年

心理学奖：康奈尔大学的大卫·邓宁（David Dunning）和伊利诺依大学的贾斯廷·克鲁格（Justin Kreuger），因为他们所作的谦卑报告——《无能还意识不到：没有正确认识自己的无能是如何导致自我膨胀的》。

和平奖：英国皇家海军，因为它命令海军士兵停止使用真枪实弹，而是要他们在射击时大喊“砰”。

化学奖：意大利比萨大学的多纳特拉·马拉齐蒂、阿莱桑德拉·罗西和乔瓦尼·卡萨诺以及美国加利福尼亚大学的哈戈普·阿基斯卡拉，因为他们发现：从生物化学角度来说，严重的强迫症与浪漫的爱情是无法区分的。

经济学奖：尊敬的文鲜明牧师，因为他使得婚礼批量生产业呈现稳步增长的趋势：根据他所作的报告称，在 1960 年，有一个由 36 对新人参加的集体婚礼；到 1968 年，这个数字上升到了 430 对；到 1975 年，这个数字增长到 1 800 对；到 1982 年，增长到 6 000 对；到 1992 年，增长到 30 000 对；到 1995 年，增长到 360 000 对；到 1997 年，增长到 36 000 000 对。

医学奖：荷兰格龙尼根省威利布罗德·魏吉玛·舒尔茨、佩克·凡·安德尔和爱德华·摩亚特和阿姆斯特丹的伊达·萨贝里，因为他们撰写了阐述性的报告：性交及女性性兴奋中，男女生殖器官的磁共振摄图。

公众卫生奖：英国格拉斯哥的乔纳森·怀亚特、戈登·麦克诺顿、威廉·塔利，因为他们撰写了令人担忧的报告：《格拉斯哥厕所的倒塌》。

物理学奖：荷兰奈梅亨大学的安德烈·杰姆和英格兰布里斯托尔大学的迈克尔·贝利爵士，因为他们用磁铁将一只青蛙悬浮在空中。

计算机科学奖：亚利桑那州图森市的克里斯·尼斯旺德，因为他发明了“猫爪感应器”，这是一个计算机软件程序的名称，安装这个程序后，只要有一只猫在键盘上走动，计算机就会立刻通知你。

生物学奖：英国达尔豪西大学理查德·瓦塞苏格教授，因为他撰写了一手材料的研究报告：《哥斯达黎加干季蝌蚪的味道比较》。

文学奖：澳大利亚的贾斯穆希（也就是有名的埃伦·格雷夫），因为她著述了《以光为食》一书，该书阐述了这样一个事实：尽管人们要吃饭，但是，他们并不是真正需要吃这些食物。

2001 年

公众卫生学奖：印度班加罗尔国家心理健康与神经系统科学学院的奇塔拉尼加·安德雷德和 B. 斯里哈瑞，因为他们所进行的医学研究发现：抠鼻子在青少年当中是一种很普遍的行为。

心理学奖：俄亥俄州迈阿密大学的劳伦斯·谢尔曼，因为他撰写了一篇具有影响力的研究报告：学龄前儿童小群体欢乐的生态研究。

经济学奖：密歇根大学商业学院的乔尔·斯莱姆罗德和英属哥伦比亚大学的沃依切赫·科普齐克，因为得出这样一个结论：如果推迟死亡时间能够使继承人少交遗产税的话，那么，人们就会想方设法多活一阵。

和平奖：立陶宛的威利莫斯·马里诺思克斯（Viliumas Malinauskas），因为他开办了一个“斯大林世界”主题公园。

医学奖：麦克吉尔大学的彼得·巴斯，因为他撰写了一篇产生巨大影响力的医学研究报告：椰子从树上坠落对人产生的伤害。

物理学奖：马萨诸塞大学的大卫·施密特（David Schmidt），因为他对这样一个问题的喜好：为什么浴帘总是向内飘扬。

科技奖：澳大利亚维多利亚省霍桑的约翰·基奥，因为他于2001年向当局申请轮子的专利权；这个奖项并颁发给澳大利亚专利局，因为该专利批准了约翰·基奥的创新专利权，其专利号为：2001100012。

天体物理学奖：密歇根州罗彻斯特山的杰克·冯英普事务所的杰克·冯·英普（Jack Van Impe）和莱克希拉·冯·英普（Rexella Van Impe），因为他们的发现：黑洞是满足地狱所有技术需求的地方。

生物学奖：美国科罗拉多州普埃布洛的巴克·韦默，因为他发明了不透气的“内部轻松”内裤，这种内裤里面装有可替换木炭过滤器，能够将屁的臭味去除掉。

文学奖：“撇号保护协会”的创始人、英格兰波士顿的约翰·理查兹，因为他为正确使用撇号、并区分单数与所有格之间的不同作出了不懈的努力。

搞笑诺贝尔奖网址

搞笑诺贝尔奖的主页是：www.improbable.com

搞笑诺贝尔奖主页是《不大可能的研究年报》网站的一部分。

进入搞笑诺贝尔奖主页，您可以查到所有搞笑诺贝尔奖获得者的名单，而且一般情况下，还能够进入这些获奖者的主页，查到他们的原创研究，以及关于这些研究的剪辑。您还会看到一些颁奖典礼的录像。除此之外，网站上发布了关于过往获奖者的近期情况信息。

免费简报：为了能够了解到最近搞笑诺贝尔奖颁奖典礼盛况及相关信息，您可以把自己添加到发布名单当中去，这样，您就可以免费获得一份简报月刊。您既可以在网站上添加，也可以致函如下地址：

邮箱：Lstproc @ air.Harvard.edu

您的邮件内容只需有以下内容就可以了：订阅《不大可能的研究年报》；然后，写上您的大名。

跋：先发笑，后思考

浙江省科技馆馆长　李瑞宏

世界上很多事情都是机缘巧合。亚伯拉罕斯先生二十年前创办“搞笑诺贝尔奖”时，肯定不会想到二十年后它会来到中国，让一群原本互不相干的人走到了一起。十年前，上海科技教育出版社的潘涛老师引进出版的《泡沫：“搞笑诺贝尔奖”面面观》第一次用纸质书的方式把搞笑诺贝尔奖介绍给了国人；五年前还在复旦读书的姬十三看到了这本书，非常喜欢，还在上面写了一句：“将来我也要做这样的事情”。他后来创办了果壳网，并在2012年4月和浙江科技馆一起举办了中国版的搞笑诺贝尔奖——“菠萝科学奖”，活动的策划执行则全权交到了王丫米手中，这也触发了果壳阅读的出版人小庄出版搞笑诺贝尔奖丛书的灵感。于是我和潘涛老师、王丫米、小庄就此结缘。说实在的，作为一名理工男，写文章一直是令我最头痛的事情之一，但这次果壳的朋友们让我为这本书写个后记时，我却欣然答应了，因为打心眼里觉得搞笑诺贝尔奖活动理念的引进和推广，必将给中国的科学传播事业带来深远的影响。

近些年来，科学技术以出乎我们想像的方式在发展，而科学普及这项事业也逐渐得到全社会的重视与支持，各级政府和机构都开始投入人力物力，为提高全民科学素养做了不少实事。但就总体而言，传统的科普活动的内容大多是以传播科学知识为主，其形式也多以单向传输、说教式为主。在互联网高度发达的今天，百度谷歌等搜索引擎可以让人们非常容易和快捷地获取他们想要得到的资讯，大大削弱了传统科普活动的效能，特别是以政府机构为主开展的科普活动陷入自编自演、自娱自乐的尴尬境界。

就我本人来说，作为一个职业科普人，之前一直认为，科学是神圣的，科学研究是严谨的，因此科学传播活动也必须是正经的。在和科学松鼠会合作开展了“达文西行走中队”、“小姬看片会”等几场品牌科普活动后，我逐渐感到科普活动也可以做更加好玩。与果壳网合作举办的“菠萝科学奖”就是一个美好的尝试，借鉴与传承了搞笑诺贝尔奖的核心理念与做法，以“向好奇心致敬”为主题，通过奖项评选、网络互动、校园暖场、科学集市、科学论坛、颁奖晚会等多种形式的活动，邀请科学家、演艺明星、网络名人、意见领袖等共同参与，借助电视直播、录播、报纸杂志等平面媒体以及网络微博等新媒体的力量，成功地实施了一次全新的、跨界的既好玩又有意思的科学传播活动。这次经历使我对新时期科学传播活动有了全新的认识：科学传播活动既要有科学家、科普工作者的热情，更要有社会各阶层的参与互动；科学传播活动既要关注科学知识的传播，更要关注科学思想、科学精神与科学方法的传播；科学传播活动，既要有严谨的科学内核，更要有好玩有趣的包装。

网上搜一下，“搞笑”的解释是这样的：指有意作出一些举动或者发表一些可笑的言论来引人发笑。笑是人天生表情的一部分，它没有人主观意识的驱动，是属于自发行为；而搞笑，则是人类主动去寻求快乐，更注重从生活和平常中主动发掘快乐，以此作为工作之外的放松和调节。它比笑更让人具有活力和创造力。可见“搞笑”与普通的“笑”不同，是“笑”的高层境界——把不能笑的素材搞到能让人笑，那才是它的高明之处。搞笑诺贝尔奖就是试图把那些看似科学、严谨、枯燥的研究，用搞笑的方式呈现在公众面前，让公众先发笑、后思考。我坚信科学传播活动的高层境界也应该是具备搞笑功能的传播，试想，如果在一场科学传播活动的现场，活动组织者能面对一群笑得前倾后仰的参与者淡定而严肃地说上一句：笑什么笑，我们搞的是科学！那效果，自然是毋庸置疑的了。

感谢果壳阅读为我们翻译整理出版了这套搞笑诺贝尔丛书的第一本《笑什么笑，我们搞的是科学》，希望本书的出版发行能在给读者带来更多欢笑的同时，带来更多的思考，也祝愿我们自己的搞笑诺贝尔——“菠萝科学奖”越办越好！相信这套书会和活动一起继续下去，陪伴大家。

图书在版编目（CIP）数据

笑什么笑，我们搞的是科学/（美）亚伯拉罕斯著；李旭大译. —杭州：浙江大学出版社，2012.8

ISBN 978-7-308-10345-9

Ⅰ.①笑… Ⅱ.①亚… ②李… Ⅲ.①科学知识—普及读物 Ⅳ.①Z228

中国版本图书馆CIP数据核字（2012）第184963号

笑什么笑，我们搞的是科学

［美］马克·亚伯拉罕斯 著　李旭大 译　果壳 校订

策　　划　果壳阅读

责任编辑　杨苏晓

装帧设计　熊琼工作室

出版发行　浙江大学出版社

（杭州天目山路148号　邮政编码310007）

（网址：http:// www.zjupress.com）

排　　版　北京百川东汇文化传播有限公司

印　　刷　北京中科印刷有限公司

开　　本　890mm×1240mm　1/32

印　　张　10.625

字　　数　285千

版 印 次　2012年9月第1版　2016年8月第9次印刷

书　　号　ISBN 978-7-308-10345-9

定　　价　35.00元

浙江大学出版社发行中心联系方式：(0571) 88925591；http://zjdxcbs.tmall.com

IgNobel Prizes: The Annals of Improbable Research
By Marc Abrahams

First published in Great Britian in 2002 by Orion Books Ltd.
This edition is arranged through
Big Apple Agency, Inc., Labuan, Malaysia.

浙江省版权局著作权合同登记图字：11-2012-171